近世ヨーロッパ港湾都市と商業

18〜19世紀 バスク商人と国際商業の展開

高垣里衣

[著]

晃洋書房

は し が き

　フランスとスペインに跨るバスクとは、どのような地域か。様々なイメージが浮かぶであろうが、読者のなかには、バスク諸都市が美食のまちであることを知っていたり、グッゲンハイム美術館をはじめとした建築群や、司馬遼太郎の『街道をゆく 22　南蛮のみち I』をイメージしたりする者もいるであろう。また、フランコ体制化に端を発する組織・バスク祖国と自由（ETA、2011 年に武装闘争終結を宣言し、2018 年に解散）にみられるようなスペインからの分離独立運動が起きている地域と考える者もいるであろう。

　本書の根幹にある問題意識は、バスクという地域が、なぜ民族独立運動をはじめたのか、何が独立運動を支えてきたのかというものである。独立運動の理由には、言語や民族系統の独自性といったことが考えられる。しかし、現代まで続く民族独立運動は、19 世紀に地方諸特権が廃止されたことと急激な工業化による伝統社会の崩壊の結果生じたバスク・ナショナリズムの高揚によって発生した現象である。また、現代バスクにおいては、スペインからの分離独立ではなく、高度な自治権が認められることが重要であるという考えもある。このように、近代以降のエスノナショナリズムの系譜で語られているバスクでは、それ以前の時代、つまり近世には独立運動のようなものは起きなかったのか。

　近世スペインという国の体制は、スペイン史の大家であるジョン・エリオットがいうように、多様な国家と地域によって成り立つ複合国家であったから問題が起きなかったのかもしれない。しかし、近世には少なくとも 2 回の中央集権化体制の構築を目指す動きが起きていた。一つは 17 世紀のフェリペ 4 世とオリバーレス伯公爵によるものである。もう一つは、本書が取り上げる 18 世紀のブルボン王朝が行った、ブルボン改革とよばれる帝国改革によるものである。いずれも、独立運動の盛んなカタルーニャ史において語られる事象であるが、18 世紀の中央集権化では、特にバスク地域が影響を受けた。この時代に、「民族独立運動」と呼ぶに値するものはなかったとしても、なんらかの運動や動きは起きていたのではないだろうか。

　むしろ本書が意識しているのは、何が独立運動を支えたのかという点である。近世という時代に「民族独立運動」が存在しないにしても、高度な自治権を求

めるバスクの人々が、18世紀の中央集権化に対し、何らかの反抗なり抵抗を行ったとする。それを支えたのは、何であったのか。つまり、筆者が考えるのは、中央集権化を推し進めるような近隣の大国（あるいは帝国）に対抗するには、巨大な国家（大国や帝国）とは異なる収入が必要であり、収入の源泉となる地域独自の産業や商業が無ければ、抵抗は実現しないのではないかという疑問である。大国へ経済的に依存している地域には抵抗が難しく、経済的に自立していれば抵抗は可能になるのではないか。この経済的自立性が、本書のキーワードとなる。この経済的自立性は、存在したのか。存在したのならば、それは何に基づいていたのだろうか。本書は、こうした問題意識のもとに、18世紀のバスクと、それを取り巻く経済の歴史を解き進めていく。

目　　次

はしがき

凡　例

序　章　地域・国家・グローバルな世界とつながるバスク …… *1*

1　地域と経済的自立性　*1*
2　複合君主政・大西洋史・スペイン商業史　*2*
3　地域のダイナミズム：
　　グローバルヒストリー・海域史・国際商業史との接続　*7*
4　対象とする時代と史料　*9*
5　本書の構成　*13*

第1章　近世末期の大西洋世界とスペイン ……… *25*

はじめに　*25*
1　18世紀前半までのスペイン経済と植民地貿易改革　*25*
2　七年戦争の展開と終結後の「自由貿易規則」公布　*29*
3　アメリカ独立戦争からナポレオン戦争へ　*32*
小　　括　*33*

第2章　ビルバオ港と商人 ……………… *39*

はじめに　*39*
1　近世末期のビルバオ　*39*
2　ガルドキ家とガルドキ父子商会
　　Gardoqui e hijo / Gardoqui e hijos　*51*
小　　括　*63*

iv

第3章　ビルバオ港のヨーロッパ貿易とアメリカ貿易 ……… 73

は じ め に　73

1　ロンドンと結びつくビルバオ港
　　——17世紀における対イングランド関係と羊毛　73

2　18世紀の転換
　　——ビルバオ港における輸出入　75

3　ビルバオとニューイングランドをめぐるタラ貿易　77

4　なぜニューイングランドを選択したのか？　79

小　　括　86

補論1　バスクと漁業 ……………………………………………… 93

は じ め に　93

1　スペインにおける漁業史研究　94

2　バスクにとっての漁業　95

3　水産資源の変動　95

4　捕　　鯨　97

5　ビスケー湾における鯨の消滅は、何をもたらしたか　98

6　18世紀、貿易への転換　100

小　　括　102

第4章　戦争と貿易 ……………………………………………… 107
　　　——アメリカ独立戦争——

は じ め に　107

1　ビルバオにおけるモノの動き　109

2　アメリカ側の書簡史料からみたビルバオとアメリカの関係　111

3　1760年代から1770年代における商品の変化　128

4　輸　　出　128

小　　括　128

目　次　v

第5章　帝国外貿易の展開 ……………………………………… 135
── ラテンアメリカ・アジア産品の流入 ──

は じ め に　135

1　ビルバオの対アメリカ貿易の動き　136

2　建国後アメリカにおける貿易の展開　140

小　　括　147

補論2　ヨーロッパとの植民地産品貿易 ……………………… 153

は じ め に　153

1　北西ヨーロッパ諸港との貿易　153

2　スペイン北部の諸港との貿易　155

小　　括　なぜアメリカでなければならなかったのか？　162

終　章　帝国を越えるネットワーク ……………………………… 165

1　ビルバオ独自のネットワーク　165

2　ローカルな商人によって切り開かれる海洋ネットワークの展開　166

3　近現代との連続性　167

巻 末 資 料　171

あ と が き　183

参考文献一覧　187

索　　引　205

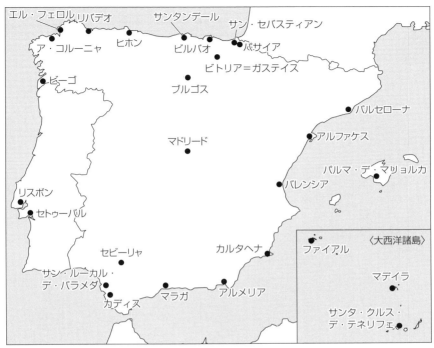

地図1　イベリア半島と大西洋諸島

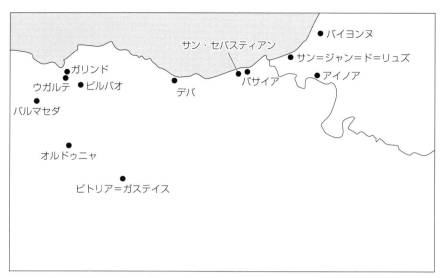

地図2　バスク諸都市

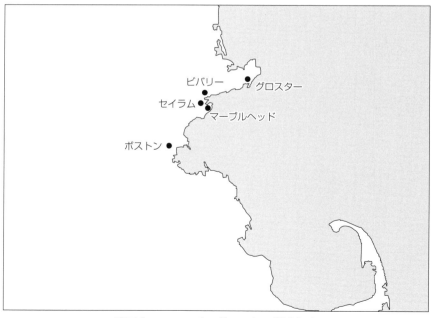

地図3　ニューイングランドの港湾都市

凡　例

1. 地名について、現地語とカスティーリャ語の二種類の地名がある場合には、初出の所で現地語とカスティーリャ語を併記することにした。そのうえで、現地語とカスティーリャ語のいずれか、より頻用される方を、本文内において常用することにした。
   例：ビルバオはバスク語ではビルボであるが、カスティーリャ語のビルバオの方が一般的である。ラ・コルーニャはガリシア語ではア・コルーニャであり、ガリシア表記の方が一般的である。

2. 本論文において、「アメリカ」という言葉は、基本的に北アメリカやアメリカ合衆国を指す。植民期も含める場合には、「イギリス領北アメリカ」「スペイン領アメリカ」と区別している。

3. 度量衡について
   本論文で用いる主な単位は以下の通り。
   ただし、時代、場所、品物によって、換算方法が大きく異なるため、あくまでも指標の一つにすぎない[*]。

   アローバ　arroba　約 11.5 キログラム。
   アタード　atado　1 束、またはタバコの袋を指す。重さや量は不明。
   カハ　caja　箱のこと。重さなどは不明。
   キンタール　quintal　魚 100 から 200 匹に値する。
   　　　　または約 46 キログラム。4 アローバに相当。
   　　　　本書で用いるビスカイア・キンタールは約 52 キログラム。
   サコ　saco　大袋のこと。約 85 から 90 キログラム。
   テルセローラ　tercelora　中容量の樽の一種。容量は不明。カナリア
   　　　　諸島では、約 150 リットルの水に値していた。
   トネラダ　tonelada　約 920 キログラム。20 キンタールに相当。
   パカ　paca　包みのこと。重さなどは不明。
   バリカ　barrica / bca　樽の一種。約 220 リットル。
   バリル　barril / bles　樽の一種。液体であれば、約 115 から 163
   　　　　リットル程度。

ピパ　pipa　約 800 リットル。

ファネガ　fanega　約 55.5 リットル。小麦の場合は、約 43 キログラム。

ファルド　fardo　包みのこと。重さなどは不明。17-18 世紀のペルー副王領では、6 アローバに相当。

ホッグスヘッド　hogshead　樽の一種。タバコなど固体であれば、約 454 キログラム。

モヨ　moyo　地域により換算が異なるが、カスティーリャ王国では、1 モヨは約 258 リットル。

リブラ　libra　約 567 グラム。
　1886 年時点のビスカヤ・リブラは約 488 グラム。

4．本文中に出てくる文書館の略称は以下の通り。

AHFB: Archivo Histórico Foral de Bizkaia, Bilbao, España

AHPV: Archivo Histórico Provincial de Vizcaya, Bilbao, España

AHN: Archivo Histórico Nacional, Madrid, España

MHS: Massachusetts Historical Society, Boston, USA

NAB: National Archive at Boston, Waltham MA, USA

Philips Library: Philips Library, Peabody Essex Museum, Rowley MA, USA

TNA: The National Archive, London, UK

＊以下の文献や、スペイン王立アカデミーのオンライン版辞書である「DRAE (Diccionario de la lengua Española)」を参考にした。José Castaño, *El libro de los pesos y medidas*, Madrid, 2015; José Manuel Larraín y Armando de Ramón, "Una metrología colonial para Santiago de Chile: de la medida castellana al sistema métrico decimal", *Historia / Pontificia Universidad Católica de Chile*, vol. 14, 1979, pp. 5-69.

序　章

地域・国家・グローバルな世界とつながるバスク

1　地域と経済的自立性

　本書の目的は、18 世紀後半から 19 世紀初頭のスペイン北部からフランス南西部にまたがるバスク地域 Euskal Herria、そのなかでも最大の港湾都市であったビルバオ／ビルボ Bilbao / Bilbo に着目し、国家や帝国の枠組みにはまることのない、地域の視点からのネットワーク形成や流通網の構築、中央集権化が進むなかでの地域の生存戦略を描くことである。[1]

　18 世紀後半から 19 世紀初頭は、複合君主政 monarquía compuesta であったスペインにおいて、ブルボン改革による帝国統治体制の改革、つまり、中央集権化が推し進められた時期である。[2] そのなかで、独自の言語、文化、民族系統、統治体制や徴税に関する地方諸特権を維持したバスク、とりわけビルバオが、独自に経済的繁栄を享受することできた原因を検討する。

　まず、なぜビルバオに着目するのかという点について述べる。それは、18 世紀前半から始まったスペインの中央集権化政策に抵抗し、植民地貿易から公式には排除されたにもかかわらず、港湾都市ビルバオとビルバオが属するビスカヤ伯領 El señorío de Vizcaya は、経済的繁栄を享受したとされているからである。さらに、バスクは、中世より製鉄で繁栄したビルバオにおいて 1840 年代に生じた重工業部門の活性化に牽引される形で、スペインのなかでも比較的早い段階で工業化した。現在、この地域は、スペイン有数の銀行を抱え、経済的先進地域の一つと考えられている。ビルバオは、中央集権化の流れのなかで、なぜ王室に抵抗しながらも繁栄することができたのか。経済的繁栄の背景には、なんらかの経済的な自立性、つまり王室から独立した、独自の経済的な基盤があったのではないか。

　筆者は、王室から独立した独自の財政基盤とは、近世末期スペインの重商主義経済政策の下で行われた国家主導の貿易とは異なる商業ネットワークを持ち、

2

異なる利益を獲得していたことと仮定する。この仮説に対し、本書は、ビルバオ商人独自の貿易の有無と、ひいては貿易の構造を一次史料から明らかにすることで、近世末期におけるビルバオ独自の経済的繁栄の理由を論じることを試みる。

2　複合君主政・大西洋史・スペイン商業史

本節では、本書を位置付けることがでる研究分野、つまり複合君主政論、大西洋史、スペイン商業史、バスク商業史と、大きな分野から小さな分野へと視点を動かしながら、先行研究と、その問題点について論じつつ、本書が目指す方向性を示したい。

(1) 複合君主政を地域の視点から検討する

本書の主たる関心は、複合的な国家体制をとっていた近世スペインの一地域を、海域の視点から検討することにある。

複合的な国家体制論は、イギリス、東欧や北欧の分野において盛んに研究が行われてきた。本書が主として考察の対象にするスペインも、複合国家の代表例の一つであった。しかし、スペイン王位継承戦争（1701-1714 年）を契機として成立したブルボン朝王権は、フエロス fueros と呼ばれる地方諸特権の保証と引き換えに統治することができた従来の複合的な君主政を廃し、各地域の立法権、法令、軍隊による強制力、通貨制度、徴税または関税制度を一元的に管理する、中央集権的な統治体制の構築を模索したとされる。この点において、J. H. エリオットは、従来の連合王国のうち最も支配的な王国のルールを連合王国全体に適用する中央集権化政策が、1640 年代に一度は頓挫したものの、1700 年代からふたたび推進されたとしている。もっとも、エリオットにとって、従来のいわゆる複合君主政は、近代の中央集権的な統治体制によって乗り越えられるべき中世的な支配体制の残滓ではなく、むしろ近世特有の多様性を包括することのできる政体であった。[4]

複合君主政から中央集権的統治体制へという統治体制の転換をめぐっては、王権と王国内の一地域との関係や、王権からの視点に議論が集中しているのが現状である。それゆえ本書は、国家の辺境ともいえる地域の視点から、中央集権化の動きと、それに反する地域の活動を明らかにすることを試みる。

(2) 一地域からみる大西洋史

本書の舞台となるのは、主として近世の大西洋世界である。大西洋は、それ自体が１つの海域世界として考えられ、政治、経済、文化、思想の交流の歴史が明らかにされてきた。ベイリンによれば、大西洋史（アトランティック・ヒストリー）全てを包摂する歴史であり、帝国史の拡張ではなく、また近世初期の探検や入植の歴史のみを扱うわけではないと定義されている。しかし、かかる大西洋史の研究は、一国史的／一帝国史的観点を乗り越えているわけではない。たとえば、ベイリンは、大西洋における商業活動について、「商業の網の目は国の枠を超えて入り込む」と述べながらも、「イギリス人、フランス人、オランダ人、スペイン人、ポルトガル人や先住民」が、複雑な商業関係によって結びついているというのである。そうした区分けこそが、一国史の範疇から抜け出すことを困難にしている。大西洋世界には、一国や一地域をひとまとめにしていては見えてこない現象や、アクターが存在している。

とりわけ、大西洋史に関する具体的な研究の多くは、アングロ・サクソン世界中心的であるという批判を受けてきた。エマーは、大西洋史が「イングランドの成功の歴史」であると批判し、大西洋でのオランダの役割を問い直した。批判は妥当であるものの、エマーは注目するアクターを、イングランドからオランダに変えたに過ぎない。

エマーと同様の批判は近年になっても行われている。アリソン・ゲイムズは、大西洋史の研究において、帝国史、特にアングロ・サクソン世界からの視点が強いことを指摘した。バスクの商業史を専門とするサビエル・ラミキスは、「アトランティック・ヒストリー」という言葉が英語圏の研究者から生まれた言葉であるがゆえに、イギリスやアメリカといったアングロ・サクソン中心の歴史観になっているという問題点を指摘した。ラミキスは、「スペインから見た大西洋史の必要性」があると提起した。こうした指摘は重要であるが、しかし、「スペインから見た」では、やはりアクターの転換に過ぎない。これに対し、本書は、一国史や一帝国史を超えようとする視点から、むしろ、ローカルに着目することで「スペインを取り込んだ」大西洋の歴史を描くことを目指す。

そのために、本書は、本章第４節で述べるように、ヨーロッパ側やアメリカ側といった、どちらか片方のみの史料を用いて議論を進めるのではなく、大西洋両岸の史料を分析することで、港湾都市が持つネットワークや商品の流通にかんする分析を行う。これにより、一つの国や地域のみに着目するのではなく、

より大きな、大西洋世界あるいはそこに接続する他の海域の中での、国家の枠組みから解き放たれたローカルな商人の連関や都市・地域間の関係史を紐解くことを目指す。

（3）近世スペイン商業史への問い──帝国を超えた貿易のありかた

　帝国内貿易を最重要視する傾向は、近世スペイン商業史においても指摘することができる[12]。スペイン帝国の貿易といえば、その多くは17世紀までのマニラ・ガレオンに関心が集中していた[13]。18世紀の研究では、たとえば近世スペインの商業史研究の段階を整理したクレスポ・ソラーナによれば、まず、セビーリャ Sevilla やカディス Cádiz の商人と植民地の商業活動が研究され、その次にセビーリャやカディスにいる地方商人の商業活動が対象となり、現在はセビーリャやカディスにいる外国人商人の商業活動、つまり外国人ディアスポラが注目を集めるようになった[14]。外国人が帝国貿易の枠組みに入りこんでいたという点で、大西洋におけるスペインの植民地貿易は国際性を持っていた。スペインの植民地貿易独占港であったセビーリャやカディスの商業活動や取引商品は、17世紀にはジェノヴァ人、18世紀にはフランス人商人に占められていた[15]からである。このため、18世紀中葉から後半にかけてスペイン領植民地から本国へと輸入された商品は、コチニールやインディゴのような染料原料、あるいはカカオ、砂糖、皮革、タバコなどの嗜好品であったが[16]、これらの商品はカディスを経由して他のヨーロッパ諸国へと再輸出されていた[17]。

　18世紀のスペイン商業史研究は、植民地貿易改革を主な論点としてきた。その理由は、次章以降でも述べるように、植民地貿易の改革が国家財政を立て直すための最重要課題であったためである。特に論争の中心となってきたのは、スペイン南部アンダルシーアの港が独占していた植民地との直接貿易を、他の港の商人に開放した1778年の「自由貿易」規則が、スペイン経済にどのような影響を与えたのかというトピックである。フィッシャーは、この規則の公布後も、植民地貿易を独占していたカディス港の優位は変わらなかったとする[18]。わが国では、カタルーニャが「自由貿易」規則施行以降、工業化と経済発展を成し遂げた過程や、植民地であるハバナ La Habana に進出していく過程が明らかにされている[19]。つまり、スペイン商業史研究は、植民地貿易をベースとして、他地域やヨーロッパの他の地域との関わりが考えられてきた。

　こうした研究は、スペインという国家の経済発展の歴史を探求する上で重要

序　章　地域・国家・グローバルな世界とつながるバスク　　*5*

であるが、「スペイン帝国という枠組みでの議論」に終始している。これに対し、本書は帝国枠外の貿易を明らかにし、その貿易が国家や大西洋世界に対しどのような影響を与えたのかを考える。このことから、本書は、中世より活発な活動を行っていた港が多く存在していたにもかかわらず、今まで注目されることが少なかったスペイン北部のバスクという地域に着目する。

（4）バスク商業史とビルバオ商人

　ケイメンによれば、首都マドリードを擁し、近世に植民地貿易の中心を担ったカスティーリャは海洋貿易に長けておらず、むしろ、カンタブリア海沿岸に位置するバスクや、地中海に面したカタルーニャの方が海上交易によって繁栄していた[20]。特に、バスクの一都市であり、1300 年に建設され北部最大の港湾都市であったビルバオは、14 世紀初頭よりカスティーリャの羊毛を輸出し、ヨーロッパ製品を輸入するという北西ヨーロッパ貿易を行い、「カスティーリャ王国の北の玄関港[21]」として多くの利益を得ていた。ビルバオは、カスティーリャとヨーロッパの結節点としてのみならず、沿岸交易によって北西ヨーロッパとスペイン北部、ポルトガルの港から運ばれる商品の再分配地点として機能していた[22]。

　北部最大の港であったビルバオの独自性として、まず、フエロス（地方諸特権[23]）の維持がある。前述の通り、18 世紀初頭には、ブルボン改革によってカスティーリャの下に中央集権化を推進し、統治を一元化するという試みがあった。しかし、ビルバオがあるバスクでは、スペイン王位継承戦争時にブルボン王朝を支持したことから、自治や慣習の保持からなるフエロスが、例外的に認められた。

　こうしたビルバオの貿易に着目した研究として、まずバスルト・ララニャーガとサバラ・ウリアルテの、概説的ではあるものの包括的な研究がある。バスルト・ララニャーガは、羊毛と鉄を中心にビルバオ港での輸出入量を計算し、それぞれの商品のヨーロッパにおける価値について研究した[24]。サバラ・ウリアルテは、ビルバオ商人の商業活動について、数量的に分析し、その広がりを示した[25]。アラゴン・ルアーノとアングロ・モラレスは、グローバル世界の中でバスク人の動きを意識すべきという重要な主張を行ったが、一方で、彼らは伝統的な対ヨーロッパ貿易や、地中海スペインの都市との、さほど取引量の多くない貿易を重視する傾向にある[26]。アラゴン・ルアーノは、バスクの地中海貿易を

分析し、特に、バスクとカタルーニャやマラガ Málaga との繋がりが存在したことを強調した。アラゴン・ルアーノは、地中海貿易が近代初期におけるバスク工業化のための資本の重要な一部であったとしているが、しかし、実際にそれを示す具体的根拠を述べていない[27]。彼らの研究は、ビルバオを起点とした商業ネットワークの広がりを示してきた。しかし、その記述はあくまでもナラティブなものである。大西洋世界やスペインにおいて、ビルバオのネットワークがどのような役割を担い、あるいは、どのような意味を持ち得たのかという点について議論がなされてこなかった。

　これに対し、近年になって、より議論に一般性を持たせた研究が行われるようになった。たとえば、ラミキスは、商取引を成立させる信用という観点から、ビルバオ商人とイングランドあるいはペルー商人との貿易を事例に、異なる国家や民族あるいは宗教的背景を持つ個人間の取引を明らかにした[28]。他にも、政治経済的視点を重視するグラフェは、スペインの国内市場の形成過程[29]を明らかにする為に、ビルバオ港からのタラの流通と価格変動を一つの事例として取り上げた[30]。グラフェの研究は、計量経済史の視点からスペイン市場におけるタラ流通と市場統合を論じたものであるが、ラミキスのように商人に着目することで、実際に流通に関わった人々を、具体的に思い描くことができる。このため、本書では、商品の動きのみならず、タラ取引に従事した商人にも着目する。

　ライドンやララニャーガは、タラ取引を行った商人として、ゴメス・デ・ラ・トーレ家 Gómez de la Torre やガルドキ家 Gardoqui、リンチ・ケリー家 Lynch Kelly、サントーラリ家 St. Aulary などがあり、彼らによって寡占が行われていたとする[31]。第2章以降では、こうした商人の中から、最も活動的であり、かつ、ビルバオ出身であったガルドキ家に着目する。ガルドキ家については第2章で詳述するが、ここでは、彼らに着目する意義を簡潔に述べる。ガルドキ家はビルバオ在地の商人であり、取引量も多く、商人たちによって構成されたコンスラード Consulado[32] において上層部を務めたこともある有力な商人であった。彼らは、商業活動をしていただけでなく、初代アメリカ合衆国大使や枢機卿を輩出していた。つまり、ガルドキ家は、商業によって蓄積したコネクションや富を用いて、多様な活動を行った人々であったと考えられる。こうしたビルバオに居住した商人に着目することで、商取引に具体性を持たせることができるであろう。

3 地域のダイナミズム：
グローバルヒストリー・海域史・国際商業史との接続

　本節では、あらためて本書の目的を明確にしておくとともに、スペイン史やバスク史にはとどまらない、より広範な研究潮流を概観しながら、研究の視座や意義を述べたい。

　本書における研究方法は、商品の動き、商品を取引する商人、港の役割を考察対象とし、史料を数量経済史的に分析することである。こうした作業によって、中央集権化と重商主義政策が推進された18世紀後半における、地域のダイナミズムと、それによる繁栄を描くことを主たる目的とする。このため、本研究は、ローカルを重要視するグローバルヒストリーの四層構造、海域史、海域で活動した商人と商業史という、三つの視座から論じていく。以下では、三つの視座にかんする先行研究を挙げるとともに、本書の位置付けを示す。[33]

（1）地域からみるグローバルヒストリー

　地域の視点を重要視する本研究は、ある特定地域の世界史的なダイナミズムを明らかにするという点で、グローバルヒストリーの中でローカルを重視する研究とも関わりを持つ。グローバルヒストリーとは、かつて歴史学の中心であった一国史観ではなく、21世紀のグローバリゼーションの時代に合わせて、諸地域や世界規模での関係性を重視する学問分野である。[34] こうしたグローバルヒストリー研究の文脈の中で、秋田・桃木らは、地域という単位に着目することで一国史的な歴史分析の枠組みを相対化し、より重層的かつ動的な歴史分析の必要性を提起した。秋田・桃木の論考は、「地域」を、「国民国家を構成する歴史」や「一国史の下位区分」として捉えたりミクロな歴史へと収斂させたりしていくのではなく、むしろ、一国史から「はみ出す」あるいは広い外の世界と「直接つながる」ものとして捉えようとする。[35] 本書を貫く分析概念は、国民国家を相対化することのできる四層構造である。[36] これは、グローバル、リージョナル、ナショナル、ローカルという四つの層の歴史を連結させたり比較したりする方法のことである。本研究は、グローバルヒストリーの四層構造を分析の手法として用い、ローカルな地域の役割を世界規模の経済の中で問うことを目的としている。具体的には、ローカルなビルバオという港湾都市で活動し

た商人達や、この港が築いていたネットワークの役割を、大西洋世界あるいは他の海域世界の中に位置付けることで、国家や帝国にとらわれることのない、地域のダイナミズムを描くことができる。

(2) 海域史と海を越えたネットワーク

くわえて、海や港の役割を考察しようとする本研究は、海域史や海域ネットワーク論の中に位置付けることが可能である。

海に着目した歴史は、マリタイム・ヒストリー Maritime History と呼ばれる。この訳語として、西洋史においては、「海事史」という言葉が頻用される。サラ・パーマーによれば、海事史とは海軍の歴史や商業活動の歴史への注目から始まり、現在は、「何らかの形で海と関わりのある人間のあらゆる試みを包含している」とされる[37]。海を越えた人の繋がりや、海上における人の活動の歴史は、海域史とも呼ばれる[38]。

外界と繋がる舞台である海と、海（外界）との接続点、つまりネットワークの結節点である港に着目することで、考察対象とする地域の歴史を、一地域史や一国史、あるいは一帝国史のみに制限されることなく、広がりゆく関係史のなかで描くことができる。

(3) 国際商業史と商人の役割

グローバルの中でのローカルの役割を考えながらローカルが築いた海域内でのネットワークを考察するために、具体的には、ローカルな地域によって行われた商業に着目して、その広がりを明らかにしていく。このことから、本書は国際商業史という研究分野に位置付けることもできる。

商人とその活動や商品流通について着目する国際商業史は、従来の経済学において重要視されてきた国民経済の枠組みに基づく、経済発展または生産過程についての研究や、それらが依拠する国民国家史観を相対化することのできる見方である。さらに、国際商業史は、より小さい三つの分野に分けることができる。まず、関税制度や貿易政策あるいは通商条約を研究対象とし、法制史・政策史・外交史に関わる分野である。つぎに、国家統計などを用い数量分析を重視するマクロ分析と、帳簿や書簡のような私文書のような質的分析を重視するミクロ分析によってなされる、狭義の経済史である。最後に、商業を営む主体たる商人を、社会的観点を織り交ぜながら検討する分野である[39]。本書は、数

量的史料を用いて商品の動きを明らかにするだけでなく、書簡史料を用いて当時のビルバオ港やバスク商人の役割を明らかにすることで、国家や帝国の枠組みを超えた地域のダイナミズムを明らかにする。このことから、本書は、国際商業史の分析視角のうち、統計を用いた数量分析や書簡の質的な分析を行う、狭義の経済史の性格を有する。

　国際商業史にかんする研究は、前近代史を含めて、世界のあらゆる地域を対象に行われている[40]。国際商業史の研究で扱われる主題については、以下のような多様性が見られる。たとえば、帝国の拡大[41]や商人たちの移動によるネットワークの拡大[42]、キリスト教とイスラーム教徒の宗教を超えた貿易関係[43]、商業による海域世界の接続[44]、対外貿易の拠点である港市を中心とした国家の生成[45]、需要のある商品を求めた冒険[46]、あるいは近世以降のヨーロッパ系商人のアジア進出とアジア側の商人との貿易[47]などの研究にみられるように、時代や場所に関係なく、様々な特徴を持つ商業活動が行われてきたことが明らかにされている。

　本書は、以上で見てきたような三つの視点・観点を取り入れながら、大西洋世界を考察の中心に置き、海を越えた商品流通と、それを担った商人の活動、地理的・自然的条件が決定づける港湾都市の機能に着目していく。本書が明らかにしようと試みるのは、帝国の拡大ではなく、むしろ、国家や帝国とは異なる次元で動いていたローカルな商人が行った自立的な商取引である。ローカルな地域の商人がどのようなモノを商品として取引したのか、その取引のネットワークや取引される商品が、近世から近代の転換期にどのような変化を遂げたのかについて検討する。

4　対象とする時代と史料

　本書が対象とする時代は、七年戦争が始まった 1756 年から、ナポレオン戦争によって生じたイベリア半島戦争（1808-1814 年）が始まった 1808 年の間である。この時代を考察の対象とする理由は、本書の主目的が、ヨーロッパ各国が大西洋や他の海域において重商主義政策[48]を展開していた時代において、国家や帝国のような枠組みを超えて、より自立的に動いていた地域や人々の動きを明らかにすることだからである。

　18 世紀スペインに成立したブルボン王朝の成立に伴う諸改革では、主に植民地貿易の活性化が図られた。しかし、七年戦争前後で、改革の方針を、大き

く変えざるをえなかった。七年戦争以前の改革では、カディスを中心とした貿易体制の効率化や、特権貿易会社の創設が行われた。七年戦争が終結すると、スペインの植民地貿易改革は自由化へと向かった。1778年に制定された「自由貿易」規則は、カディス以外の港の商人に植民地との直接貿易を認めるものであった。このことは、スペイン帝国の貿易において革新的な事柄であった。けれども、この時代の自由貿易は限定的なものであった。「自由貿易」規則において、帝国内での自由な直接貿易が認められたのは、イベリア半島の13港とラテンアメリカ植民地の22港のみであった。また、外国人は除外されていた。フィッシャーは、この時代を「大いなる制限を持つ自由貿易の時代 Grandes limitaciones[49]」と呼ぶ。ここでいう自由貿易とは、中央政府による統制の下での自由貿易であり、かつ、植民地との直接貿易のことであった。このことから、18世紀の自由貿易化は、重商主義的な体制を前提とした上での、貿易の限定的な自由化だったといえる。

　これに対し、本書が対象とするビルバオは、王室が管理する「自由貿易」からは除外された。つまり、「自由貿易」の対象とならなかったものの、経済的繁栄を享受したとされるビルバオの商人達が、どのような貿易を行ったのかを検討する。これにより、王室の管理する貿易ではなく、また、「重商主義的な自由貿易」の枠組みにも入らない、独自の「重商主義時代における自由貿易」を提唱できる。

　また、この時期は、近世から近代への過渡期であった。当該時期の貿易体制の変化や、植民地の独立や革命のような大きな時代のうねりの中で、ローカルな地域が、なぜ国家の枠組みにとらわれずに商業をなしえたのか、また、自由な商業の構造が変化していく過程や、そのネットワークが持ちえた役割を考察する。しかし、この時期は一様ではなく、数年ごとに状況が変化した。このため、本書では、1756年から1808年をさらに三つの時期に区分する。

(1) 第一の区分：1756-1765年

　第一の区分は、1756年から1765年である。七年戦争は世界的に展開し、その争点は、ヨーロッパの国々による植民地の利権獲得と大西洋での商業覇権の獲得であった。1763年のパリ条約で戦争が終結すると、参戦国は戦争で疲弊した財政を回復させる必要があった[50]。スペインでは、1765年に発布されたアンティーリャス諸島自由貿易令によって、それまでカディス港のみに許可され

ていた植民地貿易が、初めて他の港の商人に開放された。つまり、1765 年は、閉鎖的な貿易体制が敷かれていた時代からの転換点であったといえる。

　こうした転換は、スペインだけではなく、七年戦争に関与した諸国に同様に訪れた。たとえば、戦勝国であったイギリスにおいても、北アメリカ植民地へ新たな課税を行うことが 1764 年と 1765 年に定められた。つまり、七年戦争という戦時の経済状況と、その余波は、1765 年まで続いたのである。

(2) 第二の区分：1766-1783 年

　第二の区分は、1766 年からアメリカ独立戦争 (1775-1783 年) が終結する 1783 年までを扱う。1765 年以降、帝国の体制が変化し、スペイン帝国の貿易は段階的に自由化の道を進み始めた。1774 年、1778 年、1779 年には、植民地内あるいは帝国内の直接貿易を、ある程度認められる王令が施行された。つまり、「表面上」の自由貿易体制が成立した。「表面上」であるのは、この貿易の自由化が、認可港以外の港と外国人商人を排除の対象としていたからである。この時代には、未だ、完璧に自由な貿易が行われていた訳ではなかったが、貿易の拡大が目指されたことは、この時代が凡そ平時であったと考えてよいであろう。つまり、この時代の貿易体制は、重商主義政策と自由貿易政策が共存していた、「重商主義的自由貿易」の時代と呼ぶことができる。

　けれども、1775 年に、それ以前の七年戦争の余波としてアメリカ独立戦争が生じると、大西洋をめぐる経済状況は、戦時状態へと移行したと考えられる。このことから、第二の区分とする時代は、平時から戦時へと推移した時代であったといえよう。

(3) 第三の区分：1784-1808 年

　第三の区分として、1784 年から、ナポレオン戦争による戦禍の影響を受けた 1808 年までを扱う。1783 年にアメリカ合衆国が独立すると、大西洋世界は、一時の平和を迎えた。けれども、この時代は平和と戦争の周期が短い時代であった。1789 年から始まるフランス革命と、1796 年からのイギリスとスペインの戦争のはじまりによって、大西洋貿易は、ふたたび深刻な状況に陥った。こうしたヨーロッパの状況と並行して、大西洋ではアメリカ合衆国とフランスの間で擬似戦争 (1798-1800 年) が行われていた。つづいて 1805 年のトラファルガー海戦や、1808 年のナポレオン軍によるスペイン進軍は、スペイン本国

とスペイン領植民地との繋がりを断絶した。このことが、のちにラテンアメリカの独立を招いたことは、「環大西洋革命」の一連の流れとして知られている。

　つまり、この時代は戦時と平時の入り混じった時代であった。けれども、革命の時代のはじまりと帝国の危機は、ややもするとローカルな商人にとっては、活動の幅を広げることができる時代であったとも考えられる。そう考えられる理由は、ローカルな商人達を規制する、既に規定されていた大きな枠組みが崩れようとしていたからである。後に述べるように、本書が着目する商人のように帝国からの規制を受けた人々にとって、帝国は時に桎梏となった。革命による新たな時代の到来は、あくまで帝国内の枠組みを保持しつつ改革と再編をする動きがあった第一の区分の時代とは、異なるものである。

　以上のように、1756年から1808年の間には、国家間の戦争が周期的に生じ、新たな時代を迎えるための諸革命が勃発していた。国家の経済政策や貿易政策は、戦時期と平時で頻繁に変化した。そのなかで、ローカルな地域の商人たちは、どのように利益を獲得していったのか。彼らが行う貿易は、常に同じであったのか、あるいは異なったのであろうか。

（4）史料

　本書において用いる史料は、主に四点ある。まず、ビルバオ港での徴税史料である。ビルバオの商業管轄機関であり、ビルバオ港での徴税や荷卸しの監視を行っていたコンスラードによって記録されたリブロ・デ・アベリーア Libro de Avería（以下では、簡便に、アベリーアまたは港湾徴税史料とする）と呼ばれるこの史料には、出入港地、船名、キャプテン名、荷主名[51]、荷物の種類と量、徴税額が記されている。よって、この史料からは、誰が・どこから、あるいはどこへ・どのような荷物を運んだか、を読み取ることができる。しかし、この史料には問題点がある。それは、1756年と1757年の記録に出入港地が記されていないことである。このため、取引商品の量について論じる場合には1756年から史料を使用することができるが、取引地について論じる場合には1758年からが史料分析の対象となる。また、本来であれば、記録が行われた日と船が実際に到着した日が書かれているはずであるが、どちらかの日付が欠落していることが多々ある。この場合には、書かれている方の日付に合わせて判断するほかなかった。

また、ビルバオと貿易による結びつきが強く、本書でも第3章以降に主要な考察対象となる場所として、英領北アメリカ、のちのアメリカ合衆国がある。スペイン植民地貿易に参加することが叶わずとも、北アメリカとの繋がりによって、ビルバオの人々は商業を活性化させていたのではないかという仮説を論証するために、アメリカの史料も用いる。

まず、植民地期の北アメリカの史料として、マサチューセッツ海事局による船舶簿史料 Naval office shipping lists for Massachusetts を用いる。この記録には、出入港地、船名、船主、キャプテン名、船のトン数、船の登録日・場所、荷物の種類と量が記録されている[52]。ビルバオ港での徴税史料と内容がほぼ等しく、よって、この二つの史料を用いることで、北大西洋両岸における貿易ネットワークの展開を明らかにすることができる。

第三に、独立以降のアメリカ合衆国の各港における税関史料を用いる。特に用いるのは、フィリップス図書館に所蔵されているセイラム Salem・ビバリー Beverly 税関の史料 Salem Custom House Record と、アメリカ国立公文書館ボストン支館に所蔵されているリン Lynn・マーブルヘッド Marblehead 税関の史料 Record Group 36: Records of the U.S. Customs Service である。この史料にも、出入港地、船名、キャプテン名、荷物の種類と量が記録されている。ただし、この史料はアメリカ独立戦争期に際して、抜けが生じており、その期間の貿易を史料から明らかにすることは不可能である。

こうした史料の不足をカバーするために用いるのが、アメリカ国立公文書記録管理局のデジタル・アーカイヴである Founders Online に所蔵されている、ニューイングランドの人々による書簡の記録である[53]。この記録は、アメリカ独立戦争中のものも残っており、ニューイングランドの商人や政治家と、ビルバオの人々がどのような関係にあり、あるいはビルバオ港がどのような役割を持っていたかを明らかにすることができる。これらの史料を駆使することで、貿易の在り方を双方向から明らかにすることができる。

5　本書の構成

以上のような分析の枠組みに基づき、次のように議論を進める。まず第1章では、本書が対象とする時期の、スペインという国家や、港湾都市ビルバオを取り巻く国際状況を、大西洋世界を中心として概観する。第2章では、ビルバ

オ港の歴史的背景と、本書の議論を進める上で特に注目する商人として、ガルドキ家を取り上げる理由とガルドキ家の概要について述べる。第3章では、ビルバオ港の最たる貿易相手であった英領アメリカとの貿易が、なぜ行われたのかを検討する。その際には、ビルバオだけでなく英領アメリカ側の史料も用い、英領アメリカにとってビルバオとの貿易が、どのような意味をもちえたのかも考察する。また、ビルバオと英領アメリカの貿易関係が、どのようにして成立したのかを17世紀まで遡ることで明らかにしていく。第4章では、1766年から1783年までのアメリカ独立革命の時期を対象に、ビルバオと北米の貿易が途絶えたのか、あるいは継続しえたのかを検討する。第5章では、アメリカ独立革命が終結したのちの1784年から1808年までの間に、ビルバオとニューイングランドあるいは北アメリカ東海岸諸港との貿易が、どのように変化したのかを検討する。結論では、こうした貿易構造の変化と連続性が、どのような意味を持ちえたのか検討する。ならびにビルバオ商人の繁栄の源と考えられうる商業の実態と、大西洋貿易ひいては世界貿易における、その意義や役割を明らかにする。

　また、本書には二つの補論が含まれている。補論1では、バスクにおいて重要な産業であった漁業の推移と、バスク経済について検討する。補論2は、公式の植民地貿易から排除されていたビルバオ港の商人たちが植民地産品を獲得したルートとして考えられている、ヨーロッパとの貿易について、アベリーアを用いながら再検討を行う。

　注
　1）「地域」という言葉は、二義的な意味を持っている。つまり、「地方」「地域社会」とも呼ばれ国家を形成してきたミクロな存在を指す場合と、「イスラーム世界」や「海域アジア」「東南アジア」「中央ユーラシア」のような広域的な地域世界を指す場合である。あくまでも本書では、前者に近いローカルな社会を指し、そうしたローカルなものが国家の枠組みを超えて、より広い地域や世界と結びつく過程を明らかにする。「地方」という用語を、筆者がなるべく避ける理由は、「地方」という概念が、まず「政治の中心」を主軸に想定したうえで、ある地域を、それに対抗するかあるいは従属的な存在としてみなしていると考えるからである。秋田茂・桃木至朗編『歴史学のフロンティア──地域から問い直す国民国家史観──』大阪大学出版会、2008年；羽田正「序章　地域史と世界史」羽田正責任編集『MINERVA世界史叢書1　地域史と世界史』ミネルヴァ書房、2016年、1-10頁；濱下武志「海域世界のネットワーク──西洋・東洋・日本の海域論再考──」濱下武志監修・川村朋貴・小林功・中井

精一編『海域世界のネットワークと重層性』桂書房、2008 年、239-240 頁。

2）ブルボン王朝（カスティーリャ語ではボルボン王朝 La Casa de Borbón）の成立以降、18 世紀を通して行われた王室による諸改革は、ブルボン改革と呼ばれる。この改革の目的は、スペイン各地域と各植民地の政治体制と税関・徴税システムをカスティーリャの下に統合すること、自国製品を売り植民地産品を獲得するという植民地貿易を再活性化させ国家の収入を増加させることであった。

3）複合君主政に関する記述は、早くにはニッコロ・マキアヴェッリの『君主論』第 3 章「複合的君主権について」において、言語や文化・成り立ちが異なる地域の統治手法であると定義されている。それは、立石によれば、諸地域を統合する際に「法や税に手を付けぬ」まま、一つの王権が諸王国に君臨する体制である。また 20 世紀に入ってから複合君主政は H. G. ケーニヒスバーガや、J. H. エリオットによって概念化されてきた。近年では、このような政体に対し礫岩国家と呼ぶ例も増えている。近藤によれば、複合君主政の中にも、法的に対等な多様性の連邦と属州化による併合が存在したという。さらには、構成要素に王国、領邦、都市を含み、非均質かつ多様な連結体であったことから、グスタフソンが用いる「conglomerate state」という用語に、礫岩国家という訳語をあてている。ニッコロ・マキアヴェッリ（佐々木毅訳）『君主論』講談社学術文庫、2004 年；H. G. Koenigsberger, "Monarchies and Parliaments in Early Modern Europe: Dominium Regale or Dominium Politicum et Regale", *Theory and Society*, 5（1），1978, pp. 191-217; J. H. Elliott, "A Europe of Composite Monarchies", *Past and Present*, vol.137, 1992, pp. 47-71; 立石博高編『世界各国史 16 スペイン・ポルトガル史』山川出版社、2009 年、141-142 頁；近藤和彦「礫岩政体と普遍君主：覚書」『立正史学』、第 113 号、2013 年、25-41 頁；古谷大輔・近藤和彦編『礫岩のようなヨーロッパ』山川出版社、2016 年。

4）Elliott, "A Europe of Composite Monarchies".

5）バーナード・ベイリン（和田光弘・森丈夫訳）『アトランティック・ヒストリー』名古屋大学出版会、2007 年、87-88 頁。

6）ベイリン『アトランティック・ヒストリー』、42 頁。

7）たとえば、アングロ・サクソン世界を研究対象とする大西洋史家は、イングランドの港であるロンドンとブリストル Bristol を区別し、また、ニューイングランドとヴァージニア Virginia を区別している。しかし、イギリスやアメリカ以外の地域に関しては、いささか無分別に扱っているようにみえる。フランスの例をあげるならば、地中海貿易の中心であったマルセイユ Marseille と、西インド諸島との大西洋貿易で力をつけたボルドー Bordeaux、西アフリカの奴隷貿易で繁栄したナント Nantes を、「フランス」として一様に括ることは難しい。こうした事例は、「イベリア半島」という、アメリカやイギリスの大西洋史家が用いる表現に無理があることを示している。同様に、しばしば用いられる表現として、「スペイン・ポルトガル」や「南欧」がある。「スペイン・ポルトガル」を同じものとして扱うことや、地中海側の港と大西洋

側の港、それぞれの経済構造や商業ネットワークを押しなべて同じものとして扱う点
においては、問題がある。

8）他にもエマーは、オランダ商業史では、オランダ東インド会社による対アジア貿易が
重要視されすぎていることを批判し、大西洋貿易が見落とされることに疑問を呈して
いる。Pieter Emmer（eds.）, *The Dutch in the Atlantic Economy, 1580-1880: Trade, Slavery and Emancipation*, Aldershot: Ashgate, 1998.

9）Alison Games, "Atlantic History: Definitions, Challenges, and Opportunities", *The American Historical Review*, 2006, pp. 746-750. 近年では、カリブ海や中南米地域に
おけるスペイン帝国・イギリス帝国・アメリカ植民者の接触や、両アメリカ植民地の
接触についての研究がなされている。John Elliott, *Empires of The Atlantic World Britain and Spain in America 1492-1830*, New Haven and London: Yale University Press, 2007; Adrian J. Pearce, *British Trade with Spanish America, 1763-1808*, Liverpool: Liverpool University Press, 2014.

10）Xabier Lamikiz, *Trade and Trust in the Eighteenth-century Atlantic World – Spanish Merchants and Their Overseas Networks*, Woodbridge: Boydell Press, 2010, pp. 1-8.

11）たとえば、インド洋の奴隷貿易を研究しつつ、大西洋との比較研究も行う鈴木は、外
国におけるマリタイム・ヒストリーに対する批判を行っている。彼は、外国のマリタ
イム・ヒストリーでは、「それぞれの国で行われている研究の対象空間が、その国や
旧植民地など、関連する国や地域の海に基本的に限定されている」として批判してい
る。鈴木英明編『東アジア海域から眺望する世界史　ネットワークと海域』明石書店、
2019 年、13 頁。

12）たとえば、スペイン帝国史の商業史を扱った著名な研究には次のものがある。Carla Rahn Phillips, "The Growth and Composition of Trade in the Iberian Empires, 1450-1750", in James D. Tracy（ed.）, *The Rise of Merchant Empires Long Distance Trade in the Early Modern World 1350-1750*, Cambridge: Cambridge University Press, 1990. 地中海とスペイン領アメリカの結節点としてのカディスの研究はマヌエ
ル・ブストス・ロドリゲスや後述のクレスポ・ソラーナの研究がある。Manuel Bustos Rodriguez, "Cadiz and the Atlantic Economy（1650-1830）", in Pietschmann, Horst（ed.）, *Atlantic History: History of the Atlantic System 1580-1830*（papers presented at an international conference, held 28 August-1 September, 1999, in Hamburg）, Göttingen: Vandenhoeck & Ruprecht, 2002, pp. 411-433.

13）全ての研究をあげることは難しいが、17 世紀までのスペイン帝国に関する重要な研
究として、たとえば次のようなものがある。José Luis Gasch Tomás, *The Atlantic World and the Manila Galleons: Circulation, Market, and Consumption of Asian Goods in the Spanish Empire, 1565-1650*, Leiden: Brill, 2018；デニス・フリン（秋
田茂・西村雄志訳）『グローバル化と銀』山川出版社、2010 年；平山篤子『スペイン

帝国と中華帝国の邂逅——十六・十七世紀のマニラ——』法政大学出版局、2012 年。

14) こうした研究史の整理は、クレスポ・ソラーナがスペイン植民地貿易におけるオランダ人商人のネットワークを研究していることにも拠るだろう。Ana Crespo Solana, "Merchant Cooperation in Society and State: A Case Study in the Hispanic Monarchy", in Catia Antunes and Amelia Polonia, *Beyond Empires: Global, Self-Organizing, Cross-Imperial Networks, 1500-1800*, Leiden: Brill, 2016, pp. 160-187; Ana Crespo Solana, *El comercio marítimo entre Amsterdam y Cádiz（1713-1778）*, Madrid: Banco de España, 2000.

15) この二つの港はスペイン南部アンダルシーアに位置している。本来の植民地貿易独占港はセビーリャであった。1717 年に、グアダルキビル川河口にあり、大西洋に突き出た半島であるカディスへと植民地貿易港は移転した。

16) Antonio Garcia-Baquero González, *La Carrera de Indias Histoire du commerce his-pano-américain（XVIe - XVIIIe Siècle）*, Sevilla: Diputación Provincial de Cádiz, 1992（Paris, 1997）, pp. 158-172.

17) ヘンリー・ケイメン（立石博高訳）『スペインの黄金時代』岩波書店、2009 年、79-82 頁。

18) 近年の研究ではフィッシャーの議論が肯定されている。John Fisher, *El comercio entre España e Hispanoamérica（1797-1820）*, Madrid: Banco de España, 1993. バルビエールらによれば、「自由貿易」規則は、徐々に適用されていった。規則は、まず、1765 年から 1777 年の間にカリブ海で実験的に適用された。1778 年の「自由貿易」規則は、ベラクルスとカラカスを除いて施行された。ベラクルスとカラカスが「自由貿易」規則に組み入れられたのは、1784 年以降のことであった。Jacques A. Barbier and Allan J. Kuethe, *The North American Role in the Spanish Imperial Economy, 1760-1819*, Manchester: Manchester University Press, 1984, p. 7; Arantazazu Amezaga Iribarren, "La Real Comapañía Guipuzcoana de Caracas. Crónica sentimental con una visión historiográfica. Los años áuricos y las rebeliones（1728-1751）", *Sancho el sabio: Revista de cultura e investigación vasca*, Nº 23, 2005, p. 203; Roland Dennis Hussey, *The Caracas Company, 1728-1784: A Study in the History of Spanish Monopolistic Trade*, Cambridge: Harvard university press and London: H. Milford, Oxford University Press, 1934, p. 231；立石博高「「自由貿易」規則（1778 年）とスペイン経済」『地中海論集』、12、1989 年、64 頁。

19) 八嶋由香利「スペインにおける伝統的社会の変容と人の移動—カタルーニャの交易ネットワークとキューバへの移住」『史学』、第 75 号 4 巻、2007 年、442-482 頁。

20) ケイメン『スペインの黄金時代』、80 頁。

21) David Ringrose, *Spain, Europe and the "Spanish Miracle" 1700-1900*, Cambridge: Cambridge University Press, 1998, pp. 218-219.

22）ポルトガル、スペイン北部、フランスという取引ルートの存在は、リングローズが指摘している。Ringrose, *"Spanish Miracle"*, p. 225.

23）地方諸特権あるいは地域特別法とも呼ばれるフエロスは、カスティーリャ＝レオン王アルフォンソ 10 世が 13 世紀前半に定義したものである。渡部によれば、「フエロスは、個人の習慣と社会の慣習の二つのことが組み合わさったものである。慣習が強制力を持つと、双方は一体となる。公文書においてフエロスは、フエロス、よき習慣、慣習、と一続きに使われる」とある。つまり、フエロスは現行の法と地方の習慣が一体となったものであり、王権への政治的な忠誠に対しカスティーリャ王が付与する政治的・経済的特権である。また、萩尾によれば、フエロスには二つの意味がある。第一に、習慣や慣習に由来する社会的慣行が、法としての価値をもつ規範と化したものである。第二に、国王などの統治者が所与の領域をおさめる際に、当該地域もしくは住民に譲渡した規範ないし特別権利のことである。バスクのフエロスは両方の意味を持つが、ブルボン王朝下において、フエロスは二つ目の意味で理解されるようになった。フエロスは、バスクにおいて共通ではなく、ビスカヤ、ギプスコア、アラバにおいて、それぞれ異なるものである。しかし、バスクにおけるフエロス体制は似通っており、行政における意思決定権の限定的保証、地域経済の保護と一定程度の国税免除、カスティーリャ王国による徴兵の免除、家産の不分割相続と法的平等という特徴を持っていた。これらに加え、フエロスでは自己防衛権が認められており、防衛の対象には敵だけでなく、カスティーリャ王も含まれていた。渡部哲郎『バスクとバスク人』平凡社、2004 年、64-68 頁；萩尾生「バスク地方近現代史」関哲行・立石博高・中塚次郎編『世界歴史大系　スペイン史 2　近現代・地域からの視座』山川出版社、340-345 頁；Xabier Lamikiz, "Basque Ship Captains as Mariners and Traders in the Eighteenth Century", *International Journal of Maritime History*, 20: 81, 2008, p. 85.

24）Román Basurto Larrañaga, *Comercio y burguesía mercantil de Bilbao en la segunda mitad del siglo XVIII*, Bilbao: Universidad del País Vasco - Euskal Herriko Unibertsitatea, 1983.

25）Aingeru Zabala Uriarte, *Mundo urbano y actividad mercantil, Bilbao 1700-1810*, Bilbao: Bilbao Bizkaia Kutxa, 1994.

26）Álvaro Aragón Ruano and Alberto Angulo Morales, "The Spanish Basque Country in Global Trade Networks in the Eighteenth Century", *International Journal of Maritime History*, 25, 2013, pp. 149-172.

27）Álvaro Aragón Ruano, "The Mediterranean Connections of Basque Ports (1700-1841): Trade, Trust and Networks", *Journal of European Economic Hsitory*, XLIV. 3, 2015, pp. 51-90.

28）Lamikiz, *Trade and Trust*.

29）スペインの国内市場形成に着目したものとしては、ペレス・サリオンによる研究もあ

る。彼は、カタルーニャやフランス、イギリスの商人やトレーダーによって形成され
た商業ネットワークという視点から、18世紀のスペイン国内市場の形成を明らかに
しようとした。つまり、スペイン国内における、カタルーニャ、フランス、イギリス
というそれぞれの商人のネットワーク形成を比較した。Guillermo Pérez Sarrión,
The Emergence of a National Market in Spain, 1650-1800, London: Bloomsbury
Academic, 2016.

30）グラフェは、18世紀後半に、タラの運搬によってスペイン国内におけるタラの価格
が徐々に一致していき国内市場が成立したことと、北大西洋両岸でのタラの価格が一
致していきグローバル化が進んだことを経済分析によって明らかにし、商品としての
重要性を提起した。ローカル（ここではバスク）が主体となった経済活動が、統合さ
れた国内市場や国民国家を形作ったという点で、グラフェは、スペインの国内市場形
成過程を「ボトムアップ」と呼び、イギリス・フランスとは異なるヨーロッパの国家
形成と市場形成のもう一つのモデルであったとする。Regina Grafe, *Distant
Tyranny: Markets, Power, and Backwardness in Spain, 1650-1800*, Princeton:
Princeton University Press, 2011.

31）James Lydon, *Fish and Flour for Gold, 1600-1800: Southern Europe in the
Colonial Balance of Payments*, Philadelphia: An e-Publication of the Program in
Early American Economy and Society Library Company of Philadelphia, 2008, pp.
106-107; Basurto Larrañaga, *Comercio y burguesía mercantil de Bilbao*, p. 270.

32）コンスラードは、主として港あるいは貿易に関係のある町に作られた、商業裁判所の
機能を持つ機関であった。1737年のコンスラード規則 El consulado de Bilbao y sus
Ordenanzas de Comercio de 1737 発布から、ビルバオのコンスラードは商業裁判所
の機能に特化し、その体制はスペイン全土の規範となったとされる。しかし、コンス
ラードの構成員は商人層であり、このことから、ビルバオのコンスラードは商人組合
あるいは商人コミュニティとして認識されている。Xabier Lamikiz, "Comercio
internacional, rivalidades interurbanas y cambio institucional en el norte de la
Península Ibérica durante el siglo XVII", en Ramón Lanza García（coor.）, *Las in-
stituciones económicas, las finanzas públicas y el declive de España en la Edad
Moderna*, Madrid: Universidad Autónoma de Madrid, Servicio de Publicaciones,
2017, pp. 284-285; Regina Grafe and Oscar Gelderblom, "The Rise and Fall of the
Merchant Guilds: Re-thinking the Comparative Study of Commercial Institutions in
Premodern Europe", *Journal of Interdisciplinary History*, Vol. 10, Number 4, Spring
2010, pp. 477-511; Robert Sidney Smith, *The Spanish Guild Merchant, A History of
the Consulado, 1250-1700*, Durham: Duke University Press, 1940.

33）本書のなかでは、「グローバルヒストリー」と「グローバル・ヒストリー」が混在し
ている。これは、著者自身は「グローバルヒストリー」を用いているが、研究者に
よって「グローバル・ヒストリー」とする場合もあるためである。

34）水島司『グローバル・ヒストリー入門』山川出版社、2010 年。

35）秋田・桃木編『歴史学のフロンティア』、9-32 頁。

36）秋田・桃木編『歴史学のフロンティア』；秋田茂・桃木至朗編『グローバルヒストリーと戦争』大阪大学出版会、2016 年。

37）サラ・パーマー（薩摩真介・金澤周作訳）「〈海を知る〉――海事史の現在――」『西洋史学』、241 号、2011 年、60-69 頁。

38）西洋史における海域史研究の始まりは、フェルナン・ブローデルによる大著『フェリペⅡ世時代の地中海と地中海世界』と考えてよい。ブローデルの影響は大きく、海の歴史を中心に研究する「海域史」の誕生や、ブローデルが所詮は「地中海への憧憬」という関心のもとに研究を行ったに過ぎないという批判が行われた。そのなかで、パーマーとゴドショによって拡散された大西洋史は、より広く、大陸からではなく海からの視点で、アメリカも含めた西欧世界を捉えようとする考え方であった。海域史研究や海洋ネットワーク論は、どちらかといえば、大西洋よりもインド洋やアジア太平洋を研究対象とした分野で盛んである。1993 年に設立された海域アジア史研究会は、「日本史」「中国史」のような一国史や、「東南アジア史」のような狭い地域の枠組みを取り払い、海域からの視点によってアジア全体の歴史を捉えようと試みている。また、2019 年に日本の社会経済史学会大会において、台湾や中国の貿易と銀の流通を考察してきた林満紅によって、海の視点の重要性が説かれたことは、海域に着目する研究が研究分野として確立していることを示している。膨大な研究蓄積が積み上げられてきたインド洋に目を向けてみよう。たとえば、インド洋海域史家である家島は、「海（海域）の歴史を見る見方には、陸（陸域）から海を見る、陸と海の相互関係を見る、海から陸を見る、海そのものを一つの歴史世界として捉えたうえで、その世界のあり方（域内関係）や他との関係（海域外や陸域世界との関係）を見る、などのさまざまな立場が考えられる」としている。家島の定義に沿うならば、本書は、おおよそ域内関係を捉えようと試みるものである。他にも、羽田は、「海域」という語を、「「国」単位で区別して理解することが不可能な一体としての海の世界」としている。これを踏まえて、鈴木は、海域史を「一国史視点に対して、説得力のある事例で既存の枠組みに疑義をよびおこし、それをのりこえる新しい枠組みである」と定義する。こうした海域史研究は、それぞれの海域ごとに研究がなされてきた。しかし、鈴木が編著の序章で述べているように、今や、海域世界は統合して考えられるべきところまで来ている。なぜならば、「大西洋史」というような枠組みは、鈴木の言葉を借りれば、国家という「境界を開放」したうえで、新たな「境界を生み出し」てしまっているのである。以下を参照すること。Fernand Braudel, *La Méditerranée et le Monde méditerranéen à l'époque de Philippe II* (trois parties), Paris: Librairie Armand Colin, 1949（フェルナン・ブローデル『地中海 普及版 Ⅰ-Ⅴ』藤原書店、2004 年）; Robert Roswell Palmer, *The Age of the Democratic Revolution: A Political History of Europe and America, 1760-1800 vol. 1-2*, Princeton: Princeton University

Press, 1964；桃木至朗編『海域アジア史研究入門』岩波書店、2008 年；林満紅（上西啓訳）「次第に現れる太平洋——自らの著作における海洋イメージの変遷（1976-2018）——」『社会経済史学』、Vol. 86、2020 年、5-28 頁；家島彦一『海域から見た歴史　インド洋と地中海を結ぶ交流史』名古屋大学出版会、2006 年；羽田正編『海から見た歴史　東アジア海域に漕ぎ出す 1』東京大学出版会、2013 年；鈴木英明「序章　海域史研究の展開とその課題」鈴木編『東アジア地域から眺望する世界史』、11-43 頁。

39) 国際商業史の三区分については、次の文献を参照した。深沢克己編『近代ヨーロッパの探求 9　国際商業』ミネルヴァ書房、2002 年。

40) 本書内では、海域に関わる商業史研究を中心に扱っている。しかし、もちろん大陸部においても、商人たちは国境に関係なく活動していた。たとえば、ソグド商人やソグド系ウイグル商人によって担われた、オアシス地域と「中国」を結ぶ貿易や、中央ユーラシアにおけるキャラヴァン貿易も国際商業史の一つの研究対象といえる。モンゴル時代には、内陸交易路は海上交易路と連結し、ユーラシアを循環する貿易のネットワークを形成した。また、大陸において国境を接していたロシアと中央アジアの貿易や商品流通、商人の往来も重要な商業史研究の一つである。森安孝夫『シルクロード世界史』講談社選書メチエ、2020 年；荒川正晴『ユーラシアの交通・交易と唐帝国』名古屋大学出版会、2010 年；J. L. アブー＝ルゴド（佐藤次高・斯波義信・高山博・三浦徹訳）『ヨーロッパ覇権以前　上・下』岩波書店、2001 年；塩谷昌史『ロシア綿業発展の契機——ロシア更紗とアジア商人——』知泉書館、2014 年。

41) ハンコックは、1735 年から 1785 年における、ロンドン商人の貿易という経済的側面と生活という社会的側面を明らかにした。ハンコックは、ロンドン商人の商業活動が、移民や奴隷制、支配といった帝国統治に先立つものであったことを論じている。ハンコックの論考は、帝国による統治以前に商人が自立的な商業活動を行っていたという議論を展開しているが、中心たるロンドンから辺境たるアメリカへの影響を考えている点で、結局のところ、一国史を拡大していった結果としての帝国史に収斂してしまっている。David Hancock, *Citizens of the World: London Merchants and the Integration of the British Atlantic Community, 1735-1785*, New York: Cambridge University Press, 1995.

42) ユダヤ人やアルメニア人のような宗教的弾圧を受けた人々の拡散や、各地を移住する商人たちのディアスポラ研究が、これにあたる。重松伸司『海のアルメニア商人　アジア離散交易の歴史』集英社新書、2023 年；伏見岳志「一七世紀メキシコの貿易商の経済活動と人的紐帯——ポルトガル系セファルディム商人の帳簿分析から——」川分圭子・玉木俊明編著『商業と異文化の接触』吉田書店、2017 年、299-333 頁；フィリップ・D・カーティン（田村愛理・山影進・中堂幸政訳）『異文化間交易の世界史』NTT 出版、2002 年。

43) 地中海沿岸部における、キリスト教徒とイスラーム教徒のような異文化交易は、異な

る宗教の信者同士、つまり文化の異なる商人同士の交流であっても、「隣人」との交易に過ぎない。家島が論じるように、地中海からインド洋海域まで、あるいは大西洋や海域アジアのような他の海域との繋がりを射程に含めてこそ、商業のダイナミズムを明らかにすることができるのである。この点で、深沢の研究は、マルセイユのレヴァント貿易（東地中海貿易）をとりあげ、インドの更紗捺染技術がアルメニア商人によってレヴァントへと伝達され、そこからヨーロッパ地中海世界へももたらされたことを論じており、インド洋、地中海世界、ヨーロッパ世界の接続を提起している。深沢克己『商人と更紗——近世フランス＝レヴァント貿易史研究——』東京大学出版会、2007年；家島彦一『海域から見た歴史　インド洋と地中海を結ぶ交流史』名古屋大学出版会、2006年。

44）家島は、インド洋と地中海の連続性を唱え、その二つの海域が、「インド洋海域世界」の一部を構成していると論じた。ほかにも、三王は18世紀のスールー王国に着目した。イスラーム教国であったスールー王国は、イギリス商人の中国進出拠点、中国の厦門を通じた朝貢貿易、海域アジア世界内での貿易という、三つの役割を果たしていた。三王の関心は、経済的な関係よりもむしろ、異文化がどのように接触したのかにある。けれども、その緻密な研究は、スールー王国を核として東西の海域世界が接続していたことを示している。海域の接続だけでなく、比較史の視点も含めた研究もあげるならば、インド洋と大西洋を跨いで行われた奴隷貿易にかんする鈴木の研究がある。家島『海域から見た歴史』；三王昌代『海域アジアの異文化接触　18世紀スールー王国と中国・ヨーロッパ』すずさわ書店、2020年；Hideaki Suzuki, *Slave Trade Profiteers in the Western Indian Ocean: Suppression and Resistance in the Nineteenth Century*, London: Palgrave Macmillan, 2017; 鈴木英明「インド洋西海域と大西洋における奴隷制・交易廃絶の展開」島田竜登編『歴史の転換期8　1789年　自由を求める時代』山川出版社、2018年、228-272頁。

45）外に開かれたゲートウェイの役割を担う東南アジアや南アジアの港市は、海外商品や人の集積地となった。後背地にある王権は、港市をおさえることで自らの権力の強化を行った。港市国家論は、とりわけアジア史において盛んである。Tsukasa Mizushima, George Bryan Souza, Dennis O. Flynn, *Hinterlands and commodities: place, space, time and the political economic development of Asia over the long eighteenth century*, Leiden: Brill, 2015；佐藤貴保・向正樹「海陸の互市貿易と国家——宋元時代を中心として——」桃木編『海域アジア史研究入門』、168-180頁；安野眞幸『港市論　平戸・長崎・横瀬浦』日本エディタースクール出版部、1992年；弘末雅士『世界歴史選書　東南アジアの港市世界　地域社会の形成と世界秩序』岩波書店、2004年。

46）近世ヨーロッパにおいて需要のあった毛皮の貿易と、ヨーロッパ人によるシベリア、アラスカ、北アメリカ西海岸や太平洋の探検との間には密接な関連がある。もちろん、近世の探検事業は、地理学や博物学のような科学の発展と切り離すことはできない。しかし、国家プロジェクトであった探検事業は、消費者の商品に対する需要と、それ

に応じることで利益を獲得しようとする商人たちの商品獲得と供給という、素朴な経済システムを基盤としていた。イギリスのハドソン湾会社やフランス商人によるアメリカ先住民とのビーバー交易、あるいは、アメリカ内陸部の探検、毛皮を求めたロシアの太平洋世界への進出は、まさに経済的利益を獲得しようという野心のもとで行われた。木村和男『毛皮交易が創る世界　ハドソン湾からユーラシアへ』岩波書店、2004年；森永貴子「毛皮が結ぶ太平洋世界」島田編『1789年　自由を求める時代』、72-135頁。

47）グローバルヒストリーの興隆とともに、最も盛んに研究がなされているのが、この分野である。この分野では、近世以降におけるヨーロッパ商人のアジア進出とアジアの衰退や、近現代におけるアジアのヨーロッパ支配からの脱却という通説に対し、アジア商人側の自立性を説いたものが多く見受けられる。けれども、岸本が指摘するように、アジア側の自立性の主張が、強調されすぎているきらいがある。あるいは、世界的な商業の例として、モノの流通に着目することで、グローバルヒストリーを描くことを目的とした研究もある。そこでは、モノの流通を担う人々として、東インド会社の商人たちやカントリートレーダー、華人商人、ローカルな商人の存在が提起されている。また、ヨーロッパあるいはアジアの片方のみを中心とした歴史の見方ではなく、ヨーロッパ側の史料とアジア側の史料の双方を用いて、グローバルに展開した商業について論じる研究が盛んになっている。次にあげた参考文献は、数多くある研究文献の一部のみである。水島司「グローバルエコノミーの形成とアジア」秋田茂編『アジアからみたグローバルヒストリー「長期の18世紀」から「東アジアの経済的再興へ」』ミネルヴァ書房、2013年、63-81頁；岸本美緒「グローバル・ヒストリー論と「カリフォルニア学派」」『思想』、1127、2018年、80-100頁；平山篤子『スペイン帝国と中華帝国』法政大学出版局、2012年；デニス・フリン（秋田茂・西村雄志訳）『グローバル化と銀』山川出版社、2010年；角山栄『茶の世界史　改版　緑茶の文化と紅茶の社会』中央公論新社、2017年；川北稔『砂糖の世界史』岩波ジュニア新書、1996年；シドニー・W・ミンツ（川北稔・和田光弘訳）『甘さと権力——砂糖が語る近代史』平凡社、1988年；藤原敬士『商人たちの広州　一七五〇年代の英清貿易』東京大学出版会、2017年；岡美穂子『商人と宣教師——南蛮貿易の世界——』東京大学出版会、2010年。

48）マグヌソンによれば、重商主義は「国力をどのように増加させるか」ということを問題にしていた。つまり、重商主義とは、「国家」を中心に考えていた政策立案者や著述家が考えた政策であった。ラース・マグヌソン（玉木俊明訳）『重商主義の経済学』知泉書館、2017年。とりわけ、「第六章　重商主義とは何か」。

49）Fisher, *El comercio*, p. 17.

50）川北稔「環大西洋革命の時代」樺山紘一・川北稔ほか編『岩波講座世界歴史17　環大西洋革命　18世紀後半〜1830年代』岩波書店、1997年、13頁。

51）荷主は商人と同意義の言葉として使われている。Basurto Larrañaga, *Comercio y*

burguesía mercantil de Bilbao, p. 270.

52）マサチューセッツにおいては、船主が商人と同意義の言葉である。

53）ジョン・アダムズやベンジャミン・フランクリンのような、「建国の父」たちによって書かれた手紙が電子化されたものである。〈URL=https://founders.archives.gov/〉．2020 年 11 月 18 日　最終閲覧。

第1章

近世末期の大西洋世界とスペイン

はじめに

　本章では、18世紀後半から19世紀初頭以前の大西洋世界における国際情勢を明らかにする。バスクという地域に焦点を当てて考察を進めるにあたり、まずは、バスクが属していたスペインが、複合君主政の国家であったことと、18世紀にブルボン王朝が成立し、帝国規模での改革が推進されたことをおさえなければならない。このため、本章では、次章以降での議論の前提条件として、スペインという国家の動向と大西洋世界との関わり、また、スペイン王室の経済政策について整理する。

1　18世紀前半までのスペイン経済と植民地貿易改革

　本節では、まず、(1) 前史にあたる18世紀までのスペインの状況、(2) 1700年のブルボン王朝の成立に伴うスペイン王位継承戦争の経緯を述べたのち、(3) 七年戦争開戦までの情勢を描く。

(1) 18世紀までのスペインの状況──複合君主政と帝国

　中世イベリア半島に成立した地域的な諸国家は、近世に入ると、結婚同盟によって成立した、カスティーリャ王国とアラゴン連合王国の同君連合によって併合され、統治されるようになった。同君連合からなるスペイン王国は、近代国家の理念型のように完全に単一の国家に統一されたわけではなく、それぞれの地域では依然として異なる法制度・議会制度・貨幣制・税制・軍制が維持された[1]。それゆえ、たとえばカスティーリャ、ビスカヤ、シチリアは、形式上はすべて同等の関係にあった。従来の歴代君主は、諸地域の議会へ赴き特権遵守を旨とする誓約を立てることによって諸地域の国王または領主の地位につくこ

とができたのである。さらに、いわゆる「スペイン植民地」であるインディアス Las Indias は、カスティーリャ王の領土であった。つまり、インディアスは、スペイン本土において複合君主政を構成していた各地域と同等の扱いにあった。このように、当該期のスペインを、広大な海外領土を持ち、なおかつ複合的な政体の帝国として、理解することが重要である[2]。

　以上のように、諸地域の特権の保護を約束することによって統治されてきたスペイン帝国は、フェリペ4世 Felipe IV（在位 1621-1665 年）の治世に行われたオリバーレス伯公爵 Conde-Duque de Olivares の改革によって危機に直面した。オリバーレス改革では、エリオットが明らかにしているように、連合王国のうち最も支配的な王国、つまりカスティーリャ王国のルールを連合王国全体に適用させる中央集権化政策が行われたのである。しかし、この改革はネーデルラント、ポルトガル、カタルーニャ Catalunya / Cataluña の抵抗を呼ぶこととなり、頓挫するにいたった[3]。

(2) スペイン王位継承戦争 （1701-1714 年）

　カルロス2世 Carlos II（在位 1665-1700 年）の崩御に伴い、フランス王ルイ14世 Louis XIV の孫であるフェリペ5世 Felipe V（在位 1700-1724 年1月、1724 年9月-1764 年）が即位した。はじめ、フェリペ5世はスペインの複合的な統治形態に理解を示し、各議会でフエロスの承認を行った。しかし、王朝の交代に伴って勃発したスペイン王位継承戦争（1700-1714 年）の戦費をカスティーリャだけでなくアラゴン連合王国からも徴収する必要性が生じた。戦費の徴収は、アラゴン連合王国内からの反発を生んだ。また、カタルーニャの反フランス感情は根強く、これらを利用しようとするイギリス、オーストリア、オランダからなる大同盟軍と、大同盟軍を支持していたアラゴン連合王国は、ハプスブルク家のカール大公をカルロス3世として擁立することでバルセローナ Barcelona に宮廷を置いた。こうしてスペイン王位継承戦争は内戦の様相をも呈したのである。

　けれども、1711 年4月に神聖ローマ皇帝ヨーゼフ1世 Joseph I の死去を受けて、弟にあたるカール大公が神聖ローマ皇帝に選出されると状況は一変した。カール5世以来の広大なハプスブルク帝国が再生することを嫌ったイギリスやオランダはフランスと和平交渉に入り、1713 年4月ユトレヒト条約、1714 年3月にはラシュタット条約がオーストリアとフランスの間で、それぞれ調印さ

れた。

　王位継承戦争中にカタルーニャの抵抗を受けたフェリペ5世は、統治の方針を転換した。フェリペ5世は1707年4月にアルマンサの戦いに勝利したのち、5月にはアラゴン Aragón とバレンシアを征服した。こうして、両王国に6月29日、新組織王令が発布された。この王令は、アラゴンとバレンシアに対しフエロスや両国の議会廃止を命じるものであった。これ以降、スペインを構成していた諸王国はカスティーリャの「法・慣習・慣例・裁判」によって統治され、議会廃止にあたっては、それらが有していた権限をカスティーリャ議会へ移すという司法・政治制度の一元化と中央集権化が図られた。[4]

　王位継承戦争後の1714年に発布された「新組織王令（「伯領地方法院の設置と新組織に関する王令」El Real Decreto de Nueva Planta）」の対象は、スペイン全土とアメリカ植民地であった。スペイン本土においてこの王令の対象になったのは、特にカタルーニャ、バレンシア València / Valencia、アラゴンであった。これらの地域においては、地域特権の剥奪と税制のカスティーリャへの一元化が行われた。[5]

　この際、バスクの3領域（ビスカイアまたはビスカヤ Bizkaia / Vizcaya、ギプスコア Guipúzcoa、アラバ Álava）とナバーラ王国 Nafarroa / Navarra / Navarre は、「免除県 La provincia extenta」としてフエロスの維持が認められた。通説において、その理由は、バスクの三領域とナバーラ王国が、王位継承戦争の際にブルボン王朝を支持してきたためとされてきた。一方、特に本書が研究対象とするとブルボン王室との関係は、第2章で述べるように、経済的側面から見ると良好ではなかった。そのような経緯にもかかわらず、ビルバオは、19世紀にいたるまでスペイン北部最大の港湾都市として繁栄を極めた。

（3）18世紀初頭から七年戦争前夜までの改革（1714-1756年）

　この時代の経済的な改革は、私掠船（者）、密輸船（者）、外国人商人を排斥することを目的としていた。フェリペ5世が即位した当時のスペインの貿易は私掠船によって頻繁に妨害されており、また、密輸船がスペインの植民地へと入り込んでいた。そのため、スペイン帝国内の貿易は、利潤の多くを他国によって奪われていた。密輸船は主としてオランダ、イギリス、フランス人によるものであったが、なかにはスペイン人も含まれていた。[6] 1705年、フェリペ5世は即位後ただちに商業の再編を求めて商業再建審議会 Junta de Restablecimiento del Comercio を設置した。この審議会を設立した理由として、スペインにとって大西洋貿易は未だ改善の余地を残しており、その富を余すことなく享受することによってこそ、スペインとその帝国を再生することが可能であるという考えがあった。[8]

　私掠と密輸による損失は、制度的な欠陥によるものでもあった。1543 年の法令により導入された定期船団制 El Sistema de Flotas y Galeones は、年に２隻の船を貿易のため海外に送るフロータ制とガレオン制から構成されていた。前者はスペインと北アメリカ、後者はスペインと南アメリカとを結ぶ貿易制度であった。また、当時のスペインは単一港制度を敷いていた。時期により異なるが、海外貿易港はセビーリャやカディスあるいはサン・ルーカル・デ・バラメーダ Sanlúcar de Barrameda に限定されたうえ、出航日や航路が特定されていた。それゆえ、スペインの船舶は私掠船にとって非常に狙いやすい対象となっていたのである。もとよりスペイン領アメリカの副王領はヌエバ・エスパーニャ副王領 Virreinato de Nueva España とペルー副王領 Virreinato del Perú の二つしかなく、広大な植民地を完全に統治することは困難であったから、植民地行政の再編も行う必要があった。王室は、横行する私掠・密輸行為に対処するべく、海軍力の向上と植民地貿易の再編を通じて、いかに自らの利益を確保していくかという問題に直面していたのである。

　さらに、近世初期よりセビーリャには外国人商人が入り込んでおり、特にアメリカへ輸出される商品の多くはフランス産あるいはジェノヴァ商人によりもたらされたものであった。[9]そのため、反対に、新大陸の銀はスペインではなく諸外国へと流れてしまっていた。ビルバオの商人たちは 1748 年の王室への請願書において、この事態はスペイン王国の商人たちが衰退を余儀なくされる原因になると提言している。[10]スペイン王室は植民地の利潤を自分たちに上手く還元することができず、なんらかの改革を行わなければならなかった。植民地貿易改革は、ブルボン改革の一大事業であった。

　こうした状況を踏まえて、フェリペ5世治世下では、大西洋貿易に関する三つの改革が行われた。第一に、1717 年に植民地貿易独占港（単一港）がセビーリャから、グアダルキビル川のさらに河口に位置する半島にある、カディスへ移転された。移転の理由は、既に述べたように、セビーリャでは外国人商人が力をふるっていたり、外国産商品が多数を占めていたからである。[11]外国人商人による寡占を排するために、植民地貿易港が移転されたのである。

第二に、国王の認可によって特権が認められた株式会社を設立して植民地貿易を活性化させようとした。特にバスクのギプスコアに設立された王立カラカス＝ギプスコア会社 La Real Compañía Guipuzcoana de Caracas の場合、会社の船には大砲を積んでおり、大西洋上での私掠船に対抗したりカラカス Caracas の港で密輸を行う船を撃退したりすることが任務とされた[12]。

　第三に、大西洋での定期船団制を1738年に一時廃止した。先述した通り、定期船団制は二つの航路から構成されていた。第一に、スペインからヌエバ・エスパーニャ副王領のベラクルス Veracruz へ向かい、その後アカプルコ Acapulco を出港してマニラ Manila へ向かう航路とスペイン本国へ帰還する航路に分かれるフロータ制である。第二に、スペインから南米北岸を回りハバナを経由して本国へ戻るガレオン制である。定期船団制とは、商船の周囲を海軍の船団が護衛するものであったが、出港する時期や航路が明確なことから他国の私掠船に狙われやすいものになっていた。定期船団制に代わって導入されたのが登録船制度（レヒストロ制）であった。これはカディスの商務院から出港の許可を得ることで、時期に関わらず植民地へと行くことができるものであった。しかし、煩雑な手続きから制度は長続きせず、結局1754年にフロータ制が再開されることとなった[13]。

　このような、スペインの当時の経済・貿易政策は、当時のヨーロッパにおいて主流であった重商主義思想の中に位置付けることができる。スペインの重商主義思想は[14]、ブルボン王朝の下で活躍した啓蒙思想家[15]によって実行に移された。彼らは、スペインの海外貿易では莫大な徴税漏れがあることを理解しており、貿易を管理し統制することが、スペインの国家財政を立て直す必須条件であると考えた。また、スペイン国内において、まず当時の啓蒙思想家が取り掛かったのは、国内の税関と税制の統一であった。しかし、次章で述べるように、スペイン王室や啓蒙主義者たちは、ビルバオをはじめとしたバスクを、カスティーリャを中心とした税関システムの中に組み込むことができなかった。これを、ブルボン改革の失敗の始まりであったと考える研究者もいる[16]。

2　七年戦争の展開と終結後の「自由貿易規則」公布

　1756年から1763年に生じた七年戦争は、ヨーロッパ大陸だけでなく、アメリカやアメリカの先住民社会、カリブ海のような大西洋世界、あるいはインド[17]

において世界的に展開した戦争であった。この戦争では、ヨーロッパ各国の重商主義政策を基盤として、植民地の利権獲得と、大西洋での商業覇権の獲得が争点となった。七年戦争の重要性は、グールドによれば、七年戦争がイギリスとスペイン両帝国のその後の変革の根源であった点にある[18]。つまり、七年戦争は、大西洋世界における国家や帝国の統治体制、貿易のような経済システムに対し、変容を迫る転換点の１つであった。

フェルナンド６世 Fernando VI（在位 1746-1759 年）は、イギリスとフランスの間での中立外交を目指す一方で、エンセナーダ侯爵 Marqués de la Ensenada（1702-1781 年）のような反英・親仏派の政治家たちを大臣として重用した。続くカルロス３世 Carlos III（在位 1759-1788 年）は、メノルカ Menorca とジブラルタル Gibraltar をイギリスから奪還するという思惑もあり[19]、1761 年にパリでフランスとの第三回家族協定を締結した。これにより、スペイン王室は、もはや中立外交を維持することができず、戦争への参加を免れることができなくなった。1762 年に、スペインは七年戦争へと参戦した[20]。同年には、スペイン植民地の重要な拠点であったハバナとマニラがイギリスによって占領された。1763年、パリ条約によって七年戦争が終結すると、スペインはイギリスにフロリダ Florida を割譲した。フランスとスペインは実質的敗北を喫し、大西洋における商業覇権はイギリスが握ることとなったのである。しかし、こうした戦争の勝敗よりも重要であるのは、グールドが指摘したような、七年戦争がもたらした太平洋世界における変革の方である。

その変革の１つとして、スペイン帝国における「自由貿易」の導入がある。当時のスペイン国王であり、啓蒙専制君主でもあったカルロス３世は、七年戦争後のスペイン帝国貿易に自由主義を取り入れた[21]。1765 年 10 月 16 日のアンティーリャス諸島自由貿易令（第一次自由貿易令）を皮切りに、1775 年にはスペイン領アメリカ植民地内における地域間取引が許可された。続いて 1778 年 2 月 2 日の王令によって、アンティーリャス諸島自由貿易令で認可された港に加え、イベリア半島のアルメリーア Almería、アルファケス・デ・トルトーサ Alfaques de Tortosa、パルマ・デ・マリョルカ Palma de Mallorca、サンタ・クルス・デ・テネリーフェ Santa Cruz de Tenerife とアメリカのブエノスアイレス、モンテビデオが自由貿易港に定められた。8 か月後の 10 月 12 日には、自由貿易規則とよばれる「インディアスへの自由貿易のための規定および関税 Reglamento y Aranceles Reales para el comercio libre de España a Indias」

により、上記イベリア半島 13 港、バレアレス諸島、カナリア諸島、くわえて
アメリカ植民地の 22 港の商人に、直接貿易を開放した王令が施行された[22]。翌
1779 年には、それまでフロータ貿易が独占していたヌエバ・エスパーニャ副
王領全体と、王立カラカス＝ギプスコア会社[23]が貿易独占権を持っていたカラカ
スが、「自由貿易」規則の範囲内に組み込まれた[24]。以上のような経緯により、
七年戦争後のスペイン帝国では、表面上の自由貿易体制が成立した。これら一
連の貿易自由化政策がとられたカルロス 3 世の治世は「スペインの啓蒙時代」
とみなされており、スペインの経済難を建て直そうとする経済思想が大きく展
開をみせた時期であった[25]。

　しかし、一連の王令による「自由貿易」は、閉鎖的な側面を持っていた。な
ぜなら、「自由貿易」の対象となったのは、スペイン本土に居住するもののみ
であり、そのなかでも、植民地貿易に参入することができる本国の港は 13 に
限られていた[26]。この王令から、ビルバオやサン・セバスティアンのようなバス
クの港は除外された[27]。外国人商人もまた、この王令の対象にはならず、彼らは
旧来の税を課され続けた[28]。その理由は、王室財政の収入源として、外国人商人
からの税収の増加が望まれたからである[29]。つまり、この時代の貿易体制は、
「重商主義的自由貿易」と呼ぶことができる。

　かつて、この「自由貿易」規則は、高く評価されていた。しかし、1970 年
代になると、この王令が、スペイン経済に対してそれほど影響を及ぼさなかっ
たという評価が一般的になった[30]。たとえば、著名な近世スペイン経済史家であ
るフィッシャーは、「自由貿易」規則が、イベリア半島の経済構造を大きく変
えなかったとする[31]。とはいえ、七年戦争がスペイン帝国の貿易に対して大きな
打撃をもたらし、さらなる改革を促進させたことは事実である。こうした、七
年戦争後の植民地貿易改革と、スペイン本国とアメリカ植民地との経済関係に
ついての研究は、18 世紀後半のスペイン経済史研究の主流であった[32]。

　本書は、こうした植民地貿易改革の評価や、植民地貿易の構造を研究の対象
とするのではなく、七年戦争後の大西洋世界の変化のなかで、「自由貿易」規
則から除外されたバスクの港に着目することで、本国と植民地との貿易という
帝国貿易ではない、より広い視野での海を越えた地域間関係史を描くことを目
的とする。これにより、スペイン帝国の「重商主義的自由貿易」ではなく、
「重商主義の時代における自由貿易」を明らかにすることができる。

3 アメリカ独立戦争からナポレオン戦争へ

　1783 年 9 月のパリ条約によってアメリカ独立戦争が終結し、アメリカ合衆国の独立が承認された。これにより、大西洋の覇権を握っていたイギリス第一帝国が瓦解し、大西洋世界は新たな局面を迎えた。合衆国がイギリスから独立したことによって生じた影響は、大西洋世界全体に、封建制の解体のような自由に関する新しいイデオロギーを普及させた。[33] 1789 年に勃発したフランス革命の波は大西洋を越えて波及し、1791 年のハイチ革命をも引き起こした。

　フランス革命は、隣国スペインにも多大な影響を与えた。カルロス 4 世 Carlos IV（在位 1788-1808 年）と宰相マヌエル・ゴドイ Manuel Godoy（在任 1792-1797 年、1801-1808 年）の時代に、スペインはフランス革命軍による侵攻を受けた。1793 年に国民公会戦争が始まると、フランス革命軍がピレネーを越えてスペインへと侵攻を始め、バスクが占領された。3 年後の 1796 年には、フランス軍元帥のカトリーヌ＝ドミニク・ド・ペリニョン Catherine-Dominique de Pérignon とゴドイの間で、第二次サン・イルデフォンソ条約が締結された。これによって、フランスとスペインの間で対イギリス同盟が結成され、スペインからフランス革命軍が一時撤退した。

　しかし、これは 1796 年から始まる、イギリスとの新たな戦争をもたらした。[34] 経済的視点からみれば、対英戦争の始まりがもたらした大西洋世界の情勢悪化により、1797 年には「自由貿易」規則が撤回された。代わりに、スペイン王室は、中立国や友好国に対して、スペイン領アメリカ植民地との貿易を認めた。[35] イギリスとの戦争は、1802 年のアミアンの和約によって終結した。この和約は、スペインにとっての悲願であった、メノルカ島という地中海の拠点をイギリスから奪還した条約であった。こうした英西戦争と並行する状態で、大西洋ではアメリカ合衆国とフランスの間で擬似戦争（1798-1800 年）が行われていた。

　アミアンの和約による平和は 1 年程度しか続かず、1803 年にイギリスとフランスが再度戦争状態になったことから、スペインは 1805 年にトラファルガーの海戦に参戦した。1807 年 10 月には軍事同盟であるフォンテーヌブロー条約が締結され、ゴドイとナポレオンの間で秘密裏にポルトガル分割が決定した。フォンテーヌブロー条約に基づいて、1808 年からナポレオン軍がスペインに進軍し、スペインはナポレオン軍の統制下に置かれた。

スペイン帝国経済史の観点からみれば、18世紀末から19世紀初頭は、スペイン本国とスペイン領植民地との繋がりが絶たれた時期である。スペイン本国との貿易が途絶えたラテンアメリカ植民地のクリオーリョ達は、自分たちの利益や生活のために北アメリカや、周囲にある他の国の植民地との貿易を行い、繋がりを強めるようになった[36]。このことは、スペイン領アメリカの独立を引き起こす主要な原因となった。少なくとも独立運動初期において、スペイン領植民地のクリオーリョ達は、フランス革命の影響で成立したホセ1世のボナパルト王朝（ボナパルテ王朝 La Casa de Bonaparte）に敵対する形をとっていた。しかし、ナポレオン軍によってスペイン本土が蹂躙されたことで、本国との貿易関係が途絶したことや、本国の政治理念との相違から、大西洋の対岸にあるスペイン領植民地では独立への機運が高まった。この時期、既にスペイン帝国は瓦解寸前の局面にあった。

小　　括

　本章では、次章以降にて分析する時代・対象の、時代背景を確認した。それを踏まえ、改めて本書の問題意識を示したい。

　本来、複合的な政体であったスペインにおいては、各王国・伯領・領主国に地域諸特権が認められていた。この地域諸特権は、18世紀のスペイン王位継承戦争後にも、バスクとナバーラには認められていたものの、実態としては、中央集権化の波が迫っていた。無論、18世紀のスペインでは、完璧な中央集権化を行うことはできず、各地域に合わせた、ある程度の柔軟な対応はなされていた。けれども、「中央集権化」の枠組みの中には、政治的側面でだけでなく、経済的側面もある。経済的側面における中央集権化とは、つまり徴税制度のカスティーリャ王国への一元化であった。

　これに対抗したビルバオは、植民地との貿易から排除され、植民地からの利益の獲得は見込めなくなった。そうでありながら、経済的繁栄を果たしたとされるのは、なぜか。植民地貿易ではない、帝国貿易とは異なる貿易の存在が、国家から自立した経済発展を生み出すことができたのではないか。問いを検討し、仮説を検証するために、次章以降では、バスク最大の港湾都市ビルバオの貿易を明らかにしていく。

注

1）立石博高編『スペイン・ポルトガル史』、141-142 頁。

2）J. H. Elliot, *Spain, Europe and the Wider World 1500-1800*, New Heaven and London: Yale University Press, 2009, pp. 173-192.

3）オリバーレスの中央集権化構想は、スペイン全土における軍隊統合計画と、財政難に苦しむカスティーリャ王国の援助を目的とした構成国すべてからの徴税によって組み立てられていた。また彼は、カスティーリャにおける治安維持、大臣達の財産調査あるいは銀行の創設といった財政改革、海軍増強政策も行った。彼の行った改革についてはエリオットの著書を参照。J. H. Elliott, *Imperial Spain: 1469-1716*, London: Penguin Books, 2002, pp. 323-360.

4）1707 年にバレンシア王国とアラゴン王国、1715 年にマリョルカ王国、1716 年にカタルーニャ公国に、それぞれ発布された。しかし、この王令はカスティーリャへの一元化を理想としつつも、実質的には各地方によって柔軟に導入された。中本香「17〜18 世紀中葉におけるスペイン王国の構造」、45-68 頁。

5）中本は、同王令がめざした各王国のカスティーリャ化は政治的にはかならずしも実効性をもたず、あくまでも象徴的な意味合いを帯びたものに過ぎなかったとし、従来の統治体制の根強さが存在していたと述べる。中本香「17〜18 世紀中葉におけるスペイン王国の構造と政治的集合概念について」『Estados Hispánicos』第 25 号、2010 年、45-68 頁。

6）Ricardo Cierbide Martinena, "La Compañía Guipuzcoana de Caracas y los vascos en Venezuela durante el siglo XVIII", *Revista Internacional de los Estudios Vascos*, Nº 42, 1997, pp. 67-68. この危機的状況は、スペイン王位継承戦争時における同盟関係の経済的側面についての研究においても指摘される。カタルーニャをはじめアラゴン連合王国が賛同したのは、大西洋上の経済覇権を獲得しつつあったイギリス、オランダ、オーストリアからなる大同盟側であった。ガルシア・カルセルによれば、カール大公は、支持を獲得するためにカタルーニャの商業ブルジョワジーに対して五つの譲歩案を出していた。その譲歩案は、植民地貿易独占港であったセビーリャと競争できるような貿易会社の設立、バルセローナを自由港とすること、レスダ税の廃止、中世に地中海の貿易港として繁栄したバルセローナ港からアメリカ植民地へ年間 4 隻の船を送ること、カタルーニャ議会に王権を関与させないことからなっていた。こうしたことから、カタルーニャの商業ブルジョワジーは貿易の自由化を望んでおり、そのために大西洋上で覇権を持ちつつあった大同盟側を支持していたといえる。しかし、ブルボン王朝がスペイン王位継承戦争に勝利したことによって、カールとカタルーニャの商業ブルジョワジーの間で締結された譲歩案は成し遂げられなかった。一方で、バスクとナバーラは継承戦争においてブルボン王朝を支持していたことから政治的・経済的な特権を保持し続けた。Ricardo García Cárcel, *Feipe V y los españols*, Barcelona: Random House Mondador, 2002, pp. 96-97.

7) Hussey, *The Caracas Company*, pp. 37-38.

8) たとえば、その代表的なものとして、ヘロニモ・デ・ウスタリス Gerónimo de Uztáriz が 1724 年に発表した『商業と海軍の利益と実践 *Theorica y práctica de Comercio y de Marina*』がある。中本香「七年戦争を契機とするスペインの「帝国再編」——エスキラーチェの主導する植民地貿易の制度改革を中心に——」『*Estudios Hispánicos*』、第 33 号、2008 年、115 頁。

9) 立石編『スペイン・ポルトガル史』、181-182 頁；ケイメン『スペインの黄金時代』、79-84 頁。

10) Basurto Larrañaga, *Comercio y burguesía mercantil de Bilbao*, p. 154.

11) ケイメン『スペインの黄金時代』、79-82 頁。

12) Iribarren, "La Real Comapañía Guipuzcoana de Caracas", p. 170; Hussey, *The Caracas Company*, pp. 60-61.

13) 立石「「自由貿易」規則（1778 年）とスペイン経済」、64 頁。

14) スペインの重商主義思想とは、植民地貿易を単一港においてのみ行い、他のヨーロッパ諸国よりも競争力をもたないスペインの農作物や工業品をラテンアメリカの植民地で販売し、その対価として貨幣を獲得するものであった。外国人商人や外国産商品には高関税がかけられていた。Pérez Sarrion, *The of a National Market in Spain*.

15) 18 世紀後半の代表的な啓蒙思想家として、宮廷判事であったガスパール・メルコール・デ・ホベリャーノス Gaspar Melchor de Jovellanos（1744-1811 年）、政治家かつ経済学者であったペドロ・ロドリゲス・デ・カンポマネス Pedro Rodríguez de Campomanes, Conde de Campomanes（1723-1802 年）を挙げることができる。彼らがカルロス 3 世治世下で行った啓蒙主義的改革は、土地改革やイエズス会の追放に見られるように、社会経済的改革と中間団体を排除することで国家権力を強化することを目標としていた。スペインの啓蒙思想が他のヨーロッパ諸国と異なるのは、従来からの「国王教権主義（国家教会主義）」を踏襲していた点である。つまり、啓蒙改革時代においても、王権は神聖であり絶対的なものと考えられていた。スペインの啓蒙思想は、あくまで「カトリック的啓蒙 La Ilustración católica」であった。これは、スペインにおいて、異端審問制度が 1834 年まで完全廃止に至らなかった要因でもある。立石博高編著『概説 近代スペイン文化史 18 世紀から現代まで』ミネルヴァ書房、2015 年、5-27 頁；Remedios Marán Martín, "José de Gálvez. Rasgos Americanistas de su círculo ilustrado: Campomanes y Jovellanos", *Revista TSN（Transatlantic Studies Network*), N° 2, 2016, pp. 24-30.

16) また、外国人に利益を奪われないために試みた諸政策も、無意味であったという議論もある。なぜなら、近世スペインの商業は、その始まりから多くの外国人商人や外国資本、外国産商品によって成り立っており、外国人の締め出しは完璧ではなかったからである。このため、スペインの重商主義思想とは、啓蒙思想家による「机上の空論」に過ぎなかったと、ペレス・サリオンは指摘する。Pérez Sarrión, *The Emergence*

of a National Market in Spain, pp. 115-161.

17）エリオットは、この戦争が、ヨーロッパだけでなく、チリやペルーといった南半球の植民地にまで影響を与えた戦争であったとする。J. H. Elliott, *Empires of The Atlantic World Britain and Spain in America 1492-1830*, New Haven and London, 2006, p. 292.

18）Eliga Gould, "Entangled Histories, Entangled Worlds: The English-Speaking Atlantic as a Spanish Periphery", *The American Historical Review*, Vol. 112, No. 3, 2007, p. 779.

19）英語ではミノルカとも。この島は、スペイン王位継承戦争中の 1708 年にイギリスによって占領され、1713 年のユトレヒト条約で正式にイギリス領となった。1756 年、マオー港 Maó-Mahón のセント・フィリップ砦包囲戦において、フランスがメノルカを占領したが、1763 年のパリ条約によりイギリスに返還された。アメリカ独立戦争中の 1781 年に、フランス・スペイン連合軍が再度メノルカに侵攻し、1782 年にスペインがメノルカを占領、1783 年のヴェルサイユ条約で、メノルカはスペイン領となった。フランス革命戦争中の 1798 年に再度イギリスによる侵攻を受けたが、1802 年のアミアンの和約でスペイン領となった。

20）クロースターは、スペインが参戦した主要な理由は、イギリスがカナダで行われていた戦争に勝利することによって、アメリカ大陸におけるイギリスの力が強まることを恐れたためであると述べている。Wim Klooster, *Revolutions in the Atlantic World, A Comparative History (New Edition)*, 2018, New York, p. 10.

21）大西洋貿易の再編は、帝国の防衛費用を捻出するための財政改革を目的として行われた。植民地貿易をカディス港に限定することによって発生していた諸問題点については、既にフェリペ 5 世期にカンピーリョ José del Campillo y Cossío によって指摘されていた。七年戦争参戦以降、先送りにされてきた植民地貿易の再編という課題は、1764 年 7 月にエスキラーチェによって招集された「専門家特別評議会」により、審議された。評議会では、① 本国一港とアメリカ 2 港（ベラクルスとポルトベロ Portobelo）の貿易独占、② レヒストロ制のコスト高、③ 外国製品有利の従量税、④ 密輸の横行と現地での製造業の勃興という四点を改善するために、① 貿易認可港の全国拡大、② 自由航海、③ 項目ごとの税率設定が提唱された。しかし、アンティーリャス諸島自由貿易令では、認可港がカリブ海に限られ、また、輸出業者へのさらなる課税が認められるなど、幾ばくかの自由化に留まった。けれども、カディス、ベラクルス、ポルトベロの商人からしてみれば、これは自らの利益を減少させるものであった。中本、「帝国再編」、112-113 頁。

22）この王令は、1796 年にイギリスとの戦争が始まるまで敷かれていた。立石、「「自由貿易」規則とスペイン経済」、64-65 頁。

23）王立カラカス＝ギプスコア会社は、ギプスコア人の請願により、設立された特権貿易会社である。

24）Amezaga Iribarren, "La Real Comapañia Guipuzcoana de Caracas.", p. 203；立石、「「自由貿易」規則とスペイン経済」、64頁。

25）中心となったのは、政治家かつ経済学者であると同時にスペイン王立アカデミーの会員であり王立歴史協会会長でもあったカンポマネスであった。さらには、前王フェルナンド6世の時代に活躍した政治家であり、ヨーロッパを巡察したのち『経済計画 Proyecto Económico』を著したベルナルド・ワード Bernardo Ward（?-1776年）も挙げられる。中本香「18世紀中葉のスペインにおける植民地統治体制改革に対する提言」『Estudios Hispánicos』第30号、2006年、124-125頁。

26）「自由貿易」規則の対象となったア・コルーニャ、サンタンデール、ヒホンの人々には新しい機会が与えられた。これらの港の人々が享受できた機会の多様化により、ビルバオが商業利益を独占していた状態は弱まった。また、北部商人は、ア・コルーニャで登録して植民地貿易に参入していたとリングローズは述べる。Ringrose, *"Spanish Miracle"*, p. 230.

27）ビルバオ、エル・フェロル、プエルト・サンタ・マリーア El Puerto de Santa María の3港の人々は、1780年代に、植民地との自由貿易の許可を求めて請願を行ったが、国家評議会 Junta del Estado によって棄却された。1791年にはバレンシアに許可が出されたが、バレンシアの参入は、スペイン経済に対して実質的な影響を及ぼさなかった。また、1778年の王令では、サンルーカル・デ・バラメーダ、サン・セバスティアン、ビーゴにも言及がなされず、これらの港も除外されていた。Fisher, *El comercio*, p. 17.

28）植民地貿易における外国人に対する排他的独占を維持するためであった。María Guadaloupe Carrasco Gonzáles, "Comercio, negocios y comerciantes en Cádiz a finales del siglo XVIII", en Rafael Torres Sánchez (ed.), *Capitalismo Mercantil en la España del siglo XVIII*, Pamplona: Universidad de Navarra, EUNSA. Ediciones Universidad de Navarra, S.A., 2000, pp. 107-108.

29）外国船に対しては、パルメオ税がそのまま残された。パルメオ税では、1平方パレルモにつき5.5レアルが徴収された。1パレルモは約21センチメートルである。

30）このような議論については、立石、「「自由貿易」規則とスペイン経済」を参照。

31）Fisher, *El comercio*, p. 20.

32）たとえば、以下のものがある。Altman, Ida, "The Spanish Atlantic, 1650-1780", in Nicholas Canny and Philip Morgan (eds.), *The Oxford Handbook of The Atlantic World 1450-1850*, Oxford: Oxford University Press, 2013, pp. 183-200; Crespo Solana, "Merchant Cooperation in Society and State"; García-Baquero González, *La Carrera de Indias*.

33）こうした、大西洋における思想の普及については以下の文献を参照にすること。デイヴィッド・アーミテイジ（平田雅博・岩井淳・菅原秀一・細川道久訳）『独立宣言の世界史』ミネルヴァ書房、2012年；デイヴィッド・アーミテイジ（平田雅博・山田

園子・細川道久・岡本慎平訳）『思想のグローバル・ヒストリー　ホッブズから独立宣言まで』法政大学出版局、2015 年。

34）Basurto Larrañaga, *Comercio y burguesía mercantil de Bilbao*, p. 88. 1796 年には、イギリスによるカディス海上封鎖が行われた。これにより、カディスの貿易は、それまでと比べて九割以上減少した。川分圭子「近世西欧諸国のアメリカ植民地体制における法と経済」島田竜登編『歴史の転換期 7　1683 年　近世世界の変容』山川出版社、263-264 頁。

35）ドイツとアメリカ合衆国を指す。川分「近世西欧諸国のアメリカ植民地体制における法と経済」、263-264 頁。

36）川分によれば、スペイン領植民地は恒常的な物資不足状態であり、現地での生産か外国領との密貿易によって入手するほかなかった。川分「近世西欧諸国のアメリカ植民地体制における法と経済」、244 頁。

第2章
ビルバオ港と商人

はじめに

　本章では、ビルバオ港の概要や歴史的背景、制度、産業を述べる。ビスケー湾の港湾都市であるビルバオは、スペイン北部、または、バスクにおいて最大の港湾都市かつ商業都市であった。

　さらに、本書では、ビルバオ商人の中でも、ガルドキ家という商家に着目するため、彼らが、どのような商家であったかや、その重要性について述べていく。簡潔に言えば、ガルドキ家は、ビルバオのコンスラードの中心メンバーであり、バスク経済・友の会 La Sociedad del amigo del País といった現地の経済振興団体に所属していたのみならず、彼らが持つ広範に築かれた商業ネットワークを評価されて、外交官や財務大臣のような国家の要職をも務めた商人であった。つまり、ビルバオにおける大商家であったのみならず、スペイン帝国においても需要な商人であったとえる。ガルドキ家に着目することで、ビルバオの代表的な貿易傾向を明らかにすることができるとともに、彼らの特異性も検討することができる。

1　近世末期のビルバオ

　まず本節では、バスクがどのような地域であったかとともに、産業構造について述べる。その後、都市ビルバオに焦点をあてて、その歴史的変遷とスペインという国家とのかかわりについて説明する。

(1) バスクとビルバオの概要

　スペインにおいて「バスク」と称されるのは、アラバ、ビスカヤ、ギプスコアの三領域である。これら三領域は、元来成り立ちが異なるものの、フェリペ

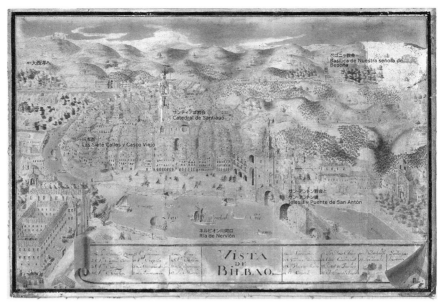

地図 2-1　18 世紀のビルバオ（1770）

注：サン・アントン教会には、隣接して役場とコンスラードの館があった。
　　コンスラードは税関を設置しており、サン・アントン教会前のビエハ広場（現・リベラ市場）では荷卸しがなされた。
　　ネルビオン川は、既にイバイサバル川と合流していることから、単純にビルバオ河口 Ría de Bilbao とも呼ばれる。
出典：Signatura: 13-E-24, Catálogo de la Cartoteca, Instituto Geográfico Nacional

　5 世の新組織王令によって、スペイン内におけるフエロス存続地域であることと、同じ言語を話すことから一体性を求められるようになり、バスクとしてより結合を高めたとされる。しかし、成り立ちの異なる三領域は、地理的・政治的要因が影響し、近世を通して常に競争関係にあった。

　本書が対象とするビルバオの属するビスカヤ伯領は、1379 年にカスティーリャ王とビスカヤの人々の間で締結されたフエロスに基づいて、カスティーリャ王国に併合された。これは、1200 年頃から 1330 年代前半にかけて行われたギプスコアとアラバのカスティーリャ王国への併合に続くものであった。カスティーリャ王は、バスクの三領域に対して、王への忠誠と引き換えに慣習の続行と政治・経済的特権を与えることを宣誓した。以降、バスクは 19 世紀のカルリスタ戦争に至るまでフエロスを享受し続けることとなった。1379 年に

第 2 章　ビルバオ港と商人　41

写真 2-1　ビルバオのグランビアに設置されたアダムズの銅像
筆者撮影.

付与されたフエロスは、改訂を経ながら現在の自治州憲法にも影響を与えている。たとえば、アメリカ合衆国憲法を制定する際にバスクを視察したジョン・アダムズは1787年に出版された『アメリカ諸法憲法擁護論』において、「この素晴らしい人々（筆者注：ビスカヤの人々）は、ヨーロッパの国のどこよりも古い言語、特性、法、政府、習慣を変わることなく維持している」という言葉を残し、フエロス体制を評価している[4]。

ビスカヤ最大の都市であるビルバオは、1300年頃にビスカヤ伯ディエゴ・ロペス・デ・アロ Diego López de Haro（1250-1310年）によって築かれた町である[5]。近世においてもなおビルバオは小さい町であり、1743年の時点で、11の道と四つの小教区からなっていた。ビルバオの人口は1708年で6,000人、1768年で9,500人、1797年で1万1,000人であった。そのうち、1746年から1768年に最も増加の傾向を示している[6]。

18世紀のビルバオ港は現在の旧市街地にあったため、市街地からビスケー湾を流れるネルビオン川 Nerbioi / Nervión の河口から約19キロメートル遡上

した地点にある河口内港[7]であった。ビルバオの旧市街に注ぐ川は、ネルビオン川、カダグア川 Kadagua / Cadagua、イバイサバル川 Ibaizabal / Ibaizábal という三つの河川が合流したものであり、その流域面積は 1,900 平方キロメートルである。1322 年頃には外港として、マリーア・ディアス・デ・アロ María Diaz de Haro（1270-1342 年）によりポルトゥガレーテ Portugalete がつくられた。スペイン北部の貿易はバスクの港、つまり、ビスカヤのビルバオとギプスコアのサン・セバスティアン（ドノスティア Donostia-San Sebastián）[8]を中心に行われ、特に 1760 年頃のスペイン北部の貿易はビルバオへと集中していた。[9]

　近世スペインの経済発展について研究したリングローズ[10]は、ビルバオの二つの貿易ルートをあげている。リングローズによれば、第一のルートは、フランスからポルトガルにいたる東西貿易を中継するものであり、これは、内陸のナバーラとのローカルトレードを含むものであった。第二のルートは、ヨーロッパ諸国からビルバオとブルゴス Burgos を経由したのちカスティーリャに至る南北貿易であった。[11]一方、アラゴン・ルアーノとアングロ・モラレスは、リングローズとは異なる三つの分類を行っている。一つめは地域間貿易 regional network で、その対象となる地域はアラバ、ブルゴス、リオハ La Rioja、ナバーラ、アラゴン、カタルーニャ、フランス＝バスク Pays basque français / País Vasco francés / Ipar Euskal Herria である。二つめは、沿岸を巡回する航路 costal circuit で、ビスケー湾とカンタブリア海のすべての港、つまりボルドー、バイヨンヌ Bayonne / Baiona、サン・ジャン・ド・リュズ Saint-Jean-de-Luz / Donibane Lohizune、サン・セバスティアン、ビルバオ、サンタンデール Santander、ヒホン Gijón / Xixón、ア・コルーニャ A Coruña / La Coruña である。[12]三つめは国際貿易 international trade で、ボルドー、パリ、ロンドン、アムステルダムを経由する、インディアス（ペルー、メキシコ、フィリピン）、フランス植民地（グアドループ Guadeloupe、マルティニーク Martinique）、イギリス領北アメリカ植民地（のちのアメリカ合衆国）との貿易である。[13]このようにして、ビルバオ商人は広範囲にわたる商業活動を行ったのである。

（2）バスクの産業

　バスクはイベリア半島北部のカンタブリア海に接し、海外貿易をすすめるうえで地理的な条件に恵まれていたことから、1290 年代から国際的な商業ネットワークに組み込まれることになった。[14]バスクの諸港は、1181 年のサン・セ

バスティアン建設や1300年のビルバオ建設以降、対フランドル輸出港として繁栄した。ビスカヤの商人は1559年までフランドルへ向かう航海ルートを掌握していた[15]。これに伴い、造船・操船技術が向上し海運業が発達した。バスクの船は中世より名声を誇り、免税特権を与えられてセビーリャへ誘致される船主もいた[16]。

バスクの人々の優れた航海技術は、たとえば、フェルディナンド・マゼラン Fernão de Magalhães がフィリピンで客死したのちヨーロッパ人で初めて世界一周を行った10人のうち、フアン・セバスティアン・エルカーノ Juan Sebastián Elcano、フアン・デ・ラ・コサ Juan de la Cosa、ミゲル・ロペス・デ・レガスピ Miguel López de Legazpi、アンドレ・デ・ウルダネタ Andres Urdaneta Zerain ら4人がバスク人であったことからも明らかである[17]。近世初期にはバスク人は地中海にも現れていた。ブローデルによれば、15世紀のジェノヴァ Genova においてバスク人商人は羊毛取引を行っていたとされ、16世紀中葉まではビスカヤ商人のナーヴェ商船が地中海に頻繁に現れていた[18]。くわえて、バスク人は、1815年まで続いたアカプルコからアジアにおける貿易拠点であるフィリピン・マニラへ通じるインディアス航路のガレオン船をも率いていた。とりわけギプスコア人は、喜望峰廻りのアジア航路を運航する王立フィリピン会社の経営にも加わっており、さらに、その延長としての広州貿易にも携わっていた[19]。

優れた航海技術を培ったのは、漁業であった。バスクが面するリアス式海岸のビスケー湾では、タラやイワシの他にも鯨がよく現れ、16世紀末まで捕鯨業で栄えた地域であった。バスク人の漁場はビスケー湾からアイスランド、北極圏スヴァールバル諸島 Svalbard から北アメリカのニューファンドランドにまで至り、本格的なニューファンドランドへの進出は16世紀初頭とされ、その全盛期は1560年代であったとされる[20]。そして、ニューファンドランドへの航海を支えていたのは、漁場で得たタラの塩漬け技術や、海運業によって培われた造船技術ならびに操船技術であった。その卓越した操船技術によって、少なくとも17世紀までスペインと植民地の間を往来する船や軍艦の乗組員の多くはバスク人であったとされる[21]。バスク人は、スペイン海軍においても貿易においても貴重な人材であった。

バスクの人々が、主として漁業や海運業に従事しなければならなかったのは、バスクの土地が山脈の連なる平地の少ない農業に不向きな場所であったため

ある。しかし、一方で、広大な森林と豊富な鉱山資源を活かし、オークなど木材の供給地となったり、製鉄業が営まれたりしていた。バスクの木材と鉄はスペイン軍の戦艦や大砲あるいは武器の原料であり、ビルバオはアスティジェロ astillero と呼ばれる王立造船所のあるエル・フェロル、カディス、カルタヘナ Cartagena に木材や鉄を供給していた[22]。このように、鉄の生産地であったことから低関税で鉄を輸出し、小麦とワインの輸入を行っていた。さらに、マドリードからビルバオへは大市が開かれていたブルゴスを中継地として、羊毛の運搬が行われていた[23]。羊毛はビルバオから輸出されたのち低地諸国に運ばれ、カスティーリャに富をもたらした。同時に、バスク商人は、鉄鉱石や武器、甲冑、金属製品を輸出し、反対に、ヨーロッパ製品を輸入してマドリードのエリート[24]層たちへと供給していた[25]。

（3）ビルバオと商業、外国人商人

　ビルバオの町には、商業を円滑に進める上で重要な二つの制度が存在していた。一つは宿屋制（ウエスペ制 huésped）で、もう一つは税関システムである。以下では、その概略を述べる。

(3)-1. 宿屋制

　まず、宿屋制についてである。ビルバオの町には、15世紀のフエロスにより定められた血の純血の規則により、カトリック教徒しか居住することができなかった。つまり、プロテスタントであるオランダ人やイングランド人[26]はビルバオにおいて財産を持つことができなかったのである。このことは債務者が消える可能性があることを意味しており、商業都市としての役割を持っていたビルバオの人々にとっては恐れるべきことであった。このためつくられたのが宿屋制[27]である。宿屋制は、ビルバオ人が営む粗悪な宿屋にプロテスタント商人が宿泊し、宿主であるビルバオ人に財産を預ける形で商売を行うことができるものであった[28]。もちろん、ビルバオ人やカトリック教徒の娘と結婚すれば、宿屋制を使わずともビルバオにおいて商売を行うことができた。このような制度が整えられていたことで、18世紀の間ビルバオにいた商人200人から250人のうち、15パーセントから20パーセントが外国人商人であったとされる[29]。それ以前の17世紀には多くのイングランド人[30]、フランス人、オランダ人が活動しており、1700年頃には少なくとも8人のイングランド人商人が居住していた。

港で活動する外国人の多さから、ビルバオは「外国の植民地」とまで言われていた。

　しかし、1700年以降はビルバオ商人が実権を握ることとなった。こうした[31]商業の民族専有化という現象は、18世紀スペインの商業資本主義の特徴であった。このような民族専有化の動きにもかかわらず、ビルバオで商業活動を行う商人のなかには、外国に出自を持つものもいた。17世紀末頃になると、それまではビルバオ人ではないと考えられていた人々が、コンスラードの荷主や、町の政府の役職を占めるようになった。ビルバオ人ではないと考えられていた人とは帰化した外国人であり、17世紀末頃には第三世代を迎えた人々であった。ビルバオに帰化した商人の出身地は、大きく分けて三つある。第一に[35]ダブリンである。ダブリンは、リンチ家 Linch、キリー・ケリー家 Killi Kelly、マクマホン家 Mac Mahon の出身地であった。第二に、アントウェルペンである。ここからは17世紀末に、オランダ系のゴッセン家 Gossen が帰化した。[36]第三に、バイヨンヌ[37]とその周辺のフランス＝バスク地域である。ここは、サントーラリ家やドバト家 Dovat の出身地であった。[38]

(3)-2. 税関システム

　ウエスペ制と同じようにビルバオの独自性をあげるならば、もう一つの重要な制度である税関システムについても触れなければならない。バスクの沿岸部はスペイン王室が設置する税関の外にあり、異なる税関を設けていた。ビスカヤにあった王室の税関は、ブルゴスとアラバの県境にあり包領であるオルドゥーニャ Urduña-Orduña と、ビルバオから約30キロメートル南西にありブルゴスとの県境に接しサンタンデール方面へ向かう際には通らなければならないバルマセダ Balmaseda / Valmaseda の2か所に設けられていた。また、スペイン中央部からビスカヤとギプスコアに至る主要ルート上にある、アラバの中心都市ビトリア＝ガステイス Vitoria-Gasteiz にも国内税関 puerto secos が置かれていた。[39]スペイン王室の関税システムから自由であるということは、つまり、カスティーリャからの自由と海における自由を意味していた。[40]

　このことから、ビスカヤにあるビルバオ港や、隣接するギプスコアのサン・セバスティアン港、パサイア／パサヘス Pasaia-Pasajes 港では、関税免除により海上貿易の発展が促進された。ビルバオでは、特に、海の十分の一税 Los diezmos del mar や、取引税であるアルカバラ税 Alcabala が免除されていた。[41]

また、ビルバオの港での徴税はカスティーリャの機関ではなく、ビルバオ商人によって構成されたコンスラードによって行われていた。

しかし、フェリペ5世による新組織王令の公布に伴って、かつて各王国の境界にあった税関は全て取り払われ、一元化されることになった。1714年にカスティーリャ、アラゴン、バレンシア、カタルーニャ間で、1717年にカスティーリャ、ガリシア Galicia / Galiza、アストゥリアス Asturias 間で税関が廃止された。この1717年王令によってカスティーリャとバスク間の国内税関を廃止し、スペイン王国の税関としてビスケー湾沿岸へ移転させる動きも行われていた。こうした国内税関を移転しようとする動きに対して、1718年9月4日、約5,000人の人々が、ビスカヤ中からビルバオに集まり、マチナーダ Matxinada と呼ばれる暴動を起こした。この暴動では、王の代理人であるコレヒドール Corregidor は助かったものの、ビスカヤ一般評議会のトップである議長 el diputado general が死亡した。暴動は、マドリードから送られた約3,000人の王国軍によって鎮圧された。しかし、この暴動を受けて、1722年、王は税関を従来の内陸部に戻すことを決定した。[42] このことから、事実上、暴動はバスク側の勝利に終わった。つまり、政治的にも財政的にも複合的な体制が維持されることとなった。この騒動は、19世紀に至るまで王室とバスクの関係に禍根を残したものの、ビルバオをはじめとしたバスクの港湾都市における商人達の自由な活動の基盤となった。

しかし、ラミキスはバスクが18世紀を通して関税の自由という権利を持っていた一方で、特にビルバオはスペイン領アメリカの貿易から締め出されてきたと述べる。[43] ただ、リングローズによれば、18世紀後半にカディスの商務院で人口割合が多く力を持っていたのはビルバオをはじめとした北スペイン出身者であり、[44] 植民地貿易のイニシアティブを握っていたのもスペイン北部の人々であったことは考慮しなければならない点である。

リングローズのいう通り、カディスへ拠点を移せば、植民地との取引は可能であったが、**表2-1**にあるとおり、ビルバオ港とスペイン植民地との直接貿易は、史料の残存している50年の間、ほぼ行われていない。なお、他の港と比較してハバナとの直接取引回数が多い理由は、ハバナ側にある。同じヌエバ・エスパーニャ副王領内にあっても、ハバナとベラクルスの経済的利害は大きく異なった。かつてフロータ制の目的地であり、また、マニラ・ガレオンの出発地であるアカプルコへと接続する港湾都市ベラクルスの人々は、その伝統的な

表 2-1　ビルバオと植民地との直接貿易　1758-1808 年（隻）

ビルバオ→ ハバナ	ハバナ→ ビルバオ	ビルバオ→ ベラクルス	ベラクルス→ ビルバオ	カンペチェ→ ビルバオ	ビルバオ→ カンペチェ
10	15	16	0	1	2

ラ・グアイラ →ビルバオ	ビルバオ→ ラ・グアイラ	モンテビデオ →ビルバオ	ビルバオ→ モンテビデオ	ブエノスアイレス →ビルバオ	
4	6	5	2	1	

注：ビルバオと植民地の港との直接貿易のみを数えたのは、1778 年以降に「自由貿易」規則によって植民地
　　との直接貿易が認められた港を経由して、ビルバオと植民地の貿易が行われていたと考えられるからで
　　ある。
出典：AHFB, *Libro borrador de las cuentas del derecho de avería, del veintidós de enero de*
　　1755 al cuatro de enero de 1766 から *Libro borrador de las cuentas del derecho de avería*
　　de los años 1808 al 1811 より筆者作成。

特権制度に執着していた。しかし、ハバナは七年戦争中の 1762 年に 11 か月間、
イギリスによる占領と統治を経験し、パリ条約によるスペインへの返還後も、
自由貿易や直接貿易の要求を行っていたため、自由貿易推進派であった。[45]

（4）ビルバオと王室の対立

　これまで見てきたようなビルバオの持つ政治面ならびに経済面のフエロス体
制に対して、中央集権化を目論む王権は警戒心を抱いており、ビルバオの近隣
にあるサンタンデールやエステイロ王立造船所のあったエル・フェロル（フェ
ロルとも El Ferrol）に貿易特権を与えるようになった。[46]

　こうした王室の動きと同時に、ビルバオから離れようとしたイギリス商人、
特にロンドン商人はサンタンデールへの貿易特権付与を支持し、現地にイギリ
ス領事館を建設しようとした。1714 年にはフランス領事ラ・ロワールもサン
タンデールへの貿易港移転に賛成の意志を表示した。しかし、実際に商取引を
行うフランスの商人たち、特にバイヨンヌ商人はビルバオから離れることはな
く、サンタンデールへの貿易港移転にも反対した。バスルト・ララニャーガは、
彼らがフエロスによって与えられていたビスカヤの貿易特権を重要視していた
と述べている。[47]

(4)-1. 交通問題

　貿易港移転の企てに加えて、王室はサンタンデールとレイノーサ Reinosa を
経由しブルゴスにいたる幹線道路の建設を開始し、この事業は 1752 年に完了

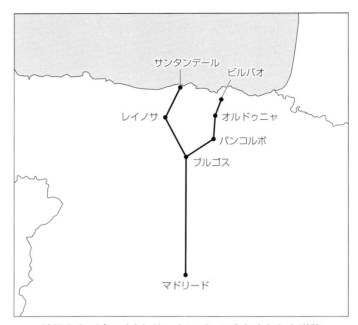

地図 2-2　ビルバオとサンタンデールを起点とした道路

した。スペイン北部は、山脈が集中しており、交通の難所が多かった[48]。スペインにおいて、道路の管轄権は王権ではなく地方政府にあったため、道路が通りやすくなるかどうかは、地方政府の財政に任されていた[49]。王室によるサンタンデールとブルゴスの間における幹線道路建設は、例外的な事例であったといえる。くわえて 1763 年になると、王室はサンタンデール港における約 4 パーセントの関税を免除し、レイノーサへ至る道の通行税を半額とした[50]。

　それでは、サンタンデールに道路が建設されたことによってビルバオが主要な貿易港ではなくなったかといえば、そうではなかった。18 世紀後半においても、北部とカスティーリャを結ぶ最も重要なルートは、やはりビルバオからブルゴスへ至るものであった。このルートが主要なものであったために、かねてからビルバオはカスティーリャ・ラ・ビエハ（古カスティーリャ Castilla La Vieja）の玄関港として、北部の港の中で最も活動が行われた港であった[51]。つまり、ビルバオは大西洋と繋がりながらスペイン中央部ともネットワークを持っていた点で、北部の他の港とは異なる特殊性を持っていたのである。

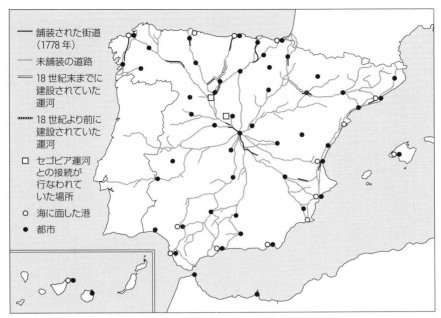

地図 2-3　18 世紀後半のスペインの道路、運河、港
出典：http://atlasnacional.ign.es/wane/Edad_Moderna, Instituto Geográfico Nacional（2024 年 6 月 27 日　最終閲覧）

　ビルバオからブルゴスへ至る道が重要なルートであり続けた理由として、ビルバオの人々が自ら道路を建設したことがある。ビルバオは中世よりブルゴスとの取引を行っていたとはいえ、その途上ではオルドゥーニャ山という険しい岩山を越えなければならなかった。しかし、ビルバオの人々はサンタンデールに対抗して、1774 年にビルバオからオルドゥーニャとパンコルボ Pancorbo を経由しブルゴスに至る幹線道路を建設した。[52)] この道では、ビルバオから運んできた積み荷や人を乗り換えさせることなく通過することができた。これによって、1775 年の時点で、ビルバオからマドリードへの旅路は、1 日に 39 キロメートル進むことが可能であったが、これは、マドリード＝サンタンデール間と全く同じ距離であった。くわえて、18 世紀後半には幹線道路だけでなく、三つの主要な運河の建設も行われた。そのうち、1770 年代に建設が着手されたアラゴン運河 El canal imperial de Aragón は、エブロ川に沿って、アラゴンのフエンテス・デ・エブロ Fuentes de Ebro から、ナバーラのフォンテー

ジャス Fontellas を結んでいた[53]。

　このような交通インフラの整備によって、スペイン国内の流通は以前よりも円滑に行われるようになったのである。サンタンデールへの優遇措置が行われたとしても、18 世紀後半の商業活動はビルバオに集中していた。それはかねてからの貿易港であることと、ビルバオ人の自力での改善によるものであった。

(4)-2. 北部商人の競争

　王室の動きに起因した競争のみならず、スペイン北部における商業の主導権は、ながらく各地の商人によって争われてきた。

　スペインの国内輸送と商業は、かつてブルゴス商人によって行われていた[54]。なぜなら、カスティーリャ中心部の中央台地（メセタ Meseta）では主要産業である放牧が行われ、その最北部に位置し大市の開催されたブルゴスにおいて羊毛が販売されていたため、この都市は一大商業センターとして繁栄していたからである[55]。しかし、ブルゴスは八十年戦争によってフランドル問題が生じる前の 1568 年頃には衰退し始めた。羊毛貿易の主導権は、1590 年代にはカンタブリア海沿岸の港へ移った。1610 年から 1620 年頃にはギプスコアにあるサン・セバスティアンやデバ Deba が羊毛貿易において主導的立場を確立したことで、この時代は「ギプスコアの商業的時代 La hora commercial de Guipúzcoa」と呼ばれる[56]。

　つまり、17 世紀前半には、既にブルゴスのコンスラードは、カスティーリャの国際商業に影響を与えていなかった。その代わりに、バスク沿岸部の商人や外国人商人によって、カスティーリャの国際商業は行われたのである[57]。特にビルバオは重要な港であった[58]。なぜなら、メディナ・デル・カンポ Medina del Campo の市でのアルカバラ税上昇に伴い、外国人商人は、まずアルカバラ税のないビルバオで商品を売り、そこから商品はカスティーリャへと分配されたのである。

　このような重要性を持ち始めたビルバオ港の中心となりえた商人がガルドキ家であった。彼らについては、次節で紹介していく。

2　ガルドキ家とガルドキ父子商会
Gardoqui e hijo / Gardoqui e hijos

　ガルドキ家についての研究では、従来、外交官として初代アメリカ合衆国大使やトリノ大使を務めたディエゴ・デ・ガルドキ Diego María de Gardoqui (1735-1798 年) が注目されてきた。たとえば、家族史研究に位置付けることができるナティビダ・ルエダの研究は、アメリカ合衆国独立期におけるディエゴの活動が、カスティーリャ議会に影響を与えていたことを評価した。[59] ライドンは、経済的視点から、植民地期アメリカとの貿易を行っていた商家の一つとしてガルドキ家に触れた。[60] ライドンの研究に対し、アラゴン・ルアーノとアングロ・モラレスの共著論文は、再度、ディエゴが築いた植民地期アメリカとの政治的な関係を強調した。[61] これは、ルエダが行った政治的評価へと回帰している。こうした先行研究により、ガルドキ家が、植民地期アメリカと貿易をしていたビルバオ商人であることや、ディエゴが国内外において重要な役割を果たしたことが理解できる。しかし、ディエゴの前の世代が、どのような貿易をしていて、彼らがどのような役割を担っていたのかが判然としない。そこで、まずはガルドキ家の概要を述べ、どのような貿易をしていたのかを明らかにする。

（1）ガルドキ家の肖像
　1726 年頃から 1765 年までガルドキ家の当主を務めたホセ・デ・ガルドキは、1695 年にビスカヤのゲルニカ Gernika-Lumo / Guernica y Luno に生まれ、1726 年よりビルバオにて商業活動を始めた。ホセの妻であるマリーア・シモーナ・デ・アリキバール María Simona de Arriquibar も商人家系の出身であった。彼女の兄弟にあたるニコラス・デ・アリキバール Nicolás de Arriquibar はコンスラードの長を務め、1765 年に創設されスペイン全体の産業振興のモデルとなったバスク友の会・経済協会の幹部でもあった。こうした出自を持つマリーアとホセの息子たち、つまり長男ホセ・ホアキン Joseph Joaquin de Gardoqui と次男ディエゴ、三男フアン・イグナシオ Juan Ignacio de Gardoqui はいずれも商人としての教育をロンドンで受けた。[62] 彼らは、少年期に五年間ロンドンで商人としての教育を受けた経験を活かして、商取引を英語で行っていた。[63] ロンドンで教育を受けたのち、帰国した子どもたちは、母方

の叔父であったニコラスの下で商業理論を学んだ。[64]

　1756 年に、ガルドキ家の当主ホセと長男ホセ・ホアキンによってガルドキ父子商会が創設され、1758 年には次男ディエゴが運営に参加した。[65]ガルドキ父子商会自体は 1750 年から運営を開始していたものの、ホセ・ホアキンの年齢が、コンスラードの規定で会社の構成員となることができる 23 歳を超えておらず、正式に会社が認可・設立されたのは、彼が 26 歳に達した 1756 年だった。1756 年 10 月 1 日に設立されたガルドキ父子商会は、10 月 4 日に公証人ホアキン・デ・ラ・コンチャ Joaquin de la Concha のもとコンスラードに承認された。証書が発布されたのは 10 月 22 日であり、会社の契約が終わるのは設立から 2 年後の 1758 年 10 月 1 日であった。その証書によれば、設立当初、ガルドキ父子商会はホセ・デ・ガルドキとホセ・ホアキン・デ・ガルドキを社員とし、101 万 4,429 レアル 20 マラベディ・デ・ベリョンの資本を持っていた。[66]このとき、ホセ・ホアキンは経理係に任命されていた。[67]また、証書には三つの遵守すべき事柄が書かれている。最初に、資本金 101 万 4,429 レアル 20 マラベディ・デ・ベリョンのうち、父ホセが 92 万 2,090 レアル 1 マラベディ・デ・ベリョンを、長男ホセ・ホアキンが 9 万 2,339 レアル 19 マラベディ・デ・ベリョンを出資することになっていた。次に、2 年間の営業期間中の会計や商取引についての帳簿は「Joseph de Gardoqui e hijo」の署名を使うことになっており、これは、理由や両者の合意なしには変更不可であること、加えて両者が携わった取引であるならば二人それぞれの署名が必要であることを意味していた。最後に、会社の契約が終了した時に利益の 5 分の 4 がホセへ、5 分の 1 がホセ・ホアキンへ還元されることになっていた。[68]

　1765 年にホセが死去すると、新たな筆頭社員として妻であるマリーアが任命された。マリーアは資本の 74 パーセント、長男ホセ・ホアキンは 15 パーセント、次男ディエゴは 10.75 パーセントを相続した。三男であるフアン・イグナシオは相続を受けなかったが、母を後見人として会社運営に参加することとなった。このとき、四男のフランシスコ Francisco Antonio de Gardoqui はバリャドリードで教会法専門家として活躍しており、その後、1816 年には教皇ピウス 7 世 Pius VII（在位 1800-1823 年）の下で枢機卿となった。フランシスコは枢機卿になった後もスペイン王国中枢の役職を次々と務め、兄たちが実業界において力をつける一方で政治的な出世を果たした。[69]その後、1778 年と 1791 年に契約更新を行いながらガルドキ父子商会は 18 世紀後半を通して操業を続

第2章　ビルバオ港と商人　*53*

表 2-2　ガルドキ家の年表

1695 年	ホセ・デ・ガルドキが、ビスカヤのゲルニカにて誕生。
1726 年	ホセ・デ・ガルドキが、ビルバオにて商業活動を開始。
1750 年	ホセ・デ・ガルドキが、コンスラードの領事職に就任。
	ホセと、長男ホセ・ホアキンにより非公式な貿易会社が設立される。
1756 年	七年戦争開始。
10 月 1 日	ガルドキ・エ・イーホが、正式に操業を開始。資本金は、1,914,429 レアル 20 マラベディ。
1759 年	次男ディエゴが運営に加わり、ガルドキ・エ・イーホスとなる。
1765 年	ホセが死去。妻マリーアにより、8 年間の会社の契約更新が行われた。資本金 2,146,718 レアル。
	マリーア 74%、ホセ・ホアキン 15%、ディエゴ 10.75%の相続。三男フアンは、母を後見人として、会社の運営に参加。
1778 年	9 年の契約更新。マリーア死亡のため、契約が 6 年（1784 年）で見直される。資本金 2,146,718 レアル。
1791 年	7 年の契約更新。資本金 1,000 万レアル。
1798 年	次男ディエゴが、赴任先のトリノにて死去。会社の契約が終了する。

けた。ガルドキ父子商会が会社の契約更新を止めるのは 1798 年であり、前年にトリノ大使に任命されていたディエゴがトリノ Torino で死亡した時であった。

　このような経緯を持つガルドキ家は、バスク産の鉄とカスティーリャ産羊毛の輸出、諸外国で作られた毛織物製品の輸入や植民地産品、タラ、ボルドー産ワイン、砂糖、サーモン、革製品、シナモン、カカオ、ニシン、イワシ、パウ・ブラジル（ブラジルボク）、蒸留酒、脂、ろうそくの輸入を行っていた。このうち主要な取引商品は、羊毛あるいは毛織物、鉄、タラであった。バスルト・ララニャーガによれば、ビルバオの貿易は、ヨーロッパの港湾都市に、バスク産の鉄とカスティーリャ産の羊毛の大部分を輸出し、ヨーロッパのテキスタイルやカナダのタラを輸入し、再分配するものであった。このことから、鉄、羊毛、タラは、ビルバオ商業における伝統的な商品といえる。[70] また、それらの貿易に従事していたガルドキ家は、まさにビルバオという港を代表する商人であるいえる。

（2）ガルドキ家の重要性

　以上みてきたガルドキ家が、ビルバオにおいてどのような重要性を持つ商人であったのからも明らかにする。

何よりも重要なのは、1732年から1799年における輸入取引において、ガルドキ家が、ビルバオで最も税を支払った商人であったことである。ガルドキ家は、51万1,693レアレス438マラベディを支払っており、これは、30万9,972レアレス322マラベディを支払ったメスコルタ家や、22万451レアレス332マラベディを支払ったゴメス・デ・ラ・トーレ家、10万3,361レアレス691マラベディを支払ったバルバチャノ家を大きく引き離していた[71]。このことから、ガルドキ家はビルバオを代表する大商人であったといえる。彼らに着目していくことは、ビルバオの主要な貿易を明らかにすることに繋がるであろう。

(3) ガルドキ家と取引相手港

では、ガルドキ家が、どのような港と貿易をしていたのか。**表2-3**と**表2-4**は、1758年から1808年におけるガルドキ家の取引相手港を示している。

全体を通してみると、セイラム、マーブルヘッド、ロンドン、リスボン、アムステルダム、バイヨンヌからの輸入が多い。このことから、ヨーロッパとアメリカを繋ぐ場としてのビルバオの役割を体現しているといえる。輸出では、ロンドンとアムステルダムが多く、他には、ヒホンとカディスが多かった。つまり、国内への移出を行っていたのである。国内への移出において運ばれた商品は、鉄であった。

(3)-1. 輸入

このような全体のデータには浮かび上がってこない、年代ごとの貿易相手港の変遷がある。ここでは、本書の三つの時代区分に従って、年代の傾向を見ていく。まず、輸入についてである。**表2-5**に示した1756年から1765年の間の輸入は、セイラムから46隻、リスボンから36隻、マーブルヘッドから31隻、ア・コルーニャから30隻、ボルドーから21隻、アムステルダムから13隻が来航しており、北西ヨーロッパとアメリカとの結びつきが強かった。

表2-6をみると、1766年から1783年の輸入は、セイラムが205隻と飛び抜けていた。他には、リスボンから76隻、ロンドンから73隻、マーブルヘッドから70隻、アムステルダムから46隻が来ており、ニューイングランドとヨーロッパ北西部との関係が強い傾向は、前の時代から大きく変わっていない。

表2-7に示した1784年から1808年になると、マーブルヘッドから162隻、セイラムから107隻、ロンドンから66隻、リスボンから31隻、バイヨンヌか

表2-3　ビルバオへの輸入：ガルドキ家が荷主を務めた船の出発地 1758-1808年（単位：隻）

出発地	隻	出発地	隻	出発地	隻
セイラム	358	カンソ	3	スコットランド	1
マーブルヘッド	263	フェリーランド	3	セイラムとリスボン	1
ロンドン	149	ボルチモア	3	セトゥバル	1
リスボン	143	ランデルノー	3	セビーリャとサン・セバスティアン	1
アムステルダム	78	イングランド	2	ダンツィヒ	1
バイヨンヌ	68	カンペチェ	2	ニュースコットランド	1
ボルドー	53	コーク	2	パース	1
ボストン	48	サウサンプトン	2	ハーバー・マイン	1
ア・コルーニャ	38	サン・フアン	2	バイオナ（ガリシア）	1
サンタンデール	38	シント・ユースタティウス	2	バステ	1
グロスター	35	トレパシー	2	ハバナ＆サンタンデール	1
サン・セバスティアン	34	ニューファンドランド	2	ハリファックス	1
ナント	28	ニューロンドン	2	パルマ	1
ハンブルク	26	ブエノスアイレス＆サンタンデール	2	バレンシアとマラガ	1
チャールストン	20	フォゴ	2	バンフ	1
ジャージー	19	プラセンシア	2	ビーゴ	1
ニューベリーポート	19	ベイ・ブル	2	フェリランド	1
ルーアン	18	ポルト	2	ブリン	1
プリマス	16	マダム島	2	ブレイニー	1
エクセター	15	メリーランド	2	ブレトン	1
ブリストル	15	ラ・グアイラ	2	ブレンシア	1
ビバリー	14	ル・アーヴル	2	ペティー＝デ＝グラト	1
オステンド	13	レニューズ	2	ポーツマス	1
エル・フェロル	12	アーレス＆サンタンデール	1	ポート・バスク	1
カディス	11	アヴェイロ	1	ポートブランス	1
ファルマス	10	アベルダム	1	ボール	1
フィラデルフィア	10	イーデントン	1	ポトマック	1
ヒホン	9	エル・フェロル＆ア・コルーニャ	1	マーブルヘッド＆バイヨンヌ	1
サントーニャ	7	エル・フェロル＆サンタンデール	1	マデイラ	1
セント・ジョーンズ	6	エル・フェロル＆ヒホン	1	マラガ	1
ハバナ	6	カーボニア	1	マルティニーク	1
ダートマス	5	カロライナ	1	モルレー	1
バスク	5	カンベルトン	1	ラレド＆サンタンデール	1
アナポリス	4	サウス・ポトマック	1	リガ	1
インヴァネス	4	サバンナ	1	リスボンとサン・セバスティアン	1
ヴァージニア	4	サン・コスメ＆サンタンデール	1	リバデオ	1
トリニダード	4	サン・バルトロメ	1	リバデセジャ	1
ニューヨーク	4	サン・ミゲル島	1	ルーアンからサンタンデールへ	1
ハル	4	ジャックス	1	ロッテルダム	1
ピスカタクア	4			不明	70
ベルゲン	4				
アレクサンドリア	3				
カストロ	3				

出典：AHFB, *Libro borrador de las cuentas del derecho de avería, del siete de enero de 1765 al cuatro del mismo mes de 1766* から *Libro borrador de las cuentas del derecho de avería de los años 1808 al 1811* より筆者作成。

表 2-4　ビルバオからの輸出：ガルドキ家が荷主を務めた船の目的地
1758-1808 年（単位：隻）

港	隻	港	隻	港	隻
ロンドン	73	プリマス	6	コーク	1
アムステルダム	59	コペンハーゲン	5	ジェノヴァ	1
ヒホン	35	ル・アーヴル	5	ジャージー	1
カディス	30	ビバリー	4	セトゥバル	1
オステンド	28	マイオ島	4	セビーリャ	1
ブリストル	25	ジブラルタル	3	タンジェ	1
ルーアン	22	ポルト	3	ナント	1
エクセター	15	ボルドー	3	バイヨンヌ	1
セイラム	14	エディンバラ	2	ファルマス	1
アメリカ	13	カルタヘナ	2	プロヴィデンシア	1
マーブルヘッド	13	グロスター	2	マラガ	1
サンタンデール	12	サウサンプトン	2	モンテビデオ	1
ボストン	12	ニューベリーポート	2	ラ・ロシェル	1
ハンブルク	10	ハバナ	2	不明	8
リスボン	7	ア・コルーニャ	1		
ニューイングランド	6	アヴェイロ	1		

注：表内の「アメリカ」は「La América」であり、港の名前は書かれていない。
出典：AHFB, *Libro borrador de las cuentas del derecho de avería, del veintidós de enero de 1755 al cuatro de enero de 1766* から *Libro borrador de las cuentas del derecho de avería de los años 1808 al 1811* より筆者作成。

表 2-5　1758-1765 年におけるガルドキ家による輸入取引相手港

出港地	隻数	出港地	隻数	出港地	隻数
セイラム	46	ピスカタクア	3	セイラムとリスボン	1
リスボン	36	ブリストル	3	ダートマス	1
マーブルヘッド	31	イングランド	2	パース	1
ア・コルーニャ	30	カストロ	2	バステ	1
ボルドー	21	グロスター	2	ハーバー・マイン	1
アムステルダム	13	トリニダード	2	バンフ	1
エル・フェロル	11	トレパシー	2	ヒホン	1
ナント	10	ニューファンドランド	2	ブレイニー	1
ロンドン	10	フォゴ	2	ブレトン	1
バイヨンヌ	9	ボストン	2	ベイ・ブル	1
ジャージー	7	ランデルノー	2	ポール	1
エクセター	6	アベルダム	1	ポルト	1
サン・セバスティアン	6	カディス	1	モルレー	1
サンタンデール	5	カンペルトン	1	ル・アーヴル	1
インヴァネス	4	スコットランド	1	不明	4

出典：AHFB, *Libro borrador de las cuentas del derecho de avería, del quince de enero de 1757 al veintiuno de febrero de 1758.* から *Libro borrador de las cuentas del derecho de avería, del siete de enero de 1765 al cuatro del mismo mes de 1766* より筆者作成。

表2-6　1766-1783年におけるガルドキ家による輸入取引相手港

出港地	隻数	出港地	隻数
セイラム	205	コーク	2
リスボン	76	ポーツマス	1
ロンドン	73	アレクサンドリア	1
マーブルヘッド	70	ポトマック	1
アムステルダム	47	サウス・ポトマック	1
バイヨンヌ	29	ピスカタクア	1
ボストン	26	ダートマス	1
ボルドー	25	カロライナ	1
サン・セバスティアン	23	パルマ	1
ハンブルク	19	マデイラ	1
ニューベリーポート	16	ロッテルダム	1
ルーアン	14	サン・ミゲル島	1
ナント	14	ポートプランス	1
グロスター	12	マルティニーク	1
オステンド	11	イーデントン	1
ジャージー島	11	リガ	1
サンタンデール	10	ルーアンからサンタンデールへ	1
カディス	9	リバデオ	1
ブリストル	9	アヴェイロ	1
エクセター	9	サントーニャ	1
ア・コルーニャ	8	カストロ	1
ファルマス	8	ランデルノー	1
セント・ジョーンズ	6	バレンシアとマラガ	1
バスク	5	マラガ	1
ヴァージニア	4	セトゥバル	1
ハバナ	4	リスボンとサン・セバスティアン	1
チャールストン	4	ル・アーヴル	1
アナポリス	4	サバンナ	1
ビバリー	3	ボルドー	1
フィラデルフィア	3	ボルチモア	1
フェリーランド	3	エル・フェロルとヒホン	1
カンソ	3	ポルト	1
メリーランド	2	エル・フェロル	1
ベルゲン	2	セビーリャとサン・セバスティアン	1
カンペチェ	2	ジャックス	1
シント・ユースタティウス	2	ベイ・ブル	1
マダム島	2	カーボニア	1
ヒホン	2	ブリン	1
ラ・グアイラ	2	ペティー=デ=グラト	1
レニューズ	2	不明	42
トリニダード	2		

出典：AHFB, *Libro borrador de las cuentas del derecho de avería, del siete de enero de 1765 al cuatro del mismo mes de 1766* から *Libro borrador de las cuentas del derecho de avería del año 1783* より筆者作成。

58

表 2-7　1784-1808 年におけるガルドキ家による輸入取引相手港

出港地	隻数	出港地	隻数
マーブルヘッド	162	ハバナ	2
セイラム	107	サン・フアン	2
ロンドン	66	ベルゲン	2
リスボン	31	ファルマス	2
バイヨンヌ	30	アレクサンドリア	2
サンタンデール	23	サウサンプトン	2
グロスター	21	ブエノスアイレス＆サンタンデール	1
ボストン	20	フェリランド	1
アムステルダム	18	エル・フェロル＆サンタンデール	1
チャールストン	16	アーレス＆サンタンデール	1
プリマス	16	ブエノスアイレス＆サンタンデール	1
ビバリー	11	ラレド＆サンタンデール	1
ハンブルク	7	サン・コスメ＆サンタンデール	1
フィラデルフィア	7	ニュースコットランド	1
ボルドー	6	プレンシア	1
サントーニャ	6	ハバナ＆サンタンデール	1
ヒホン	6	ハリファックス	1
サン・セバスティアン	5	リバデセジャ	1
ハル	4	ダンツィヒ	1
ナント	4	カディス	1
ニューヨーク	4	ジャージー	1
ルーアン	4	ポート・バスク	1
ブリストル	3	ビーゴ	1
ダートマス	3	エル・フェロル＆ア・コルーニャ	1
ニューベリーポート	3	マーブルヘッド＆バイヨンヌ	1
プラセンシア	2	バイオナ（ガリシア）	1
オステンド	2	サン・バルトロメ	1
ニューロンドン	2	不明	24
ボルティモア	2		

出典：*Libro borrador de las cuentas del derecho de avería del año 1783* から *Libro borrador de las cuentas del derecho de avería de los años 1808 al 1811* より筆者作成。

　ら 30 隻が来航している。このことから、マーブルヘッドとの貿易が盛んになったものの、ロンドンとリスボンをはじめとしたヨーロッパ貿易も継続されたことがわかる。ただ、この時代からフランスのバイヨンヌからの来航が増え始めた。本書が対象とする時代ではないが、1808 年以降、半島戦争によりバスクの多くの地域が戦場となったことで、ビルバオ港の貿易相手がバイヨンヌのみとなる前触れであった。[72]

第2章　ビルバオ港と商人　*59*

(3)-2.　輸出

次に、輸出の年代別傾向を見ていく。**表2-8**に示した1756年から1765年の間は、アムステルダムへの輸出が19隻、ロンドンが18隻、カディスが8隻、ブリストルが8隻であった。

表2-9にあるように1766年から1783年の間は、オステンドが28隻、ロン

表2-8　1758-1765年におけるガルドキ家による輸出取引相手港

目的地	隻数	目的地	隻数
アムステルダム	19	エディンバラ	2
ロンドン	18	ル・アーヴル	2
カディス	8	ジャージー	1
ブリストル	8	ナント	1
エクセター	3	バイヨンヌ	1
ジブラルタル	3	不明	1
ポルト	3		

出典：AHFB, *Libro borrador de las cuentas del derecho de avería, del quince de enero de 1757 al veintiuno de febrero de 1758.* から *Libro borrador de las cuentas del derecho de avería, del siete de enero de 1765 al cuatro del mismo mes de 1766* より筆者作成。

表2-9　1766-1783年におけるガルドキ家による輸出取引相手港

目的地	隻数	目的地	隻数
オステンド	28	ニューベリーポート	2
ロンドン	27	ビバリー	2
アムステルダム	23	ヒホン	1
ルーアン	22	ラ・ロシェル	1
アメリカ	13	マラガ	1
エクセター	12	ファルマス	1
ブリストル	11	アヴェイロ	1
カディス	9	コーク	1
ボストン	8	ジェノヴァ	1
リスボン	6	セトゥバル	1
ニューイングランド	6	セイラム	1
ル・アーヴル	3	モンテビデオ	1
ボルドー	2	ハンブルク	1
サンタンデール	2	サウサンプトン	1
ハバナ	2	不明	6

出典：AHFB, *Libro borrador de las cuentas del derecho de avería, del siete de enero de 1765 al cuatro del mismo mes de 1766* から *Libro borrador de las cuentas del derecho de avería del año 1783* より筆者作成。

表 2-10　1784-1808 年におけるガルドキ家による輸出取引相手港

目的地	隻数	目的地	隻数
ヒホン	34	グロスター	2
ロンドン	28	カルタヘナ	2
アムステルダム	17	ビバリー	2
カディス	13	プロヴィデンシア	1
セイラム	13	セビーリャ	1
マーブルヘッド	13	サウサンプトン	1
サンタンデール	10	ア・コルーニャ	1
ハンブルク	9	ボルドー	1
ブリストル	6	アルトナ	1
プリマス	6	タンジェ	1
コペンハーゲン	5	リスボン	1
マイオ島	4	不明	1
ボストン	4		

出典：*Libro borrador de las cuentas del derecho de avería del año 1783* から
*Libro borrador de las cuentas del derecho de avería de los años 1808
al 1811* より筆者作成。

ドンが 27 隻、アムステルダムが 23 隻、ルーアンが 22 隻と、前の時代より、さらに北西ヨーロッパへとの関係が強化されている。これは、アメリカ独立戦争が始まると、大西洋上におけるリスクの高さから、ヨーロッパとの取引が優先されたためであろう。

　表 2-10 からわかるように、1784 年から 1808 年になると、ヒホン 34 隻が最も多く、スペイン北部との関係が多くなった。ヒホンは、アストゥリアスを代表する港で、石炭を産出する後背地を抱えていた。また、ロンドン 28 隻、アムステルダム 17 隻、カディス 13 隻、セイラム 13 隻、マーブルヘッド 13 隻となっている。この時代の特徴は、セイラムとマーブルヘッドへの輸出が公式の記録に残されるようになったことである。輸出されたものは、ビスカヤ産の鉄であった。アメリカ合衆国の独立によって、輸出貿易が公式に行いやすくなったことが影響しているといえよう。

(3)-3.　ガルドキ家の貿易商品
　次に、ガルドキ家の貿易を商品の観点から検討する。彼らが最も取引を行った主要な貿易商品は、羊毛、鉄、タラであった。まずヨーロッパの諸港と多く取引を行った羊毛と鉄について考察を行う。

第2章　ビルバオ港と商人　*61*

　第一に、羊毛についてである。ビルバオが、メセタでの牧畜によって生産される羊毛の集積港であり輸出港でもあったことは、既に述べた通りである。**巻末図2**は、1756年から1808年における羊毛の総取引量である。史料では、羊毛取引の際に二つの単位が記されていることがある。一つはサカス sacas で、もう一つはサコン／サコネス sacón / sacones である。サカスは羊毛・毛織物製品に用いられる単位であるが、サコンは生後1年未満の羊の毛（アニャイノス añainos）に使われる単位である。

　たとえば**表2-11**は、羊毛あるいは毛織物製品の輸出入地を表したものである。出入港地の判明している1758年から1765年のあいだに、特に取引を行ったのは、ロンドンとアムステルダムであったことがわかる。ビルバオでは、羊毛の輸出と毛織物製品の輸入が行われた。ビルバオ港を通してスペインから輸出されるものは原料羊毛であり、輸入されてきたのは毛織物製品であったと考えられる[73]。なぜなら、当時のスペインにおいて、毛織物製品はスペイン製よりもオランダ製やイギリス製が好まれていたからである。オランダにおいても、スペイン市場向けの特殊な毛織物製品の生産と輸出が行われていた[74]。

　木炭を使用した製鉄業は、鉱脈と木材の豊富な山に囲まれたバスクの主要産業であった。この産業は、バスクの山間部で盛んであり、ビルバオは対外輸出のための集積港であった。バスクの中で最も豊富な資源を持つビスカヤのエンカルタシオネス Enkarterri / Las Encartaciones にあるソモロストロ Somorrostro 鉱山は埋蔵量が多く、19世紀に至るまでヨーロッパにおいて高く評価されていたとされる[75]。また、バスク産の鉄はスペイン海軍の大砲や武器にも使用され、エル・フェロル、カディス、カルタヘナの造船所にも供給され

表2-11　ガルドキ家による羊毛輸出入地 1758-1765 年（単位：サカス）

輸出		輸入	
ロンドン	867	アムステルダム	60
アムステルダム	666	ロンドン	2束
アムステルダム	97 sacones		
ブリストル	385		
ナント	119		
ル・アーヴル	47		
エディンバラ	31		

出典：AHFB, *Libro borrador de las cuentas del derecho de avería, del veintidós de enero de 1755 al cuatro de enero de 1766* より筆者作成。

ていた。ソモロストロ鉱山では、まず3グループあるいは4グループに分けられた鉱夫が採掘し、その後、ロバの背に乗せウガルテ Ugarte（ビスカヤ）やガリンド Galindo、ポルトゥガレーテといった近くの乗船場に運び、船でネルビオン川を通ってビルバオへと運搬した[77]。ビスカヤでは、ビルバオ人や外国人に対して、国王による認可がなければビスカヤ伯領から鉄を持ち出すことを禁じていた[78]。

巻末図3はガルドキ家による鉄の総取引量をグラフに表したものである。このグラフから判明するのは、1757年から1760年までは取引が低迷するものの、1761年以降には一定の水準に戻り、1762年には顕著な取引量を示していることである。なお、1758年は全く取引がないのではなく、その量は判別できないものの1箱をロンドンから輸入している。

表2-12に示したのは、1758年から1765年における鉄の輸出入地である。この表は、ビルバオの鉄貿易のほとんどが輸出であったことを示しており、バスク産の鉄が輸出されていたことがわかる。1758年から1765年の間に、最も多かった輸出先はポルトである。次いで、スペイン南部にあるカディスへと、海を通じて運ばれていた。また、英領ジブラルタルや、ロンドン、ブリストル、エディンバラへの輸出も多かった。

最後に、タラについて検討する。羊毛や鉄はビルバオ商人であれば、ほとんどの者が取り扱っていたが、ガルドキ家の特殊性は、とりわけタラ貿易をみる

表2-12　ガルドキ家による鉄輸出入地 1758-1765 年
（単位：キンタール）

輸出		輸入	
ポルト	3,150	ロンドン	1箱
カディス	2,869		
ジブラルタル	2,590		
ロンドン	1,603		
ブリストル	1,400		
エディンバラ	425		
エクセター	411		
バイヨンヌ	400		
アムステルダム	241		
ジャージー島	200		

出典：AHFB, *Libro borrador de las cuentas del derecho de avería, del veintidós de enero de 1755 al cuatro de enero de 1766* より筆者作成。

ことで理解することができる。

　巻末図1に基づいてビルバオ港輸入量全体に占めるガルドキ家のタラ輸入量を算出すると、約32パーセントであり、解散する1798年までの間には約34パーセントの割合を占めている。ビルバオ商人の中でも、当該時期にタラ貿易に従事した大商家は、ビルバオ出身の商人であるゴメス・デ・ラ・トーレ家やアレチャガ家 Arechaga、アイルランド系のベックベルト家 Beckvelt やキリー・ケリー・イ・マクマホン家 Killy Kelly y Mac Mahon、フランス=バスク系のサントーラリ家やドゥピュイ家 Dupuy などがあったが[80]、ガルドキ家の取引は、ビルバオ全体の取引数のうち三分の一超の割合を占めていた。こうしたタラの輸入元であったのが、セイラムやマーブルヘッド、つまり英領アメリカであった。

小　　　括

　本章では、ビルバオ港の立ち位置を詳述するとともに、代表的な地元出身の商家であり最もビルバオの徴税史料に名を記載されている大商人として、ガルドキ家を取り上げた。

　ビルバオ港が経済的に繁栄したことは知られているが、その繁栄が、スペイン植民地との貿易によるものでなかったことは史料からみて明らかである。それは、本章で見てきたように、王室との経済的な対立に起因している。たとえバスクが、スペイン王位継承戦争時にブルボン王朝を支持したとしても、かねてより享受していた特権が奪われるとなると、反発が生じたのである。反発の引き換えとして、ビルバオ港が公式に植民地貿易に参与することはできなくなった。

　けれども、大商人であったガルドキ家の貿易傾向をみれば、ビルバオ港は、大西洋・北海を通じて取引を行う北西ヨーロッパの交易網の中にあった。しかし、特徴的であったのは、北アメリカ、とりわけニューイングランドとの繋がりの強さであった。第3章以降では、なぜビルバオ港が北アメリカと結びついたのかを、17世紀まで遡りながら検討していく。

注
1）萩尾生・吉田浩美編『現代バスクを知るための60章』明石書店、2023年、118-122

頁。

2) Xabier Lamikiz, "Comercio internacional", pp. 283-314; Alberto Angulo Morales, Comercialización y contrabando de tabaco en el País Vasco durante el antiguo régimen", *Vasconia*, 31, 2001, pp. 21-43.

3) 1833 年に始まったカルリスタ戦争とは、イサベル 2 世 Isabel II（在位 1833-1868 年）と摂政マリア・クリスティーナ María Cristina de Borbón-Dos Sicilias を支持する自由主義派と、イサベル 2 世の即位に反対するフェルナンド 7 世 Fernando VII（在位 1808 年 3 月-5 月、1813-1833 年）の弟・カルロスを国王として擁し伝統的諸特権を擁護する保守主義派との戦いのことである。第三次カルリスタ戦争は、1867 年に終結した。この戦争における自由主義派と保守主義派という分裂は、スペイン議会における保守党と自由党の基盤となった。

4) John Adams, *A Defence of the Constitutions Government of the United States of America*, London: Printed for C. Dilly, in the Poultry and Hon Stockdale, Piccadilly, 1787, letter. 4, pp. 16-20.

5) Mercedes Mauleón Isla, *La población de Bilbao en el siglo XVIII*, Valladolid: Universidad de Valladolid, Secretariado de Publicaciones, 1961, p. 5.

6) Basurto Larrañaga, *Comercio y burguesía mercantil de Bilbao*, p. 38.

7) 深沢は、港の類型を二つに分類した。「河口内港」と「沿海岸港」である。沿岸部から河川を遡上した場所にあるビルバオは、まさに河口内港に分類することができる。家島は、陸域ではなく海域世界を中心に据え、港市が海域世界・港市・陸域をつなぐネットワークの中核かつ自立した「インター（中間）の機能」を持つものとしたうえで、大まかに三つの分類を行った。それは、「海域独立型港市」「陸域従属型港市」「内陸型港市」である。ビルバオは、このうち、陸域の国家が港市を支配することで、国内の余剰産物や特産品を輸出し、国内の需要に応じて海外から商品を輸入する「陸域従属型港市」にあてはめるこができる。けれども、実態としてビルバオはフエロスに基づいて独立した税関・税制・議会・法を持っており、その点では、自立性を維持していた。深沢克己責任編集（歴史学研究会編）『シリーズ港町の世界史 2　港町のトポグラフィ』青木書店、2006 年、2-14 頁：家島『海域からみた歴史』、74-85 頁。

8) サン・セバスティアンは、バスク語の「ドノスティア」よりも、カスティーリャ語の「サン・セバスティアン」を用いた方が、理解が容易であるので、以下「サン・セバスティアン」とする。

9) Ringrose, *"Spanish Miracle"*, p. 225.

10) リングローズの問題意識は二点ある。第一に、18 世紀末からフランコ時代までのスペインは、政治的・経済的に失敗続きだったという通説を覆そうとした。これは既に古くなった議論ではあるが、リングローズがこの文献を書いた当時には、スペイン国内経済史の主要な議論であった。第二に、ナポレオンの侵攻によるアメリカ植民地の喪失が、スペイン史における「断絶の時代」ではないことを明らかにしようとしてい

た。Ringrose, *"Spanish Miracle"*.

11）Ringrose, *"Spanish Miracle"*, pp. 225-226.

12）凡例のとおり、コルーニャは、カスティーリャ語の「ラ・コルーニャ」よりも、ガリシア語の「ア・コルーニャ」の名称の方が一般的である。以下、「ア・コルーニャ」とする。

13）Aragón Ruano and Angulo Morales, "The Spanish Basque Country in Global Trade Networks", pp. 149-161.

14）Aragón Ruano and Angulo Morales, "The Spanish Basque Country in Global Trade Networks", p. 150.

15）フェルナン・ブローデル（浜名優美訳）『地中海 II　集団の運命と全体の動き I』藤原書店、2011 年、420-421 頁。

16）渡部『バスクとバスク人』、76 頁。

17）ジャック・アリエール（萩尾生訳）『バスク人』白水社、1992 年、148 頁。

18）ビスカヤ商人はマルセイユとロンドンあるいはフランドル間を往来していた。さらにアントウェルペン Antwerpen / Anvers やメッシーナ Messina、ナポリ Napule / Napoli にも出現し、1530 年にはオスマン帝国によって塩を積んでいたビスカヤ船籍の 2 隻のナーヴェ商船が沈められたとされる。ブローデル『地中海 II』、420-421 頁。

19）Aragón Ruano and Angulo Morales, "The Spanish Basque Country in Global Trade Networks", p. 161.

20）山下渉登『ものと人間の文化史 120　捕鯨 I』法政大学出版局、2004 年、76 頁。

21）Aragón Ruano and Angulo Morales, "The Spanish Basque Country in Global Trade Networks", p. 151.

22）Aragón Ruano and Angulo Morales, "The Spanish Basque Country in Global Trade Networks", p. 151.

23）羊毛は、セゴビアかソリアから、ブルゴスの大市を経由して運ばれた。David Ringrose, *Transportation and Economic Stagnation in Spain, 1750-1850*, Durham: Duke University Press, 1970, p. 24.

24）18 世紀のマドリードでは、マドリード五大ギルド Los cinco gremios mayores de Madrid が商業を取り仕切っていた。その構成員の多くは、ビスカヤ出身者であった。Antonio Martínez Borrallo, "Comerciantes vascos en los cinco gremios mayores de Madrid", *MAGALLÁNICA, Revista de Historia Moderna*, 4/7, 2017, pp. 147-179.

25）Ringrose, *"Spanish Miracle"*, p. 223.

26）ビルバオの特徴は、血の純潔の規則にもかかわらず、プロテスタント商人を受け入れていたことである。ラミキスによれば、17 世紀のビルバオ商人は、八十年戦争でアントウェルペンやブリュージュ Brugge / Bruges から追いやられたのち、ルーアン Rouen に移動したり、あるいは、ヨーロッパ北西部との商業の不足をイングランドとの関係で補ったりした。これは、フランスとの関係が強かったギプスコアのサン・セ

バスティアンとは異なる。Lamikiz, "Comercio internacional", pp. 290-291; Aragón Ruano and Angulo Morales, "The Spanish Basque Country in Global Trade Networks, p. 159.

27）この制度は、ラミキスによれば、中世末期の地中海では外国人商人のための制度として、あらゆる所に存在していたが、16世紀にはビルバオとサン・セバスティアンを除いて、ほとんど消滅していた。Lamikiz, "Comercio internacional", pp. 298-304.

28）Lamikiz, *Trade and Trust*, pp. 35-36.

29）Lamikiz, *Trade and Trust*, pp. 39-40.

30）ここにおける「イギリス人」は、イングランドを指す。既に述べた通り、1739年以降、イングランド人はスペインから追放された。アイルランド人はカトリックであるため、スペインに帰化した。

31）Basurto Larrañaga, *Comercio y burguesía mercantil de Bilbao*, p. 154.

32）18世紀のスペイン経済にフランス人が介入していた状況については、ペレス・サリオンやジルベルベールが明らかにしている。しかし、トーレス・サンチェスによる論文集では、スペイン経済におけるフランス人商人の存在を認めながらも、今までの研究ではそのプレゼンスが強調されすぎてきた点を批判している。彼らによれば、18世紀のスペイン経済は、商業の主導権をスペイン人が取り戻す、民族専有化 nacionalización の時代であった。この点は、バスルト・ララニャーガやラミキスによっても指摘されている。特にビルバオにおいては、ガルドキ家を代表としてその傾向が強いといえよう。Basurto Larrañaga, *Comercio y burguesía mercantil*, p. 154; Pérez Sarrion, *The Emergence of a National Market in Spain, 1650-1800*; Jon Garay Belategui y Rubén Esteban López Pérez, "Los Extranjeros en el señorío de Vizcaya y en la villa de Bilbao a finales del antiguo régimen: Entre la aceptación y el rechazo", *Estudios Humanísticos. Historia*, N° 5, 2006, pp. 191-192; Xabier Lamikiz, *Trade and Trust*, pp. 39-40; Michel Zylberberg, *Une si douce domination. Les milieux d'affaires français et l'Espane vers 1780-1808*, Vincennes: Comité pour l'histoire économique et financiére dela France, 1993; Torres Sánchez (ed.), *Capitalismo mercantil*, p. 16.

33）Jon Garay Belategui y Rubén Esteban López Pérez, "Los Extranjeros en el señorío de Vizcaya", pp. 191-192.

34）Garay Belategui y Esteban López Pérez, "Los Extranjeros en el señorío de Vizcaya", pp. 191-192.

35）リンチ家とキリー・ケリー家は、リンチ・キリー・イ・ケリーという商会を形成していたが、これは1765年にリンチ・キリー・ケリー・イ・モロニー商会へと変化した。

36）カスティーリャ語では、ゴオセンとも言う。ゴッセンは、オランダ系の商家であり、スペイン支配下のアントウェルペンに出自を持つ。17世紀末にビルバオへと移住した。ペドロ・フランシスコ Pedro Francisco / Pierre François は、1734年から、北

欧やロシアとの貿易関係を構築するためにパリに滞在した。パリでは、魚の取引や、木材をフランス海軍へ提供する事業を行っていた。ペドロ・フランシスコは、フランスからカナダへと商品を送る際に、ビルバオへと船を寄港させていた。また、彼はロシアとのタバコ貿易を確立し、フランス国庫に富をもたらした。その後、1766 年に、ペドロ・フランシスコはパリからビルバオへと帰還し、同年、国家財政評議会 El consejo de hacienda y tesorero general の大臣に任命された。弟であるフアン・エンリケ Juan Enrique は、ビルバオに定住していた。フアン・エンリケは、1747 年に、フアン・バウプティスタ・ラコステ Juan Bauptista Lacoste と、タラや魚油を輸入し、羊毛を輸出する会社を結成した。1763 年、ペドロ・フランシスコとフアン・エンリケは、バイヨンヌ出身であったペドロ・ポミエールス Pedro Pommiers と共に、150 万レアレスを資本とする会社を創設した。フアン・エンリケの息子であるエンリケ・アレホ Enrique Alejo は、1779 年、1789 年、1803 年に通商院 Casa de Contratación の領事職 el cargo de consul を務め、1798 年には頭に任命された。エンリケ・アレホの息子ペドロ・フランシスコ Pedro Francisco は、議会顧問 Consejero en Corte となり、また、バスク友の会・経済協会 Las Sociedades económicas de amigos del País に所属していた。彼は、「著名な財政家 Insigne hacendista」と呼ばれた。このことから、ゴッセン家は、外国、スペイン、ビルバオといった多様な場所で繁栄したといえる。Román Basurto Larrañaga, "Linajes y Fortunas de Bilbao en el siglo XVIII", *Itas Memoria. Revista de Estudios Marítimos del País Vasco*, 4, 2003, pp. 347-348.

37) バイヨンヌは、スペイン向け商品の集積地でもあった。君塚弘恭「近世フランス経済と大西洋世界——商人と船乗りの海——」金澤周作編『海のイギリス史　闘争と共生の世界史』昭和堂、2013 年、229 頁。

38) Garay Belategui y Esteban López Pérez, "Los Extranjeros en el señorío de Vizcaya", pp. 191-192.

39) Zabala Uriarte, *Mundo urbano*, pp. 791-793.

40) バスク三領域は、元来、成り立ちが異なるため、利害も異なる。1682 年に設立されたギプスコアのコンスラードは、アラバとの共同関係を持った。アラバは、ビスカヤやギプスコアとは異なり内陸部に位置しているため、カスティーリャとの密接な関係を持っていた。18 世紀の税関移転騒動を巡っては、決してバスク三領域が同じ考えを持っていたわけではなかった。なぜなら、ビスケー湾沿岸部からカスティーリャへの道を王室が管轄できないということは、このルートは商品の移動だけでなく、侵入者の上陸路ともなりえるからである。このため、ビスカヤ、ギプスコア、アラバは、それぞれの利害関係のために対立していた。Lamikiz, "Comercio internacional", pp. 291-293.

41) Lamikiz, "Comercio internacional", pp. 286-287. 反対に、カディスなどスペインの他の港では、国家、地方 provincial、都市 municipal から三重に税が徴収されていた。

特に、外国人はこの徴税の対象であった。Lydon, *Fish and Flour for Gold*, p. 18.

42）Lamikiz, *Trade and Trust*, p. 33.

43）Lamikiz, *Trade and Trust*, p. 33.

44）1743 年から 1750 年の段階では、商務院に所属していた商人 473 人のうちカディス出身者が 36 パーセント、スペイン北部の沿岸地域出身者が 33 パーセントであった。1783 年から 1790 年の間は、233 人のうちカディス出身者が 30 パーセント、北部出身者が 42.1 パーセントであった。Ringrose, *"Spanish Miracle"*, pp. 90, 121.

45）これは、スペイン本国が、1765 年に公布した「アンティーリャス諸島自由貿易令」に、ハバナをしぶしぶ組み入れた理由であった。ベラクルスが「自由貿易」規則に組み込まれなかったのは、自由主義経済推進派であったエスキラーチェ侯爵 Leopoldo de Gregorio, Marqués de Esquilache（1699-1785 年）が行っていた国内外の経済政策に対して、伝統的保守層からの猛反発があったためである。ここには、スペイン国内や宮廷内における利害関係が反映されていた。エスキラーチェと対抗していたアリアガ Julián Manuel de Arriaga y Ribera（1700-1776 年）は、国内の保守層だけでなくヌエバ・エスパーニャの保守層を取り込み、自由主義改革をやめさせようと試みた。しかし、内務大臣グリマルディ Pablo Jerónimo Grimaldi y Pallavicini（1710-1789 年）により、カスティーリャ顧問議会のホセ・モニーノ（後のフロリダブランカ伯 José Moñino y Redondo, Conde de Floridablanca, 1728-1808 年）とカンポマネスが、アメリカへ派遣されていた巡察使ホセ・デ・ガルベス José Bernardo de Gálvez y Gallardo, Marqués de Sonora（1720-1787 年）の活動について諮問を受けた。モニーノとカンポマネスは、1771 年に意見書を上奏した。この意見書は、ガルベスが訴えたアメリカでの諸改革の重要性を提起し、また、植民地貿易の自由化という大義を確立した。エスキラーチェ失脚後の啓蒙主義者たちへの、エスキラーチェの自由主義的経済改革に関する思想の伝播は、1778 年の「自由貿易」規則の公布へと繋がった。中本「七年戦争を契機とするスペインの「帝国再編」」、124-127 頁。

46）Ringrose, *"Spanish Miracle"*, pp. 226-227.

47）Basurto Larrañaga, *Comercio y burguesia mercantil de Bilbao*, p. 157.

48）このような自然環境のため、北部、特にガリシアは孤立していた。ガリシアは魚の貯蔵地であり、リネンやワインの製造、製鉄を行っていたが、地理的条件から地元の需要に応えることの方が多かった。ガリシアの港のうち、ア・コルーニャ、リバデオ Ribadeo、ビーゴ Vigo といった港町は大西洋との繋がりを深めた。ガリシアの東に位置するアストゥリアスはガリシアよりも天然の港が少なく、さらに北部の中でも特に峻険な山々に囲まれ地理的条件でも劣っていたため、より孤立している地域であった。ガリシアとアストゥリアスからカスティーリャへの道程は非常に険しいものであり、1750 年以前のガリシアとアストゥリアス、カスティーリャ間の商品取引は、レオン地方の高地にあるアストルガ Astorga のラバ追い達によって行われていた。ただし、1760 年代後半から 1770 年代にかけて、ア・コルーニャには王立海事郵便 El

第2章　ビルバオ港と商人　*69*

Correo Ultramarino が作られた。これにより、ア・コルーニャは、ハバナ、ブエノスアイレス Buenos Aires、モンテビデオ Montevideo と特権貿易を行うことができたため、海を通じて他の地域と繋がっていた。Ringrose, *"Spanish Miracle"*, p. 230.

49）Grafe, *Distant Tyranny*, p. 115.

50）モンテロ『バスク地方の歴史』、120 頁。

51）Ringrose, *"Spanish Miracle"*, pp. 218-219.

52）Basurto Larrañaga, *Comercio y burguesía mercantil de Bilbao*, pp. 37-38; Ringrose, *"Spanish Miracle"*, p. 228.

53）リングローズが述べるには、およそ 3,000 フィート（914 メートル）の落差を持つこの運河が、ブルゴスからカンタブリア山脈をショートカットし、ビスケー湾にたどり着くまでの最も速いルートであった。しかし、アラゴン運河自体は、アラゴンとナバーラを結んでいるに過ぎず、実際にブルゴスからカンタブリア海を結んでいたのは、1753 年に工事が着工されたカスティーリャ運河 El canal de Castilla である。この運河は、カスティーリャとレオンの交通を容易にするために、主としてブルゴス、パレンシア Palencia、バリャドリード Valladolid の三地域にわたって建設された。カスティーリャ運河は、北支線 el ramal de Norte、南支線 el ramal de Sur、カンポス支線 el ramal de Campos に分岐し、それぞれ河川と繋がっていた。18 世紀後半に建設されたもう一つの運河は、グアダラーマ運河 El canal de Guadarrama である。この運河は、マドリード北東のグアダラーマ川にあるエル・ガスコ・ダム El Gasco dam に端を発し、マドリード、アランフェス Aranjuez、コルドバ Córdoba、セビーリャといった主要都市を経由した後、グアダルキビル川に沿ってサンルーカル・デ・バラメーダに至るものであった。いずれの運河も、工事が始まったのは 18 世紀後半であったが、完成したのは 19 世紀中葉であった。David Ringrose, *Transportation and Economic Stagnation in Spain*, pp. 15-16.

54）17 世紀のあいだ、ブルゴスとビルバオの商人達は対立関係にあり、1494 年に創設されたブルゴスのコンスラードと、1511 年に創設されたビルバオのコンスラードは、両都市の商人間の摩擦の主役となった。Lamikiz, *"Comercio internacional"*, pp. 291-294.

55）羊毛は、メセタ北縁に位置するナバーラ王国のタファリャ Tafalla やカスティーリャのソリア Soria の市でも販売され、そこで買い付けられた羊毛は、パンプローナ Iruña / Pamplona から国境沿いの町アイノア Ainhoa を通り、バイヨンヌへ至るものもあった。Basurto Larrañaga, *Comercio y burguesía mercantil de Bilbao*, pp. 166-167.

56）Lamikiz, *"Comercial internacional"*, pp. 288-289.

57）Lamikiz, *"Comercial internacional"*, pp. 289-290.

58）ビルバオは 1590 年代と 17 世紀後半以降を除いて、羊毛貿易の港ではなかった。しかし、鉄、魚、鯨油、毛織物、リネンの取引は、ビルバオが中心となって行われていた。

Lamikiz, "Comercio internacional", p. 287.

59) ナティビダ・ルエダは、ガルドキ家の政治的役割を重視しているものの、彼らの重要性の一つとして、何らかの条約や領事が存在しなかったにもかかわらず、外国との商業を行い、ビルバオ人のための市場を開いたことを挙げている。Natividad Rueda, *La compania comercial "Gardoqui e hijos" 1760-1800*, Vitoria: Servicio Central de. Publicaciones del Gobierno Vasco, 1992, pp. 61-62.

60) Lydon, *Fish and Flour for Gold*.

61) Alberto Angulo Morales and Álvaro Aragon Ruano, "No solo pescado y harina a cambio de oro. Vascos en el comercio con los estados unidos durante el siglo XVIII", *Boletín Americanista*, 77, 2018, pp. 147-166.

62) Reyes Calderón Cuadrado, *Empresarios españoles en el proceso de independencia norteamericana: la Casa Gardoqui e hijos de Bilbao*, Madrid: Instituto de Investigaciones Económicas y Sociales Francisco de Vitoria-Unión Editorial, 2004, p. 25.

63) アメリカ公文書記録管理局には1770年代から1790年代にかけてガルドキ家とニューイングランドの商人、政治家との間でやりとりされた手紙が所蔵されている。この史料によって、ガルドキ父子商会からの手紙も全て英語で書かれていることがわかる。Founders Online〈URL: https://founders.archives.gov/〉.（2020年11月18日　最終閲覧。）

64) Calderón Cuadrado, *Empresarios españoles*, p. 25.

65) この際、商会名はガルドキ・エ・イーホ Gardoqui e hijo からガルドキ・エ・イーホス Gardoqui e hijos に変化した。これは、運営に参加する息子の数が増えたことによって複数形に変化したのであり、意味に違いはないため、本書では「ガルドキ父子商会」あるいは「ガルドキ家」の名称を用いる。AHPV, *Protocolo 3340, Esno. Joaquín de la Concha, año 1758*.

66) マラベディ・デ・ベリョン maravedí de vellón はスペインにおける貨幣の最小単位で、18世紀においては銅貨である。レアル real は銀貨であり、1レアルは34マラベディである。

67) AHPV, *Protocolo 3340, Esno. Joaquín de la Concha, año 1758*.

68) AHPV, *Protocolo 3340, Esno. Joaquín de la Concha, año 1756*.

69) Calderón Cuadrado, *Empresarios españole*, pp. 23-24.

70) Basurto Larrañaga, *Comercio y burguesia mercantil de Bilbao*, p. 267.

71) Zabala Uriarte, *mundo urbano*, pp. 771-787.

72) ビルバオの徴税史料によると、大陸封鎖令（1806年）は意味をなしておらず、アメリカ合衆国の港との貿易は継続していた。むしろ、アメリカ合衆国による出港禁止法（1807年）によって貿易は影響を受けた。

73) ビルバオの徴税史料において、羊毛は全て「Lana」と書かれている。毛織物であれ

ば「Lanero」という単語もあるが、通常は「Lana」の単語一つで羊毛と毛織物の両方を指す。ビルバオやサンタンデール、サン・セバスティアンのようなビスケー湾沿岸の港湾都市は、メセタで遊牧する羊の原料羊毛を輸出し、毛織物製品を輸入していたという歴史的経緯がある。Carla Rahn Phillips and William D. Phillips, Jr., *Spain's Golden Fleece Wool Production and the Wool Trade from the Middle Ages to Nineteenth Century*, Baltimore and London: Johns Hopkins University Press, 1997, pp. 231-248.

74）佐藤弘幸「毛織物工業における〈国際的契機〉に関する一考察」『一橋研究』、第16号、1969年、60-66頁。

75）Basurto Larrañaga, *Comercio y burguesía mercantil de Bilbao*, p. 43.

76）Aragón Ruano and Angulo Morales, "The Spanish Basque Country in Global Trade Networks", p. 151.

77）Basurto Larrañaga, *Comercio y burguesía mercantil de Bilbao*, p. 44.

78）もし持ち出していたことが判明すれば、国外追放の罰を課され、さらに商品を失くし、財産を半分奪われることが決められていた。Basurto Larrañaga, *Comercio y burguesía mercantil de Bilbao*, pp. 44-45.

79）ビルバオの魚貿易は、いくつかの商家によって独占されていた。Basurto Larrañaga, *Comercio y burguesía mercantil de Bilbao*, p. 270.

80）Garay Belategui y López Pérez, "Los Extranjeros en el señorío de Vizcaya", pp. 185-210; Basurto Larrañaga, "Linajes y Fortunas", pp. 343-356.

第 3 章
ビルバオ港のヨーロッパ貿易とアメリカ貿易

は じ め に

　本章では、第一の時代区分、つまり七年戦争期を考察の中心として、ビルバオ港の対外貿易を検討する。

　前章で見てきたように、バスク人は活発に外との交流を行ってきた。そのなかでも、ビルバオと、その中心的な商人であったガルドキ家は、英領北アメリカ植民地との繋がりが強かったことがわかる。けれども、七年戦争の時期には、ビルバオが属するスペインと、北アメリカ植民地の属するイギリスの国家間関係は悪化していた。国家間の対立の最前線ともなりうるビスケー湾における、ビルバオと北アメリカ植民地の貿易は、なぜ行われ続けたのか。そもそも、なぜ北アメリカ植民地との関係が形作られたのか。

　こうした問題意識のもと、本章では、まずはビルバオと北アメリカ植民地の貿易関係の成立について概観したのち、ビルバオと北アメリカ植民地の双方の一次史料を用いて貿易の詳細を明らかにするとともに、なぜ貿易が継続したのかを検討する。

　この検討によって、18 世紀における貿易構造を明らかにするとともに、その貿易がいかにして成立したのかを検討しつつ、七年戦争期の北大西洋世界におけるビルバオ港の位置付けを検討する。

1　ロンドンと結びつくビルバオ港
——17 世紀における対イングランド関係と羊毛

　スペイン内陸部、カスティーリャの地は、上質な羊毛の産出地であった。首都・マドリードを中心とするカスティーリャの基盤産業は、移動牧畜業であった。イベリア半島中央部はメセタと呼ばれる台地になっており、羊や山羊の放

牧と移動牧畜が行われた。メセタにおける移動牧畜業は 18 世紀後半に最も栄
えたとされる。具体的にいえば、18 世紀初頭にメセタにいた羊は約 200 万頭
であったが、最盛期である 1740 年から 1780 年代の間に約 300 万から 350 万頭
に増加したと考えられている[1]。

　第 1 章で述べたとおり、本来、メセタ北縁に位置するブルゴスが羊毛取引の
中心地であったが、17 世紀前半には、ヨーロッパ市場に近いギプスコアへと
取引の中心地が移っていた。しかし、18 世紀になると、ビルバオは、メセタ
の牧畜からとれる羊毛の集積港であり輸出港となった。その理由は、ビルバオ
とロンドンの間に構築されていた取引関係と、イングランドにおける羊毛需要
の高まりにある。

　イングランドとビルバオが関係を深めたのは、イングランドにおいて新織物
New Draperies が発展したことに伴うものであった。ヨーロッパ市場におい
て新織物への需要が高まったことで、毛織物生産地であるイングランドでは、
原材料である羊毛への需要が高まった[2]。この時代に好まれたのは、メリノ種の
羊毛であり、メリノ種の羊毛はカスティーリャで生産されていた。イングラン
ドのなかでも、ウェスト・カントリーにあたる地域では、ビルバオから輸入し
たメリノ種羊毛を使用した新毛織物の生産が大量に行われるようになった[3]。

　需要が高まった際にビルバオが選ばれた理由は、やはりアルカバラ税が不要
であったためである。カスティーリャ産羊毛とヨーロッパ製品の交換の場で
あったメディナ・デル・カンポの市ではアルカバラ税が上昇しつつあったため、
アルカバラ税のかからないビルバオが好まれるようになった。ビルバオにとっ
ても、イングランドとの関係は必要不可欠であった。なぜならば、本来、ビル
バオ港は北西ヨーロッパ、とりわけフランドルとの関係が薄かったからである。
フランドル戦争（1667-1668 年）以降、スペイン出身の商人はアントワープやブ
リュージュから追放されたが、スペイン王国の構成国の一員であるビルバオ人
も同様であった。くわえて、フランスとの関係が強く、北西ヨーロッパとの貿
易を継続することができたギプスコアと、ビルバオは競争関係にあった。ゆえ
に、ビルバオでは、北西ヨーロッパとの貿易のための人的関係や情報が不足し
ていた。この不足を、イングランドとの関係構築により補おうとしたのである[4]。

　一方で、スペイン市場でイングランド産の新毛織物が覇権を獲得することは
できなかった。寒冷なイングランドと、温暖なスペインでは、織物の嗜好が異
なったのである。当時のスペインでは、高級化したオランダ製の毛織物が好ま

れていた[5]。それゆえ、イングランド側の輸入超過が生じた。イングランド商人たちは、貿易構造を是正するために、貿易の多角化を試みた。

多角化とは、先取りしていえば、イングランドから新毛織物を載せた船が、寒冷な植民地であるニューイングランドへ向かい、ニューイングランド唯一のステイプルであるタラ（バカラオ bacalao）[6]や、その他の魚を載せて直接スペインの港に向かい、スペインのメリノ羊毛を載せた船がイングランドへ戻るという貿易の形成であった[7]。ビルバオからイングランドへ運ばれる羊毛は、約19から20万ポンドに値する量であった[8]。この貿易は、羊毛を必要とするイングランド、カトリックの習慣により魚が必要であり、なかでも栄養価の高いタラを必要とするスペイン、イングランドから日用品を輸入する一方でイングランドと競合してしまう材木または漁獲物しか輸出することのできなかったニューイングランドの、それぞれが利益を獲得できる貿易であった。

2　18世紀の転換──ビルバオ港における輸出入

17世紀においては、イングランドのウェスト・カントリーとビルバオは、商業面において互いに依存しており、イギリス領北アメリカも同様に北スペインとの関係によって経済を維持することができていた。しかし、18世紀にはいると、英西関係の悪化に伴うイングランド商人のビルバオからの追放が生じた。この時期、ビルバオをめぐる貿易は、いかなる様相を呈していたのかを、史料から明らかにしていく。

ビルバオから輸出された主要商品は、18世紀以降も、羊毛と鉄であった。羊毛の輸出先は、主としてアムステルダムとロンドンであった。しかし、ジェンキンズの耳戦争やオーストリア継承戦争といった18世紀前半の戦争の影響により、対イングランド貿易が不安定となっていたのは、**表3-1**からも読み取ることができる。18世紀前半におけるビルバオの輸出貿易をみてみると、最も多い取引相手はアムステルダムであり、運ばれていた商品は羊毛であった。オランダにおける毛織物産業は、イギリスの台頭により18世紀に衰退しつつあったが、スペインから原料羊毛を輸入することで、ラーケン織やフレイン織のような高級品の生産へと移行していた[9]。

イングランドとの関係の悪化は、対イングランド貿易の不安定化のみならず、スペインの港におけるイングランド人追放をもたらしたから、17世紀に成立

表 3-1　ビルバオ港における対アムステルダムと対ロンドン貿易（単位：隻）

	アムステルダム	ロンドン		アムステルダム	ロンドン
1733	22	13	1771	16	10
1734	23	14	1772	10	15
1735	30	11	1773	12	11
1736	20	11	1774	13	12
1737	24	11	1775	12	11
1738	22	18	1776	10	17
1739	21	5	1777	14	14
1740	30	0	1778	16	8
1741	25	0	1779	13	4
1742	25	0	1780	22	0
1743	39	0	1781	0	0
1744	28	0	1782	5	0
1745	39	0	1783	11	12
1746	37	0	1784	13	16
1747	26	0	1785	22	18
1748	33	2	1786	13	10
1749	16	12	1787	15	17
1750	22	22	1788	19	18
1751	23	12	1789	18	16
1752	22	17	1790	16	19
1753	14	9	1791	20	12
1754	16	13	1792	20	28
1755	16	10	1793	16	23
1756			1794	18	18
1757			1795	1	5
1758	18	14	1796	2	0
1759	34	11	1797	0	0
1760	13	17	1798	0	0
1761	20	20	1799	0	0
1762	35	1	1800	0	0
1763	17	20	1801	0	3
1764	19	21	1802	0	11
1765	14	20	1803	0	0
1766	10	17	1804	0	1
1767	14	17	1805	0	0
1768	10	13	1806	0	0
1769	11	15	1807	0	0
1770	12	19	1808	0	0

注：1756 年と 1757 年は、出入港地のデータなし。
出典：Zabala Uriarte, *Mundo urbano*, pp. 661-768; 1796-1808 年のデータは、1798 年を除き、
　　　Archivo Histórico Foral de Bizkaia, *Libro borrador de las cuentas del derecho de
　　　avería, del veintidós de enero de 1755 al cuatro de enero de 1766* より筆者作成。

していたビルバオをとりまく貿易構造に変化を迫った。ビルバオの人々は、自分達でニューイングランドとの貿易を行うことにしたのである。これにより、かたやアムステルダムを中心としつつも平時にはイングランドとも貿易を行うような従来のヨーロッパ貿易と、かたや18世紀以降からのニューイングランドとの直接貿易が、ビルバオにとっての重要な貿易となった。ここでは、ビルバオ独自の貿易を検討することに関心があるから、かねてから存在した対ヨーロッパ貿易ではなく、ニューイングランドとの貿易の内実に迫りたい。

3 ビルバオとニューイングランドをめぐるタラ貿易

　ビルバオ側の史料に記録された船舶の入港数を示した**表3-2**をみると、ビルバオに入港した船は、ほとんどがセイラムとマーブルヘッドから来航していたことがわかる。

　この二つの港は、ニューイングランドの北東部に位置するエセックス郡 Essex County に位置する。大西洋に面したエセックス郡の沿岸部は、北部海岸 North Shore と呼ばれ、漁業や造船業で繁栄した地域である。マサチューセッツ湾に面したセイラムとマーブルヘッドの方が往来する船がボストン Boston よりも、多かった。ボストンではタラ漁業によって財をなしたタラ貴族が形成されていたが、タラの輸出港としてはボストンよりも、セイラムあるいは対岸にあり大西洋に面した港であるマーブルヘッドの方が利用されてきた。セイラムやマーブルヘッドがあるエセックス郡は、ボストンと商業のイニシアティブをめぐって常に競争関係にあった。エセックス郡のなかでも、セイラム、マーブルヘッド、グロスター Gloucester、ニューベリーポート Newburyport のある北部海岸は、1790年の時点でボストンの人口を30パーセント上回っていた。この地域の人々は、1794年には全部で6万6,399トンの船を所有し、ボストンの船主が所有していた6万6,962トンとほぼ同じであった。さらに、ニューイングランドの地形は凸状になっており、各港の後背地にある市場が重なっていた。このため、港湾都市の間で市場獲得競争が生じたのである。特に、ニューヨーク New York、フィラデルフィア Philadelphia、ボルチモア Baltimore、ボストンは内陸への自然な道路がなかった。つまり、セイラムと、突き出た半島に位置するマーブルヘッドは、漁業と商業で栄えた町であった。

　セイラムとマーブルヘッドからビルバオへ運ばれてきたのは、タラであった。

表 3-2　ビルバオに入港した船舶の出発地
1758-1808 年（単位：隻）

セイラム	358
マーブルヘッド	263
ロンドン	149
リスボン	143
バイヨンヌ	68
アムステルダム	78
ボストン	46
サンタンデール	38
サン・セバスティアン	34
グロスター	33
ア・コルーニャ	30

出典：Zabala Uriarte, *Mundo urbano*, pp. 661-768.

　出入港の記録が残っている 1758 年から 1808 年までの間には、おおよそ 551.8 万キンタールのタラがビルバオ港に運ばれているが、マーブルヘッドからは 84 万 1,971 キンタール、セイラムからは 68 万 2,732 キンタールが輸入されており、他の港とは比較にならない量のタラが送られてきていた。ニューイングランドとの貿易を主として行ったのは、ガルドキ家であった。

　ところで、タラとはどのような商品であり、なぜ貿易商品の一つとして成り立っていたのだろうか。それはスペインのようなカトリックを信仰する地域において、タラは宗教的意味を持つからである。カトリックでは、3 月末から 4 月頃にある復活祭に先立って 40 日間ある四旬節の時期には、肉を断食する習慣があった。四旬節や毎週金曜日を含めて、肉を絶つ日は 1621 年から残るギプスコアの記録では年間 130 日あり、またナバーラ出身の経済学者ヘロニモ・デ・ウスタリスの概算によれば、1720 年のカスティーリャでは 120 日、アラゴンでは 160 日の肉を断食する日があった。[16]

　従来、安価であることと栄養価の高さから、タラは貧困層のための食べ物と考えられてきた。[17] ビスカヤのトルシオスに生まれ、文献学者かつイエズス会の辞書編纂者であり、特に古文書学で著名であったテレーロス・イ・パンド Esteban de Terreros y Pando（1707-1782 年）は、1786 年に著した『フランス語、ラテン語そしてイタリア語に対応する科学と芸術に関する単語のカスティーリャ語辞書』において、「タラはよく知られた魚で栄養が豊富であり、裕福な人々にとっても良いものであるが、特に貧しい人々にとって優れた食糧であ

る」と定義している。[18] タラは特に、男性手工業者や女性、子どもが、タンパク質を摂取するための食糧と考えられていた。[19] そのため、特に晩冬から早春に漁獲されビルバオへと運ばれるタラは、「冬の療治薬」と呼ばれ、ビルバオからマドリードのようなスペイン内陸部へと転売された。つまり、宗教的な慣習だけでなく、価格や栄養価の高さからも、タラの消費が行われていたのである。

史料には記されていないため、タラ消費量を正確に計算することは難しい。とはいえ、18世紀においてスペインの人口が常に増加傾向にあったことは、タラ消費量も、それに伴って増加したであろうことを推測させる。エイラス・ロエルの推計によれば、1700年に少なくとも750万人、多くとも850万人だった国内の人口は1797年に少なく見積もっても1,070万人、最大で1,130万人になったとされる。[20] こうした人口の増加は食糧に対する需要を生み出す要因であった。つまり、18世紀に人口が急増したために、宗教上必須であり栄養価の高さと安価さから好まれた食糧でもあったタラの需要が増加したのである。このように、タラがスペインにおいて必需品であったことと、あるいは人口増加に伴う需要増加の背景があったため、ビルバオ港でのタラ輸入は18世紀において急増した。先行研究では、ビルバオ港のタラ輸入量は、スペインにおいて最も多かったとされている。[21]

ようするに、タラはスペインにおいて必須の食糧であった。かつ、ビルバオ港は食糧調達の港であり、その多くを担ったガルドキ家は食糧貿易を担う商人としでも重要であった。

では、ニューイングランドの港からの輸入に対し、ビルバオ港は、何を輸出したのか。それは、ビスカヤ産の鉄であった。しかし、**巻末図3**が示すように、ビルバオからの鉄の輸出量は圧倒的に少なかった。ニューイングランド側のタラの輸出超過かつビルバオ側の輸入超過となってしまい、貿易収支が均衡していないことは、明らかである。では、ビルバオとニューイングランドの貿易バランスの調整は、いかにして行われたのか。こうした疑問を解決するためにも、次節では、ニューイングランド側の史料を確認しながら論じていく。

4 なぜニューイングランドを選択したのか？

これまで検討してきたように、ビルバオは、食糧として重要な商品であるタラを、ニューイングランドから輸入してきた。しかし、18世紀は、戦争が頻

80

発し、陸地から離れた海上では、海賊や私掠の被害を受ける可能性があった。特に、ニューイングランドはイギリス領であったから、政治的衝突により貿易が困難になることもありえた。

　タラは、アイルランドやノルウェーの近海でも漁獲することができた。実際、ビルバオ港では、アイルランドからの輸入も少ないながらも行われていた。わざわざ、イギリス領であったニューイングランドを取引相手として選んだ理由は何か。さらに、北大西洋には、ニューファンドランド島という、最もよく知られたタラの漁場がある。なぜ、ニューファンドランドではなかったのか。本節では、ニューイングランドとニューファンドランドの比較を行い、ニューイングランドとビルバオの貿易が行われた理由を、ビルバオとニューイングランド双方の史料から分析する。

（1）漁業史におけるニューファンドランドの重要性

　1580 年代からタラ漁で繁栄し、「タラの島 Isla de los bacallaos」と呼ばれたニューファンドランドには、様々な地域の漁師たちが魚を求めてやってきていた。しかし、ニューファンドランドは寒冷な気候のために、冬のあいだ居住することが難しかった。そのため、主な産業は春から秋にかけて滞在して行う季節性漁業であった。季節性漁業はドライ漁業とも呼ばれ、アヴァロン半島 Avalon Peninsula の海岸で魚の日干しを行う方法を採っており、特にイギリス人によって行われていた。一方で、フランス人やバスク人は一年を通してウェット漁業と呼ばれる、船上で漁獲を塩漬け加工する方法を用いた。[22] 元来フランス人の漁場であったニューファンドランド南方のグランド・バンク Grand Banks と呼ばれる海域では、グリーン・フィッシュという、塩漬け用に適したサイズの大きなタラが漁獲されていた。

　しかし、ビルバオ港では、表 3-3 のように、ニューイングランドからの輸入の方が、圧倒的に多かった。それでは、なぜ対ニューイングランド貿易が大きく伸びたのか。その理由として、二つの要因を挙げることができる。

　第一に、ニューイングランドからの船がビルバオ港に到着する時期である。[23] 季節性漁業が主要産業であるニューファンドランドでは、6 月と 7 月のみが漁に出ることのできる時期であった。[24] この時期に獲られた魚は、秋にビルバオへ送られてきていた。タラを積んだ船がビルバオに到着する時期について、グラフェはニューイングランドからの船が四旬節前に到着していたと述べる。[25] ライ

表 3-3　ビルバオ港におけるアメリカ各地からの
　　　　タラ輸入量

港	総量（キンタール）
セイラム	605,793
マーブルヘッド	361,278
グロスター	50,522
ボストン	60,021
ビバリー	14,200
ニューファンドランドとカナダ	67,102
その他（マサチューセッツ）	11,556
アメリカのその他の地域	1,078
不明	22,300

出典：AHFB, *Libro borrador de las cuentas del derecho de avería, del siete de enero de 1765 al cuatro del mismo mes de 1766 - Libro borrador de las cuentas del derecho de avería del año 1783* より筆者作成。

ドンもニューイングランドではニューファンドランドよりも一年の間に漁業ができる月が多く、ビルバオへと向かう船が、5 月から 8 月と 11 月にセイラムを出発したと述べている[26]。ニューイングランドからビルバオへは、約 4 週間から 6 週間で到着するため、6 月から 7 月、10 月、1 月から 2 月に、ニューイングランドからの船がビルバオへ到着している[27]。消費することのできる機会の多さと、需要が高まる時期に供給可能であることが、ニューイングランドが選ばれた要因の一つになったといえよう。

　第二に、魚の大きさと質である[28]。魚の大きさは、ニューファンドランド、グランド・バンク、ニューイングランドと南下するほど大きくなる[29]。

　質に関して、ニューファンドランドのタラは、南スペインで好まれていたことから消費量が多かったものの、北部では好まれなかった。なぜなら、ニューファンドランドのタラは、他の地域のタラと保存方法が異なっていたことで水分を多く含んでおり、他のタラとは異なる種類のものとして考えられていたからである。また、バスクでは、ニューイングランドのタラが最もよく売れ、次にニューファンドランド、ノルウェー、スコットランドという順番で、好まれていた。フランス＝バスクからくるタラは好まれず、価値がなかった[30]。

　つまり、ビルバオにおいてニューイングランドからのタラ輸入が選ばれたのは、ニューイングランドで漁獲されたタラが到着する時期が、スペインの消費者が最もタラを必要とする時期と合致していたこと、また、バスクと、その後

背地における消費者の嗜好とタラの質が合致していたことにある。

　このために、大西洋世界を巻き込んだ七年戦争の間にも、ニューイングランド諸港とビルバオの貿易は、止まることはなかった。ただし、1762 年にのみ、ニューイングランドからのタラ輸入は停止した。これを代替したのは、リスボンであった[31]。しかし、1763 年以降は、ニューイングランドからのタラ輸入が、逆転するかたちで増加した。つまり、戦争は、貿易関係を完全に断絶することはなかったといえよう。

　以上みてきたのは、ビルバオ側の史料から判明する要因であるが、輸出元であるニューイングランドからみても、ビルバオとの貿易にはメリットがあった。どのようなメリットがあったのかを、次節にて検討する。

（2）ニューイングランド側の要因

　まず、イギリス本国との貿易について検討する。ニューイングランドの貿易は、植民地であるにもかかわらず本国であるイギリスとの貿易が少ない傾向にある。この傾向は、本国との取引を主な貿易活動としていたボストンやヴァージニアのような港とは異なる[32]。表 3-4 に示したように、1756 年から 1765 年の間にイギリスの港と取引を行ったのは、輸入 6 回、輸出 8 回のみであり、西インドや他のアメリカの港との貿易と比べて圧倒的に少ない。これは、ニューイングランドには本国に対し優位に立てる商品がなかったためである[33]。イギリスは、ニューイングランドが生産する魚や木材といった商品を、自分たちやバルト海貿易で獲得できた[34]。このため、北部海岸商人は、自分たちの商品の輸出先を見つける必要があった。

表 3-4　セイラム・マーブルヘッドとイギリスの取引
回数　1756-1765 年

輸入	回数	輸出	回数
リヴァプール	1	リヴァプール	2
カークウォール	1	コーク	1
ブリストル	1	ブリストル	2
コーク	1	ロンドン	3
ファルマス	1		
ニューキャッスル	1		
合計	6	合計	8

出典：MHS, *Naval Office Shipping List, 1756-1765.*

第3章 ビルバオ港のヨーロッパ貿易とアメリカ貿易 *83*

表3-5 ニューイングランドにおける
輸出先の記録 1756-1765年

輸出先	回数
西インド諸島	307
ヴァージニア	217
バルバドス	158
メリーランド	153
リスボン	120
ハリファックス	97
ビルバオ	70
ノースカロライナ	66
サウスカロライナ	64
フィラデルフィア	63
ジャマイカ	31
カディス	21
ポルト	4
ア・コルーニャ	4
アリカンテ	1

出典：MHS, *Naval Office Shipping List,
1756-1765.*

表3-6 ニューイングランドにおける
輸入の記録 1756-1765年

輸入元	回数
セント・マーチン	228
メリーランド	226
ヴァージニア	149
リスボン	146
カディス	95
ジャマイカ	81
フィラデルフィア	55
サウスカロライナ	55
ハリファックス	51
グランテール	51
バルバドス	49
ノースカロライナ	49
ニューファンドランド	15
ビルバオ	10
ポルト	8

出典：MHS, *Naval Office Shipping List, 1756-
1765.*

　では、ニューイングランドの人々は、どこへ輸出をしていたのか。**表3-5**と**表3-6**に示したように、ニューイングランドの人々の主要な商業活動は、国内移出入を除いて、西インド諸島とイベリア半島のリスボン、ビルバオ、カディスが主たる貿易相手であった。また、輸出においては西インド諸島とスペイン・ポルトガルの港が、輸入においてはセント・マーチンとリスボンとの取引が多いことがわかる。[35)]

　まず輸出について述べる。ニューイングランドの港からは、漁獲した魚のなかでも最下層の質のものが、奴隷の食糧としてセント・マーチンをはじめ西インド諸島に輸出されていた。くわえて、タラがビルバオへ輸出されていたことは、これまでに述べてきた通りである。スペイン南部の港であるカディスやポルトガルのリスボンも、ビルバオ同様、宗教的要因から魚に対する需要が高い。そのため、ニューイングランドの魚がイベリア半島の港へ輸出された。つまり、魚への需要が高い市場の港へ輸出することで、富を獲得することができたのである。

　しかし、海を横断して魚を輸出するために必要なものがある。それが、塩である。**表3-6**に示したニューイングランドにおける輸入の記録では、とりわけ

セント・マーチンとリスボンからの輸入が多いことがわかる。セント・マーチンとリスボンの主要産品は、どちらも塩である。塩は、タラをはじめとした魚の加工や保存に必須であったが、寒冷なニューイングランドでは塩を大量に生産することができない。つまり、図 3-1 にあるように、西インド諸島やイベリア半島へ輸出するタラの加工に必要な塩は、ヨーロッパ最大の塩田セトゥーバル Setúbal の近郊にある港のリスボンから輸入するほかなかったのである。

ほか、カリブ海のセント・マーチン島からも、塩を輸入していた。セント・マーチンからは、塩以外にラム酒の原料となる糖蜜（モラセス）、砂糖が、ニューイングランドに送られてきた。糖蜜を加工したラム酒や砂糖は、タラと一緒にニューイングランドからビルバオへと送られてくることもあった。

つまり、ニューイングランドの人々にとって、習慣として魚を必要とするスペインは格好の輸出先であった。彼らは、イギリスとの貿易では利益を獲得することができないため、魚の加工に必要な塩を西インド諸島やポルトガル諸港から輸入し、スペイン市場に魚を売ることが、利益を獲得するために必要だったのである。

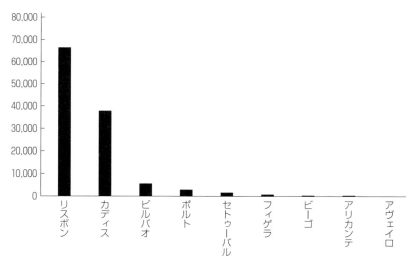

図 3-1　セイラム・マーブルヘッドにおける南欧からの塩輸入　1756-1765 年
（単位：ファネガ）
出典：MHS, *Naval Office Shipping List, 1756-1765*.

(3) ビルバオとカディスの比較

　それでは、なぜ、ニューイングランド船は、ビルバオとの貿易が比較的多く、南部のカディスに魚を輸送することが少なかったのか。カディスに向かえば、魚と塩を直接交換でき、さらには、塩田があるセトゥーバルや同じく魚を消費するリスボンにも比較的近距離で行くことが可能である。なぜ、大西洋沿岸のビルバオへの輸出を選び続けたのか。

　その理由は、ビルバオという港の後背地にある市場の魅力と、港における課税率の低さにあったと考えられる。既に述べたとおり、ビルバオは、中世より行ってきた羊毛取引によって、既に首都への商取引ルートが確立していたという点で、他の港より有利な立場にあった。さらに、ビルバオでは王国による課税がなされず、スペインの中でも関税率の低い港であった[36]。1717年の税関移転騒動を経てもなお、中央集権化の影響が少なく、独自の税制や税関システムを保持していたことが、有利に働いたのである。

　また、船舶と港湾の問題も考えられる。図3-2と図3-3に示したように、北米とスペインの間の大西洋横断航路には、シップShip、スノーSnow、ブリガンティンBrigantine、スクーナーSchooner、スループSloopといった種別の船が使用されていた。このうち、シップやスノーは100トン超級の船であるが、ブリガンティンやスクーナー、スループは、より小さく40トンから70トン級

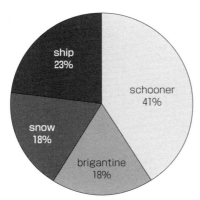

図3-2　ビルバオとの取引に使われた船舶の種類
出典：MHS, *Naval Office Shipping List, 1756-1765.*

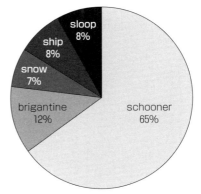

図3-3　カディスとの取引に使われた船舶の種類
出典：MHS, *Naval Office Shipping List, 1756-1765.*

の船になる。セイラム・マーブルヘッドから、ビルバオとカディスそれぞれに向かった船の種別を見てみると、ビルバオへと向かった船はシップやスノーのような大型船が多く、カディスへと向かった船はより小さなスクーナーが多くを占めていた。つまり、大西洋に面したビルバオへは大型船が、地中海と大西洋の要所であったカディスへは比較的小型船が使われていういう点で、この二つの港には違いがある。

（4）信用と宗教

　これまでは、貿易が成立した理由を、食糧貿易という重要性と経済的合理性から検討した。けれども、ニューイングランドのなかでも、なぜ特にセイラムとマーブルヘッドが対ビルバオ貿易の拠点になったのかは判然としなかった。その理由の一つに考えられうるものとして、信用と宗教がある。

　エセックス郡のセイラムとマーブルヘッドの商人層は、17世紀後半にチャンネル諸島とウェスト・カントリーから移民した人々が多かった[37]。たとえば、ガルドキ家のセイラムにおける取引相手はジョージ・カボット George Cabot、マーブルヘッドにおける主要取引相手はジェレマイア・リー Jeremiah Lee やフーパー家 Hoopers であったが[38]、特にカボット家はジャージー島からの移民であった。つまり、かねてから繋がりのあった地域出身の商人との取引が、場所をかえて継続したのである。

　また、ビルバオ商人のなかには幼少期にロンドンをはじめとしたイングランドの商家で商人教育を受けた者もいた。それが、ガルドキ家であった。つまり、英語を理解し言語の障壁がなかったことは、商取引を円滑にしたといえよう。

　宗教という点からみても、イギリスとフランスの間に位置するチャンネル諸島には、カトリック教徒が多く存在する。このことから、チャンネル諸島にルーツを持つセイラムやマーブルヘッドの人々が、カトリックの習慣や風習を理解していたであろうことも、商取引を容易に行うことのできる要因であったと考えることができる。

小　　　括

　本章では、ビルバオ港にとって重要であった、ロンドンとニューイングランドとの貿易の変遷と重要性について、ビルバオとマサチューセッツの史料に依

拠しながら検討することを試みた。

　ビルバオはロンドンの関わりが深く、その関係から、英領北アメリカも含めた貿易が行われていた。18 世紀に入り、ロンドンとの関係が悪化すると、ビルバオと英領アメリカの二つの港、つまり、セイラムとマーブルヘッドとの貿易が盛んになった。一方で、ロンドンではなく、リスボンが重要なプレーヤーとして登場し、魚の加工に必要な塩取引を行っていた。

　本章で検討した、ビルバオとニューイングランド諸港との貿易の重要性は、生活に必須の食糧貿易であったという点にある。つまり、経済変動が起きようとも消費者にとっては必要な物資であり、戦争のインパクトがあろうとも、生産地との取引関係は継続されたのである。

　とりわけタラは、栄養価が高く、イベリア半島の消費者に好まれており、タラの販売は必ず利益が獲得できるものであった。18 世紀のあいだ、スペインでは人口が増加しており、人口の増加は食糧への需要を喚起した。では、なぜニューイングランドのタラが輸入されていたかというと、それは季節性と質によるものであった。つまり、ニューファンドランドよりもニューイングランドのタラが選好されたため、ニューイングランドからのタラ輸入が継続したのである。

　また、生産者であるニューイングランド側からみても、ビルバオとのタラ貿易は重要であった。第一に、ニューイングランドでは、イギリス本国との貿易において優位なコモディティがなかったために、他に市場を見つける必要があった。イベリア半島、特にスペインでは、魚に対する需要があった。とりわけビルバオは、独自の関税システムを維持していたために低関税であったから、ビルバオを 18 世紀以降も取引相手港として選ぶ条件として有利であった。また、羊毛取引による国内の運搬ルートが確立されており、ビスカヤに独自の道路が建設されていたことは、後背地市場へのアクセシビリティの高さでもあった。

　つまり、本章で検討した貿易は、ビルバオとニューイングランド相互に必須かつ必要な経済活動であったために、七年戦争期においても継続したのである。それでは、七年戦争後、つまりアメリカ独立戦争に向かって動き出した大西洋において、この貿易は、どうなったのであろうか。これについては、次章において検討する。

注

1 ）立石博高「18 世紀のスペインの移動牧畜業」『人文学報』、167 号、1984 年、205 頁。

2 ）イギリスと同様、フランドルはヨーロッパにおける毛織物の一大生産地であった。グラフェによれば、バスクやカスティーリャの商人たちは、アントワープやブリュージュにコミュニティを形成して居住していたものの、ネーデルラント継承戦争の初期に送還された。一部の商人は、フランスのルーアンに移り住んだものの、フランドルとのネットワークが断絶してしまったのである。フランドルからの追放は、北欧市場とのネットワークがなくなってしまったことを意味していた。しかし、ラミキスは、ビルバオ商人がイギリスとの関係を構築したのは、フランドルや北欧市場との関係の損壊を補填するためだったのであり、グラフェの見解は複雑かつ多様な原因によって生じる事柄を簡略化して理解しているのではないかと述べている。Grafe, *Distant Tyranny*, pp. 57-69; Lamikiz, "Comercio internacional", pp. 290-291.

3 ）現在の地域区分に当てはめると、おおよそサウス・ウェスト・イングランドと同じ地域である。つまり、サマセット、ブリストル、グロスタシャー、ウィルトシャー、ドーセット、デヴォン、コーンウォルにあたる。グロスター、エクセター、ブリストル、プリマスといった大規模な港湾都市を抱える地域である。

4 ）Lamikiz, "Comercio internacional", pp. 290-291.

5 ）佐藤「毛織物工業における〈国際的契機〉に関する一考察」、60-66 頁。

6 ）当時、イングランドでのタラ消費量は、それほど多くはなかった。むしろ、カトリック文化の根付いたスペイン市場で、莫大な需要が存在した。

7 ）グラフェによれば、スペイン市場で販売されたタラの価格は安く、1650 年から 1670 年の間にタラが独立して利益を生むようになった。当初、タラはロスリーダーとして用いられた商品であった。つまり、原料羊毛を輸出するスペインと貿易をするために、イギリスは地金を払うか、為替手形を発行するしかなかった。地金が恒常的に不足していたイギリスでは、いずれの選択肢も選ぶことができなかったのである。スペインにおいて需要の高いタラを、安価であったとしても北アメリカから運ぶことだけが、スペイン産の羊毛の獲得を可能にしていた。Grafe, *Distant Tyranny*, pp. 57-69.

8 ）Grafe, *Distant Tyranny*, pp. 57-69.

9 ）ヤン・ド・フリース、A. ファン・デァ・ワウデ（大西吉之・杉浦美樹訳）『最初の近代経済　オランダ経済の成功・失敗と持続力　1500-1815』名古屋大学出版会、2009 年、399-402 頁。

10）海岸沿いに位置しているエセックス郡のコミュニティは、いずれも海洋での活動によって繁栄した。マーブルヘッドやグロスターは、はじめ大規模な漁船団によって繁栄した。一方で、ウォルドボロ Waldoboro やバス Bath のようなメイン湾 Gulf of Maine の港は、造船業で栄えた。メイン湾は、ニューイングランド人の漁場であった。セイラムは、はじめは東インド貿易で、後に東アフリカとの貿易によって繁栄したとされるが、それはアメリカ合衆国建国後のことであった。Benjamin W. Labaree,

第 3 章　ビルバオ港のヨーロッパ貿易とアメリカ貿易　　*89*

"The Making of an Empire: Boston and Essex County, 1790-1850", in Cornad Edick Wright and Katheryn P. Viens (eds.), *Entrepreneurs: The Boston Business Community, 1700-1850*, Boston: Massachusetts Historical Society, 2005, p. 345.

11) この地域はタラやサーモン、イワシといった魚の供給地であるだけでなく、西インド諸島との貿易拠点であった。タラの供給が経済発展の原動力となったという評価は、ニューイングランドにおいて、あまり好まれてこなかった。同じくカナダやニューファンドランドにおいても、ビーバーが統合の象徴である一方で、タラはカナダを大西洋側と太平洋側に分離させた商品としてみなされてきた。Harold Innis, *The Cod Fisheries: The History of an International Economy*, Toronto and Buffalo: University of Toronto Press, 1978, pp. 1-2. このことから、ニューイングランドにおけるタラの研究は、ハロルド・イニスによるような主要なステイプルを生み出す漁業としての側面でしかなされてこなった。また、アメリカ史の文脈でタラ貿易を研究したライドンは、ビルバオとニューイングランドの貿易が七年戦争期に途絶えたことを強調している。Lydon, *Fish and Flour for Gold*, p. 95. 史料が示すように、確かに七年戦争は 1762 年においてガルドキ家とニューイングランドの北大西洋横断貿易を脅かすものとなった。しかし、戦争の打撃は 1762 年に限ったものであった。七年戦争中においても貿易は続けられ、さらに戦争後の貿易量は戦争前と比べて増加したのである。このことは、長期的に見れば、七年戦争が貿易に負の影響をもたらさなかったことを明らかにしている。

12) Mark Kurlansky, *Cod; A Biography of the Fish that Changed the World*, London: Penguin Books, 1998, pp. 78-79.

13) Labaree, "The making of an Empire", p. 344.

14) Labaree, "The making of an Empire", pp. 344-345.

15) Labaree, "The making of an Empire", p. 345.

16) Gerónimo de Uztáriz, *Theorica y practica de comercio y de marina*, Madrid: S. N., 1742, pp. 271-273.

17) Luis Coronas Tejada, "El abastecimiento de pescado en el Jaen del siglo XVII", *Chronica Nova*, 17, 1989, pp. 40-41. グラフェは、スペイン国内におけるタラの消費量について、推測的ではあるものの計算をしている。グラフェは、消費について着目する歴史家が、慈善団体という小さすぎる対象に着目しがちであることを批判しているものの、ガリシアの修道院や病院では、その団体が貧しいほど一人あたりのタラ消費量が上昇し、豊かであるほど消費量が少なかったことを述べている。つまり、同じカトリック教徒であっても、貧しい団体ほど、四旬節や肉食を禁じるべき日以外にもタラを食していたのである。この点において、グラフェは、宗教的要因ではなく、タラの価格と消費者の購買力に、タラの消費量が左右されていたことを指摘している。Grafe, *Distant Tyranny*, pp. 73-78.

18) Esteban de Terreros y Pando, *Diccionario Castellano con las voces de ciencias y*

artes y sus correspondientes en las tres lenguas Francesa, Latina e Italiana, Madrid: La imprenta de la Viuda de Ibarra, Hijos y Compañia, 1786, p. 2.

19) Grafe, *Distant Tyranny*, p. 70.

20) Antonio Eiras Roel, "Problemas demograficos del siglo XVIII Español", en Gonzalo Anes Alvarez (ed.), *España a finales del siglo XVIII*, Tarragona: Hemeroteca de Tarragona, 1982, p. 13. この点について立石は、18世紀に行われたカンポフロリード世帯数調査、エンセナーダ人口調査、アランダ人口調査、フロリダブランカ人口調査、ゴドイ人口調査を再検討し、18世紀の人口増加率は年平均3.1パーセントミルであったとするエイラス・ロエルの推計こそが信憑性の高いものだとしている。立石、「18世紀のスペインの移動牧畜業」、198-201頁。

21) ルエダは、ビルバオからスペイン国内へ輸入されたタラの量は、イベリア半島における消費量の40パーセントから60パーセントを占めていたとする。グラフェは、1785年のデータではあるが、スペインでのタラ輸入量3万2,000トンのうち、ビルバオが7,987トンのタラを輸入したとしている。ルエダもグラフェも、ビルバオのタラ輸入量が、スペインで最も多かったと主張している。Rueda, *La compania comercial*, p. 43; Grafe, *Distant Tyranny*, p. 67.

22) 坂本「海と経済」金澤編『海のイギリス史』、80-81頁。

23) ニューイングランドから、ビルバオの外港であるポルトゥガレーテへは、約4週間から8週間かかった。Basurto Larrañaga, *Comercio y burguesía mercantil de Bilbao*, p. 22; Lydon, *Fish and Flour for Gold*, p. 95; John Adams from William Jackson, 12 November 1781 (Adams Papers).

24) 漁を行う期間は、一年のうち、ニューファンドランド北東では142日、ラブラドル南方では87日、ラブラドル北方では52日であった。つまり、南方に行くほど漁に出ることができる日は増加する。Innis, *The Cod Fisheries*, pp. 5-10.

25) Grafe, *Distant Tyranny*, pp. 69-71.

26) Lydon, *Fish and Flour for Gold*, p. 95.

27) AHFB, *Libro borrador de las cuentas del derecho de avería, del siete de enero de 1765 al cuatro del mismo mes de 1766 - Libro borrador de las cuentas del derecho de avería del año 1783*.

28) タラの主な漁獲地は寒冷地である。当時のタラとは、日干しのもの、塩漬けのもの、日干しと塩漬けの両方がなされたもの、全てを含む。Santiago Piquero and Ernest López, "New Evidence for the Price of Cod in Spain: The Basque Country, 1560-1900", in David J. Starkey and James E. Candow (eds.), *The North Atlantic Fisheries: Supply, Marketing and Consumption, 1560-1990*, Hull: North Atlantic Fisheries Association, Maritime Historical Studies Centre, University of Hull, 2006, pp. 195-211.

29) さらに、ニューイングランドの漁師や商人たちは、水揚げされた魚を大きさと質から

三つに選別していた。まず、売り物にならない小さい魚 Trash Fish は、北アメリカ市場に売られた。次に、より売れ行きの悪い魚または小さいタラ Lesser Merchantable / Smaller cod は、ジャマイカ Jamaica などのカリブ海諸島あるいはポルトガル領大西洋諸島へ売られた。最後に、商品価値のある魚 Merchantable Fish のみがスペインとポルトガルへ売られていた。この選別に関して、具体的な大きさは提示されない。Lydon, *Fish and Flour for Gold*, p. 65.

30）TNA, *Report on Trade and Commerce of Bilbao for the Year 1794, Diplomatic and Consular reports on Trade and Finance*; Piquero and López, "New Evidence for the Price of Cod in Spain", pp. 195-211.

31）AHFB, *Libro borrador de las cuentas del derecho de averia, del. Libro borrador de haberes de las cuentas del derecho de averia, del ocho de enero al treinta y uno de diciembre de 1762 al seis del mismo mes de 1765.*

32）たとえば、ボストンは、イギリスや西インドとのネットワークの中にあった。笠井俊和『船乗りがつなぐ大西洋世界——英領植民地ボストンの船員と貿易の社会史——』晃洋書房、2017年。

33）川北稔『工業化の歴史的前提』岩波書店、1985年、203頁。

34）イギリスの北欧・バルト海貿易は、現地の政情不安とオランダ海運業の圧倒的な優越の前に危機に瀕することがあり、このために海軍造船資材法（1704年）が発布された。川北『工業化の歴史的前提』、203-205頁。確かに18世紀中葉にかけてニューイングランドからイギリスへの輸出は増加したものの、イギリスの北欧・バルト海貿易は継続しており、物資の代替が可能であった。

35）1764年の砂糖法成立により、ニューイングランドの漁師や商人は、フランス領カリブ諸島に魚を送り、反対に砂糖を輸入する貿易を行うことができなくなった。Grafe, *Distant Tyranny*, pp. 65-66.

36）Grafe, *Distant Tyranny*, p. 153.

37）Marcha L. Hamilton, *Social and Economic Networks in Early Massachusetts: Atlantic Connections*, Pennsylvania: Pennsylvania State University Press, 2009, pp. 1-13.

38）ロバート・フーパー Robert Hooper やアイザック・スミス Isaac Smith は、セイラムのみに留まるのではなく、マーブルヘッド、ビバリーといった北部海岸の様々な港からビルバオに向けて出航する船の船主を務めた。MHS, *Naval Office Shipping List, 1756-1765.*

補論 1
バスクと漁業

は じ め に

歴史学における漁業史研究の多くは、日本近海を対象として蓄積がなされてきた。たとえば、地域産業の発展過程としての水産業や民俗学[1]、俵物貿易[2]に関する研究のように、列挙にはいとまがない。いわゆる東洋史分野においては、海域アジア史における流通の視点から、ナマコや竜涎香[3]のような商品[4]が着目されてきた。最新の研究では、経済史や交流史の分野ではなく、日本史研究との接続も含め、「領海主権」「海洋権益（漁業資源）」「海洋社会」の視点から検討する海洋史研究が行われはじめている[5]。

一方、西洋史分野では、漁業史は、それほど注目されているとはいえない。たとえば、坂本は、近世ヨーロッパにおける漁業とは、国家により戦略的な重要性を認められ、国家が積極的に関与した重要な産業であったとしている[6]。とりわけ、イギリスの漁業政策は、漁業大国であったオランダに対抗し国富を蓄積することと、対フランス戦争のための海軍船員養成政策が目的であった[7]。ほかにもスウェーデンを対象に、漁業史や環境史に関する先駆的研究を多く行っている齊藤は、スウェーデン議会による、捕鯨や真珠、ニシンにかんする漁業政策と、港や水域の環境の管理について明らかにしている[8]。

このように、漁業は国家戦略の観点から重要であり、時には外交問題や海洋の権利問題をも孕む産業として存続してきた。本補論で試みるのは、これまで研究が蓄積されてきた国家と海洋政策というよりも、実際に海辺に暮らし、漁業を行ったバスクの民衆の側から見た、漁業の盛衰の影響とバスク経済の関わりである。

本書において見てきたように、バスクの貿易における主要取引商品は、タラであった。スペイン市場におけるタラの重要性は、既に第3章で述べた通りであるが、バスク人達が自ら漁業をすることはなかったのだろうか。実際、バス

94

クのうちでも海に面した地域では、急峻な山岳地帯があるために、生業として海に進出するほかなかったことから、漁業が栄えた。さらに、本補論でも触れるように、バスク漁業は地域産業であっただけでなく、国家が利用する対象でもあった。この点において、漁業への国家の関与を無視することはできないが、ここでは、あくまで、「漁業をする民衆」に目を向けてみたい。

1 スペインにおける漁業史研究

現代においても、スペインは漁業大国であり、2021 年の漁獲量は、108 万8,454 トンであった[9]。この数字は、EU 圏において、ノルウェーに次ぐ漁獲量を誇る。スペインの漁業は現代になって栄えたわけではない。歴史的にみても、海に囲まれたスペインでは、沿岸部において魚の漁獲量と消費量が多かった。つまり、漁業は主要産業であった。けれども、スペイン経済史研究の主要な関心は、穀物貿易や帝国貿易と植民地統治、国内における産業振興にあったといえよう。漁業史は、あくまで地域史（一つの港／一つの地域）の範疇で語られてきた。たとえば、ガリシアにおける漁業、アンダルシーアのマグロ漁業、1540年頃には衰退を始めた北アフリカ漁業、また、カタルーニャのイワシ漁も、各地域の産業構造を検討するために研究されているといっても過言ではない。

本書が着目しており、かつ、漁業で栄えたはずのバスクには、数量的記録が残されていないために、バスクの史料を使用して漁業史を語ることは難しいとされる[10]。しかし、独自の自治権を持つバスクにおいては、漁業は国家の管理ではなく、兄弟団から派生した漁業ギルド（兄弟団と同じく、コフラディーア cofradiaとよばれる）による資源管理、統制、販売がなされていた[11]。史料の残存状況のためか、バスクの漁業活動に関する研究の多くは、16 世紀のニューファンドランドについてのものである[12]。または、中世初期にはニューファンドランドや北極圏に赴き、漁業をしていたバスク人の活動を、スペインの世界進出の先駆けとして語るような研究もある[13]。バスク人が、帝国拡大の先鋒を担った考えを否定することはしないが、いささかナショナリズム的な見方である。

本補論の関心は、むしろ、環境との関わりからバスク漁業史を理解することにある。水産資源という、ブローデルが着目したような人間には如何ともしがたい長期的な環境の変化が、バスク経済に、いかなる影響を与え、人々は、どのように経済活動を変化させねばならなかったのかを検討する。

2　バスクにとっての漁業

　バスクの人々が漁業をせざるを得なかったのは、土地条件による。海に面し、かつ後背地に急峻な山脈がひかえるバスクでは、水産物からエネルギーを取得するほかなかったのである。また、カトリックであるスペインにおいて、水産物は必須の食料であった。バスクの漁業は、本来、沿岸漁業が主であった。漁港のある町では、漁業ギルドによる漁獲物の統制が行われていた。漁業ギルドによって、地元の漁師の販売を優先する規定が定められていたのである。たとえば、1598 年に定められたビスカヤの漁港・ムトゥリクの漁業ギルドの規定では、「ムトゥリクの漁業ギルドに属する者は、港に水揚げした魚を、《それを家計のためや、友人や親族に贈るために》、住民に売るよう命じる。」とされている。[14] 水揚げされる魚は様々であるが、マグロやタイは、漁業ギルドが町で開く競売において売却されていた。特に、魚を内陸部に運ぶために競売に参加する商人に高値で売り捌いていたのである。

3　水産資源の変動

（1）水産資源の変動に対する認識

　現代では、ビスケー湾の生態環境が独特であることは、よく知られている。ルシタニア・エコリージョン Lusitanian ecoregion と呼ばれる海洋生態地域にあたり、南ヨーロッパ大西洋棚 South European Atlantic Shelf の一部を構成するビスケー湾は、強風と北西風が吹き、潮の満ち引きの差が大きいことが特徴である。水温は、北大西洋の冷たい水と、熱帯の温水が混ざり合い、中間の温度になっている。さらに、ビスケー湾には、三つの海流が流れ込んでいる。暖流であるメキシコ湾流、北大西洋環流、反時計回りにビスケー湾を北上するレンネル海流である。[15] この気候・海流条件が、ビスケー湾沿岸の気候の激しさと、水産生物の豊穣さをもたらすのである。

　ここで、水産資源の変動について歴史的に検討していく。水産資源の変動は、現代であれば科学的に解明することができるが、近世のヨーロッパでは難しい。しかし、科学的技術が発達する以前の漁師たちも、経験から、水産資源が変動することを理解していた。19 世紀の記述ではあるものの、オンダロアとレケ

イティオの漁業ギルドでは、「アンチョアは網で漁獲する。それは６月と７月に少なくなる。マグロは夏の魚で、釣り針で獲る。ベルデル（サバ）は針か網で獲る。メルルーサは一年中獲れるが、特に冬と春に釣り針で獲る。イワシも一年中獲れるが、この魚は、餌を付けた網、または餌を付けていない網で獲る。」と書かれたものが残っている[16]。

　また、ロペス・ロサによれば、近世のバスクの漁師たちは、シーズンによって異なる魚が到来すること、つまり魚群の季節性を認知していたという[17]。春には、メルルーサとタイが収穫時期を迎え、夏にはマグロ、ボニート（カツオ）、アナゴが旬になる。秋も引き続き、マグロやアナゴの季節である。冬には、メルルーサ、タイ、イワシの漁獲シーズンとなる。また、アンチョア、チチャロ（アジ）、ベルデル（サバ）の産卵が春にあり、秋以降に漁獲できるようになる。このうち、タイ、カツオ、メルルーサといった比較的水深の深いところにいる魚が、バスクの漁師には重要であった。なぜなら、イワシやアンチョアは、ビスケー湾沿岸であれば、どこでも簡単に漁獲できたため、内陸市場においてガリシアで漁獲されたものと競合したからである。さらには、比較的保存の効く魚でなければ、内陸市場に運搬することもままならなかった。

　このように、近世のバスクの漁師たちは、漁獲できる魚が変化すること、つまり、季節的要因によって資源が変動することを理解していた。この事実は、漁獲できる魚が変化する理由を乱獲のせいと見做してきた古い研究ではなく、いわゆるレジーム・シフト論[18]が、すでに近世バスクにおいて理解されていたといえよう。

（2）バスクの漁業は衰退したのか？

　以上見てきたように、スペイン国内における水産物への需要と後背地市場の形成とともに、バスクの漁業は長らく発展してきた。特に、15世紀の人口増加は魚への需要増加と漁業の活性化をもたらした。けれども、17世紀になると、バスクの漁業は一時的に衰退の時期を迎える。それは、なぜだろうか。

　考えられうる理由の一つに、「17世紀の危機」の発生とバスク沿岸部への影響がある。モンテロによれば、グローバルな経済危機として考えられている「17世紀の危機」下において、バスク農村部は、比較的損害を受けずに済んだ[19]。一方で、貿易や漁業を生業とする沿岸部は危機に陥ったため、漁業をやめ、農村部で農業を行うものが増えたのである。

第二の理由には、三十年戦争からスペイン王位継承戦争の時期にかけて、戦争によって沿岸部の治安が悪化したことが考えられる。1561 年頃から、ビスケー湾沿岸にはポルトガル海賊が出現し、スペイン船舶は狙われる対象となった。1575 年からはイギリスとの貿易が停止し、1589 年にはユトレヒト同盟との貿易停止、1635 年からはフランスとの関係が悪化した。フランスとの関係悪化に伴って、後述するようにニューファンドランドでタラ漁をしていたバスク船サン・ニコラス号が、1575 年にフランス人とルーテル教徒に拿捕される事件も発生した[20]。しかし、そのような状況下でも、ギプスコアとビスカヤの人間は、フランスの港や船で働いていたようで、同じバスクの漁村・オリオが、1584 年にギプスコアとビスカヤを糾弾している[21]。けれども、1713 年のユトレヒト条約によって、ニューファンドランドがイギリスの支配下に入ると、バスク人は、漁場を失い、損失した利益や経済活動を、どうにか補填せざるを得なくなったのである。

つまり、バスクの沿岸漁業は、資源変動にも対応しつつ、幾多の魚を漁獲し、消費や後背地への販売によって経済活動を行っていた。しかし、戦争による海洋の治安悪化は、バスク人の産業を停滞させるにいたったのである。

4　捕　　鯨

本節では、漁業と同じようにバスクで繁栄した捕鯨業について検討していく。これまで見てきたバスクの漁業は、9 世紀から 10 世紀頃より、捕鯨業とともに栄えた。たとえば、鯨にかんする最も古い記録は 670 年で、「ラプルディのバスク人が、ルーアンとル・アーヴルの間、セーヌ河岸にあるジュミエージュの修道院に、照明として用いる 40 モヨの鯨油を送った[22]」とある。また、9 世紀初頭には、ノルマン人との接触があり、ノルマン人の技術を導入した船舶バレニエール balenier が建造されるようになった。

12 世紀頃になると、カスティーリャ王国の北部への拡大が始まり、ナバーラ王国やバスクは、カスティーリャ国王との統治契約を結ぶようになった。この頃から、スペイン北部各地の町では、カスティーリャ国王から、捕鯨特権が保障されはじめた。たとえば、1255 年のゲタリアのフエロスでは、「捕鯨の季節の最初の鯨は王のものである。代わりに、トレド、セビーリャ、ムルシアを除くレオン・カスティーリャ王国の通行税を免除する[23]」と定められており、捕

鯨権が、フエロスとして付与されていたのである。

　バスクにおける捕鯨の季節は、9月から3月であり、毎年鯨が現れる時期になると、従事者が組織される。従事者は、普段はイワシ漁を行い、鯨がいれば、港から見える範囲で捕鯨を行った。つまり、人々は、捕鯨を専門としていたのではなく、沿岸漁業の片手間に捕鯨が行われたのである。捕鯨の資金は、兄弟団を基盤とする漁業ギルドから捻出された。船舶は、船主が提供し、港町に住む民衆により漁団が組織された。捕鯨は、街全体で行う産業であったといえよう。

　しかし、バスクの捕鯨は、17世紀初頭までに衰退した[24]、あるいは、1720年以降に衰退したとされている[25]。その衰退の原因は、通説的には、セミクジラEubalaena glaciales / sarda の回遊ルートが変化したためとされている。はたして、原因は、それだけであろうか。鯨を追いかけ、ニューファンドランドや北極圏まで活動範囲を広げたバスク人が、回遊ルートの変化のみで、捕鯨を諦めるであろうか。また、捕鯨が衰退したからといって、それまで消費していたものを、消費者は簡単に代替できるのであろうか。次節からは、こうした疑問点を検討していきたい。

5　ビスケー湾における鯨の消滅は、何をもたらしたか

　本節では、ビスケー湾におけるセミクジラの減少がもたらした、バスク人の遠洋漁業の実態と、遠洋漁業の活性化がもたらした経済的帰結を検討する。

(1) 拡大するバスク人漁師の活動域

　バスク人漁師たちは、ビスケー湾沿岸における鯨の減少に対し、漁場を拡大することで対応した。それでは、鯨の回遊ルートの変化のために拡大した漁場には、誰が、どのようにして向かったのか。それは、船主や商人によって組織された大型船の漁団であった。これは、鯨の減少以前の捕鯨形態である、漁業ギルド支配のもと沿岸漁業と両立して行われていた捕鯨とは異なる。

　外洋へと進出することに決めたバスク人漁師たちは、まず、アイルランド、イングランド、カンタブリア海へと向かった。これは、前述の、ビスケー湾沿岸部における漁業の一時的衰退とも関係する。アイルランドとイングランド近海では6月から8月に、カンタブリア海では9月から10月に、漁業と捕鯨が

始まる。そこで、バスク人漁師たちは、メルルーサ、アナゴ、ニシン、イワシに加えて、鯨類の捕獲を行った。これらは、バスク沿岸漁業では賄うことができない、スペイン内陸市場の需要に応えることができる漁業であった。

　バスクの人々が、次に向かったのが、ニューファンドランドからグランド・バンクであった。バスクの漁師は、16世紀初頭にアメリカ大陸へと進出しクジラの南下を待った。記録に残る最も古いニューファンドランドへの渡航は、1549年4月22日であり、「バカラオと鯨」を獲るため、ギプスコアのオリオからニューファンドランドへ出航するサン・ニコラス号[26]の史料が残っている。

　彼らは、毎年夏になると、600人から900人のバスク人船員が200から700トンの船でニューファンドランド近海へ向けて移動した。アメリカに向かう1か月間以上前には、セトゥーバルをはじめとした、ヨーロッパの塩の産地に塩を獲得しに行った。その後、ベルアイル海峡で、6月から9月にシーズンを迎えるセミクジラと、10月から5月にシーズンを迎えるホッキョククジラ Balaena mysticetus の到来を待ち、漁獲を行った。セミクジラ漁のシーズン終盤である8月は鯨の到来が少ないので、タラを獲っていた。なかには、セミクジラのシーズンが終わる10月までに漁を終えてバスクに期間する者もいたが、大型船の容量を満たすために、ホッキョククジラを狙って越冬する者もいた。

（2）活動圏の拡大がバスク経済にもたらしたもの

　このような、漁業圏の拡大は、バスク経済を潤したのであろうか。結論からいえば、否である。なぜならば、バスク沿岸部における春と夏の漁業が打撃を受けたのである。セミクジラの捕鯨とタラ漁業に出かけた船は、8月下旬から9月下旬に帰還する。そうすれば、漁師は、11月から3月にかけてのバスク沿岸部における鯛漁には参加することができる。つまり、春〜夏にかけて大西洋の海上で過ごし、秋〜冬の時期のみバスク沿岸部で漁業をするという形態であった。

　しかし、これは、バスク沿岸部における春から夏の漁業、さらには夏の間に行われるカンタブリア海やアイルランドとイングランド近海での漁業が、機能不全に陥ることを意味する。つまり、漁業シーズンに漁師と船舶が不在になるという状態であった。

　くわえて、1560年以降、スペインによるバスク人漁師、船舶の徴発が増発した。サン・セバスティアンの公証人フアン・ペレス・デ・ガラノによれば、

「国境のこちら側、ギプスコアとビスカヤの港では、海には多くの船があり、商人たちの多くは航海する人を見つけることができていない。海では戦争が激しくなり、多くの商品が取られ、誰もそれらからの利益に期待したり、希望をもって海に出ようとしなかった。」と述べている。また、スマイアのベレシアルトゥとイニゴ・デ・アランサは、「このプロビンシアに課せられている多数の事柄のうち何よりも重要なのは、全ての船と艀にかけられている禁輸措置である。これは、テラノバやアンダルシーアへの航海を中断するものであり、もしすぐに解除されないのであれば、タラ漁業のための航海が失われたように、捕鯨も消滅してしまう。これは、20万ドゥカード以上の損害を与える。」と、徴発と戦争が、バスク沿岸部の漁業と捕鯨に多大な損害を与え、両産業から間接的に利益を獲得してきた王国全体にも経済的損害があることを提言している。

　バスクの捕鯨は1728年にほぼ終了した。バスク捕鯨は衰退し、技術と人員を提供するのみになった。当時、捕鯨を積極的に行いだしたイギリスとオランダは、バスク人漁師を雇用した。このため、捕鯨技術はバスク式をとっており、技術を伝える労働者としてバスク人が高給で雇われるようになったのである。

　つまり、鯨の回遊ルートの変化に伴うバスク人漁師の活動圏の拡大は、バスク沿岸部における漁業の崩壊を招いた。さらに、国家によるバスク人漁師、船乗り、船舶の徴発は、漁業の遂行を困難なものとした。くわえて、ビスケー湾や大西洋において短い周期で多発する戦争は、軍事行動による人口の減少と、海上活動におけるリスクの増大をもたらした。

　要するに、捕鯨においても、漁業においても、水資源環境の変化と戦争による新たな漁場へのアクセスの難しさが、産業の衰退をもたらしたのである。

6　18世紀、貿易への転換

　困難に直面した漁師たちは、イギリスやオランダ船に乗り込むことで、新たな道を探した。では、バスクの漁師たちから魚や鯨を供給されていた消費者たちは、どうしたのか。なんらかの新たな獲得方法を模索するほかなかったのではないか。地域経済は、産業の衰退に、どのように対応したのか。

（1）ギプスコアの場合

　バスクのうち、ギプスコアの人々は、ニューファンドランド漁場の喪失に対

する補填を王室に請願した。その対応の一つとして、1728 年、王立カラカス
＝ギプスコア会社が設立された。つまり、ギプスコアの人々は、帝国内貿易に
活路を見出したのである。

　カンポマネスは、王立カラカス会社の創設に際し、「王立カラカス会社の設
立が、ギプスコアの捕鯨の伝統を破壊した」と述べているが、これは誤解で
あったことが、ショウの研究により指摘されている。ショウによれば、ギプス
コアの捕鯨業は、1739 年以降の戦争により、船舶が軍艦や私掠船に転用され
たことによって、壊滅的な損害を被った。1752 年、王立カラカス会社は、ギ
プスコア捕鯨会社を買収したものの、戦争による捕鯨業の行き詰まりにより、
ギプスコアの捕鯨は消滅した[29]。つまり、新たな事業によって捕鯨が衰退したの
ではなく、捕鯨や漁業の衰退が起きたために新たな事業を行わなければならな
かったのである。

（2）ビスカヤの場合

　ビスカヤにおいては、中心都市ビルバオで、タラ、鯨ひげ／鯨油[30]、あるいは
魚油の貿易が行われていた。さらに、1770 年以降[31]、アムステルダムや北米か
ら送られてくる「油脂」は、魚油のみならず、鯨油の可能性がある。なぜなら
ば、1770 年以降の徴税史料では、鯨ひげと「油脂」が共に送られてくること
があり、その輸出地はアムステルダムとアメリカ東海岸であったからである。
時代的には、まずアムステルダムからの鯨関連商品の輸入がある。これは、バ
スク捕鯨の衰退以降、ヨーロッパ捕鯨の拠点の一つとなったのが、スピッツベ
ルゲン島に拠点をおいたオランダであったことからも理解できる。しかし、ア
ムステルダムからの輸入は減少しはじめた。一方で、1791 年以降には、アメ
リカ東海岸からの鯨関連商品の輸入が増加した。これは、アメリカ合衆国にお
ける捕鯨産業の興隆が背景にある[32]。つまり、捕鯨業の衰退に伴って、貿易によ
る輸入を行うようになったのである。

　もう一つ、タラ貿易と鯨関連商品の貿易の連関について、考察したい。実の
ところ、ビルバオの鯨関連商品の輸入を担っている商人は、主として、大商家
であったガルドキ家である。アントウェルペンにゆかりのあるゴッセン家も、
アムステルダムとの貿易には関わっているが、アメリカ東海岸との貿易には関
わっていない。つまり、タラ貿易と鯨関連貿易では、取引商人が同じである。
さらに、アムステルダムが鯨商品の拠点であったときは、ビルバオにおいてベ

ルゲンからのタラ輸入が増加し、セイラム／マーブルヘッドからの輸入が減少した時期と重なる。一方で、アメリカ東海岸が鯨商品の拠点であった時は、マーブルヘッドがタラ貿易の拠点であった。これからわかるのは、タラ貿易の取引相手の変化も鯨貿易の変化と重なっていることである。要するに、タラと鯨は常にセットの商品であったといえよう。ゆえに、タラ貿易に着目する本書では、捕鯨と鯨貿易にも言及する必要があった。タラ貿易は、その一側面で、世界的な捕鯨国の変化と連動しているともいえる。

　もちろん、港湾徴税史料からは、どこで捕鯨が行われ、加工され、どこで消費されたのかは定かではない。けれども、これまで見てきた歴史的事実が示してくれるのは、バスク捕鯨が衰退した後、アムステルダムやアメリカ東海岸が捕鯨によって獲得された商品の拠点となり、かつて捕鯨で栄えたビルバオへと送られたことである。また、港湾徴税史料には再輸出の記録がないので、消費したのは、バスクの人々、あるいは後背地であるスペイン市場の人々であったといえよう。

小　　括

　本補論では、近世のバスクの人々が水産資源の変動をどのように捉え、どのように対応しようとしたのか。また、水産資源の変動が、バスク経済に、いかなる影響を与えたかを検討した。

　まず、バスクの人々は、水産資源を「季節によって変化するもの」と考えており、いなくなれば漁場を変えることで対応していた。けれども、水産資源の変動に伴う漁場の拡大は、むしろバスク沿岸部の産業に打撃を与えた。さらに多発する戦争は、漁場の拡大や転換を困難なものとした。当該時期の戦争は、近代国家の成立過程の途上に位置付けられるものである。バスクの人々は、戦争のなかで、漁業という外との関わりを絶たれ、「国家」という概念や規定、枠組みに抑え込まれていったのではないだろうか。主要産業の衰退を経験した地域では、水産物は、貿易によって獲得するものへと変化したのである。

　無論、漁業とは異なる生存戦略を取った人々として言及の対象としたのは、バスクといっても、ビルバオとギプスコアという大都市の人々である。バスクには、大小様々な漁村が無数に存在する。歴史学や経済史は、史料の残存状況に研究が左右されるとはいえ、そのような、大小の港の役割の違いや、漁村の

補論 1　バスクと漁業　　*103*

生存戦略を明らかにすることもまた、今後に残された課題である。

注

1）鶴見良行『ナマコの眼』ちくま学芸文庫、1998（文庫版初版 1993 年）；宮本常一『海に生きる人びと』河出文庫、2015 年；網野善彦『海民と日本社会』新人物往来社、1998 年。

2）本書と同時期を対象とした、長崎会所の対中国人貿易における海産物貿易について着目した書籍には、次のようなものがある。菅原慶郎『近世海産物の生産と流通——北方世界からのコンブ・俵物貿易——』吉川弘文館、2022 年。

3）太田淳「ナマコとイギリス綿布——19 世紀半ばにおける外島オランダ港の貿易——」秋田茂編『アジアからみたグローバルヒストリー「長期の 18 世紀」から「東アジアの経済的再興」へ』ミネルヴァ書房、2013 年、85-117 頁。

4）真栄平房昭「海産物交易——「竜涎香」をめぐって——」桃木至朗編『海域アジア史研究入門』岩波書店、191-199 頁。

5）太田出・川島真・森口（土屋）由香・奈良岡聰智編『領海・漁業・外交——19〜20世紀の海洋への新視点——』晃洋書房、2023 年。

6）坂本優一郎「海と経済——漁業と海運業から見る海域社会史」金澤編『海のイギリス史』、82-83 頁。

7）坂本優一郎「海と経済——漁業と海運業から見る海域社会史」金澤編『海のイギリス史』、82-83 頁。

8）齊藤豪大「近世スウェーデン漁業政策の展開：魚群到来以前の漁業振興政策の展開を中心に」『経済社会研究』、59-4、2019 年、1-18 頁；同「18 世紀後半のスウェーデンにおける捕鯨奨励と補助金政策：グリーンランド会社（1774-1787）の支援に着目して」『西洋史学論集』、第 60 号、2023 年、1-17 頁。

9）The World Bank: Food and Agriculture Organization, Total fisheries production (metric tons).（2024 年 4 月 7 日　最終閲覧。）

10）Roberto Fernández Diaz, and Carlos Martínez Shaw, "La pesca en la España del siglo XVIII. Una aproximación cuantitativa (1758-1765)", *Revista de Historia Económica*, Nº 3, 1984, pp. 183-201.

11）Juan Antonio Rubio-Ardanaz, "Las cofradías de pescadores en el País Vasco. Cambios e influencias históricas y actuales en la pesca de bajura: el caso de Santurtzi (Bizkaia)", *Estudios Atacameños: arqueología y antropología surandinas*, Nº. 64, 2020, pp. 39-65; Andreas Hess, "Working the waves: The Plebeian Culture and Moral Economy of Traditional Basque Fishing Brotherhoods", *Journal of Interdisciplinary History*, XL. 4, 2010, pp. 551-578.

12）代表的なものとして、次のものがある。José Antonio Azpiasu, *La empresa vasca de*

Terranova: Entre el mito y la realidad, Donostia: Ttarttalo, 2008.

13) Mark Kurlansky, *The Basque History of the World*, London: Penguin Books, 1999.

14) Michael Barkham, "La industria pesquera en el País Vasco peninsular al principio de la Edad Moderna: ¿una edad de oro?", *Itsas Memoria. Revista de Estudios Marítimos del País Vasco*, 3, 2000, pp. 36-39.

15) Daniel Marquina, Fernando Ángel Fernández-Álvarez, and Carolina Noreña, "Five new records and one new species of Polycladida (Platyhelminthes) for the Cantabrian coast (North Atlantic) of the Iberian Peninsula", *Journal of the Marine Biological Association of the United Kingdom*, 2014, pp. 1-12.

16) Ernesto López Losa, "La pesca en el País Vasco. Una visión a largo plazo (siglos XIX y XX)", *Itsas Memoria Revista de Estudios Marítimos del País Vasco*, 3, 2000, pp. 239-240.

17) López Losa, "La pesca en el País Vasco.", p. 239.

18) 川崎健「レジーム・シフト論」『地学雑誌』119-3、2010 年、482-488 頁。

19) モンテロ『バスク地方の歴史』、97-104 頁。

20) Miguel Laburu, *Ballenas, Vascos y América*, San Sebastián: Juntas Generales de Guipuzkoa, 1991, p. 40.

21) Luis Mª Díez de Salazar Fernandez y Mª Rosa Ayerbe, *Juntas y Diputaciones de Gipuzkoa: Documentos, San Sebastián IX. 1584-1586*, San Sebastián: Juntas Generales de Gipuzkoa, 1990, p. 51.

22) Laburu, *Ballenas*, p. 34.

23) Antxon Aguirre Sorondo, *Getaria, entre el mar, el cielo y la montaña*, Getaria: Getariako Udala, 2000.

24) 森田勝昭『鯨と捕鯨の文化史』名古屋大学出版会、1994 年。

25) Zabala Uriarte, *Mundo urbano*.

26) A.H.P.G. *Secc. III. Leg. 1779. Fol 1.*（Aguirre Sorondo, Antxon, Carne de Ballena 1/2, Euskonews を参照。2022/11/24 最終閲覧。）

27) Michael Barkham, "La industria pesquera en el País Vasco", p. 34, 61-62

28) Colección Vargas Ponce en Archivo General de la Marina, *Instrucciones dadas por la Provincia a sus agentes en la Corte, Beresiartu e Iñigo de Aranza de Zumaya, para dar el memorial «en persona a S. M.»*, t. I, doc. 35, 36, 37 y 38; Barkham, "La industria pesquera en el País Vasco", p. 67.

29) Carlos Martínez Shaw, "Las reflexiones de Campomanes sobre la pesca en América", *Crónica Nova*, N°. 22, 1995, pp. 243-267.

30) タラ以外の魚は、時たまサーモンが輸入される程度である。つまり、タラとサーモンは輸入に頼り、他の魚は漁獲を行った可能性がある。

31) 1770 年以前の輸入は、確認できない。ただし、フランス・バスクや漁村から内陸を

通って流通した分は明らかではない。たとえば、通行税がかかってもムトゥリクから
ナバーラへと鯨油が運ばれていた例がある。Javier Castro Montoya, "Una noticia
sobre el transporte de grasa de ballena desde Mutriku a Calahorra en 1565",
Kalakorikos, 2013, 18, pp. 73-82.

32）森田『鯨と捕鯨の文化史』、51-101 頁。

第4章

戦争と貿易
——アメリカ独立戦争——

はじめに

　本章では、七年戦争後からアメリカ独立革命期（1775-1783 年）のあいだにあたる、1766 年から 1783 年におけるビルバオと北米の貿易について考察する。1766 年を区切りとする理由は、七年戦争が、戦争に参戦したヨーロッパ各国の経済・対外政策に変革を迫り、七年戦争後の大西洋世界の構造に変化を迫ったからである。

　七年戦争後、財政赤字を補うためにイギリスが北アメリカ植民地に重税を課したことで、1775 年からアメリカ独立戦争が生じた。当初、スペイン王室はこの戦争に対して中立姿勢を維持していた。しかし、フランスが北アメリカ植民地を支援することを決定すると、1779 年にフランスとスペインとの間で、1761 年に締結された第三回家族協定の更新が行われた。これにより、スペインは、1783 年 9 月まで続くアメリカ独立戦争に介入せざるをえなくなった。この同盟に基づいて、同年に、スペインとイギリスとの戦争が始まった。英西戦争が始まったことで、「自由貿易」規則は中断された。つまり、スペイン王室が、帝国経済の活性化を企図して七年戦争後に築き上げた政策は、アメリカ独立戦争のために、とりやめざるを得なくなったのである。

　マッカーティーが指摘するように、フランスとの第三回家族協定のために、スペインは北アメリカ植民地の独立運動を非公式に支援していた[1]。フランスやオランダによる支援はよく知られているが、マッカーティーは、スペインによる支援の存在が重要視されていないことを指摘した[2]。マッカーティーは、支援の存在と事実を指摘したのみにとどまり、また、その支援を、スペインとアメリカという二国間関係史のなかで捉えている。カルデロン・クアドラードは、ホセ・ホアキン・デ・ガルドキによって、ルイジアナ先住民への物資供給が行われていたことや、マドリードに食料や外国商品のような物資を供給していた

ことから、ガルドキ家がスペイン王国中枢部とのコネクションを持っていたことを指摘した。[3] ルエダは、アメリカの政治家であるアーサー・リー Arthur Lee と、スペインの内務大臣グリマルディによって、ディエゴ・デ・ガルドキがスペインとアメリカとを結ぶ密使に選ばれたことや、アメリカの外交官ジョン・ジェイ John Jay とディエゴによって行われたアメリカとスペイン間の密談に着目した。[4][5] ライドンはこれに対し、貿易関係に着目した。[6] ライドンによれば、イギリス領北アメリカ植民地が独立できるような、安定した財政バランスを維持できたのは、ビルバオやリスボンとの貿易に拠るものであった。この研究成果は、ビルバオとイギリス領北アメリカ植民地の貿易関係を明らかにする上で、なお重要なものである。しかし、ライドンの主たる関心は、アメリカの独立を可能とした財政的要因にある。アラゴン・ルアーノとアングロ・モラレスは、恐らくライドンへの批判として、貿易関係だけでなく、スペインとイギリス領北アメリカ植民地の間の政治的関係の重要性を提起している。[7] しかし、そうした政治関係史的な視点は、既にマッカーティーやルエダが提起してきたことであり、かつての研究潮流へと回帰しているといえよう。

　以上のような先行研究を踏まえて、本章の視点は、スペインとアメリカの国家間の外交史ではなく、ビルバオとエセックスの北部海岸あるいはニューイングランドとの地域間の関係性と、独立戦争期におけるビルバオ港や、ビルバオの商人であるガルドキ家の役割に置かれる。また、独立戦争という事柄を中心にみたり、それをゴールとしてみたりするのではなく、前後の時代との関係性を踏まえながら、この時期のビルバオと北部海岸の関係について考察を深める。

　本章では、主な史料として、ビルバオ側の史料であるリブロ・デ・アベリーアを中心に用いる。[8] この時期のアメリカ側の貿易史料は欠落していることもあり、補助的史料としてアメリカの政治家や商人が残した書簡史料を用いる。[9] 既にこの史料は、マッカーティーやルエダにより使われてきたが、彼らは政治関係や、政治取引のために資金を必要としていたアメリカ側の資金確保の視点から分析するにとどまる。本章は、そうした見方とは異なる見方から、この史料を分析する。その見方とは、この時期におけるビルバオ港とガルドキ家の役割に着目することである。商品の動きだけではなく、情報のやりとりや、私掠・貿易をめぐる関係、ガルドキ家とアメリカの人々との個人的な関係についての視点から考察を進めたい。こうした視点を持って史料分析を行うことで、スペインとアメリカというような国家間の関係史ではなく、ビルバオと、ニューイ

ングランドやエセックス郡の北部海岸を中心とした北アメリカ植民地との地域
間関係史や他の地域・都市も含めた関係史、あるいは大西洋両岸の人々が持っ
ていた人脈が、大西洋世界において、どのような役割を果たしていたかを描く
ことができる。

　本章の第1節では、ビルバオにおけるモノの動きを史料から検討し、主要商
品であったタラの輸入地の変化と、取引商品の変化について明らかにする。第
2節では、書簡史料を用いて、独立戦争中のアメリカとビルバオの関係を探り、
ビルバオ港とガルドキ家の独立戦争期における役割を分析する。

1　ビルバオにおけるモノの動き

　本節では、ビルバオの貿易史料に基づいて、貿易相手港や、輸出入の記録に
ついて見ていく。

（1）ビルバオ港におけるタラ輸入

　この時期においてもなお、輸入が最も頻繁に行われた商品は、タラであった。
ビルバオにおける 1765 年以降のタラ輸入量は、おおよそ8万キンタールから
14 万キンタールであった。しかし、1775 年から、タラ輸入量は減少傾向に転
じた。これは、1775 年にイギリスがアメリカ植民地に対して施行した制限諸
法 Restraining Acts によって、ニューイングランドが漁業から締め出され
たことによる。[10] 1779 年に8万 4,825 キンタールまで持ち直すものの、1780 年
代初頭にはまたもや減少し、ようやく輸入量が回復するのは、1783 年のこと
であった。

　ガルドキ家による輸入量の推移は、ビルバオにおける輸入量の推移と、おお
よそ同様の傾向を示していた。しかし、ガルドキ家による輸入量は、1775 年
から減少し、1783 年においても輸入量はごくわずかであった。これは、ガル
ドキ家の取引相手が北部海岸の港であったことを考えると、まさにアメリカ独
立戦争の影響による。[11] また、ビルバオ港でのタラ輸入量が回復しても、ガルド
キ家による輸入量が回復しなかった原因は、アメリカ貿易の代替としてのノル
ウェー貿易が行われていたということから説明することができる。

　図 4-1 に示したように、1776 年に勃発したアメリカ独立革命は、ビルバオ
商人たちの貿易相手を変化させた。つまり、タラの取引相手は、アメリカの港

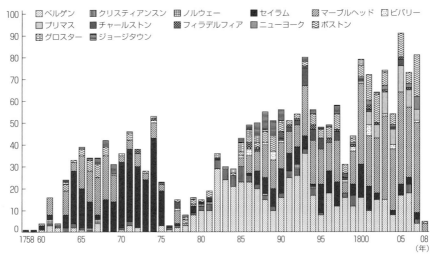

図 4-1　ビルバオ商人が取引していた北米の港と北欧の港（単位：回）

注：なお、1804年にマーブルヘッドから来航した船のうち1隻は、バイヨンヌを経由してビルバオへ入港した。
出典：AHFB, *Libro borrador de las cuentas del derecho de avería, del siete de enero de 1765 al cuatro del mismo mes de 1766 - Libro borrador de las cuentas del derecho de avería del año 1783* より筆者作成。

から北欧の港へと変化したのである。1776年まで、タラの主な取引相手はセイラムであった。しかし、1777年以降は、特にベルゲン Bergen がビルバオへとタラ輸出を行っていた[12]。アメリカとビルバオとのタラ貿易が回復するのは、1784年以降である。ノルウェーがビルバオへタラを輸出していた時代は、ノルウェーにおいても「スペインの時代 Spansketuden / Age of Spaniard」と呼ばれていた[13]。

（2）ノルウェー貿易の商人

対ノルウェー貿易に従事した商人と、対アメリカ貿易を行った商人は異なっていた。対アメリカ貿易は、ガルドキ家、リンチ・ケリー、ゴメス・デ・ラ・トーレ家、ゴルディア・イ・バジョ商会 Gordia y Bayo によって寡占状態にあった。一方で、対ノルウェー貿易商人は、フアン・デ・ビジャバソ Juan de Villavaso、カルロス・ボウマン／ブーマン Carlos Bowman / Booman、アルバレス・エ・イーホス Alvarez e Hijos、クラウセ・イ・パルメ Krause y Palme、ケリー・イ・モロニー Kelly y Morony、ドバト Dovatt、ゴッセン家

表4-1　北欧とのタラ貿易に携わった商人と取引量　1766-1783年（単位：quintal）

ベルゲン		クリスティアンスン		ノルウェー（ベルゲンとクリスティアンスンを除く）		アイスランド	コペンハーゲン
Krause y Palme	31,028	Kelly y Morony	12,900	Kelly Kelly	3,390	Gossens 27,740	Gossens 5,480
Dovat	23,197	Gomez	5,820	Dovat	1,300		
Roucellet	16,540	Kelly	2,925	Gossens	1,200		
Davadie Hermanos	11,033	Linch Kelly	2,700	Kelly y Morony	1,100		
Viuda de Leoz	10,850	Miguel Luis de Ugarte	1,800	Krause y Palme	1,100		
Pedro de Ardanas y Bengoa	6,700	Davadie Hermanos	1,400				
Santiago de Laraudo	6,130	Dovat	1,150				
Juan de Villavaso	3,143						
Antonio de Sarria	3,000						
Linch Killy Killy	1,890						
Gardoqui	1,800						
Gossens	1,400						
Gomez	1,300						

出典：AHFB, *Libro borrador de las cuentas del derecho de avería, del siete de enero de 1765 al cuatro del mismo mes de 1766 - Libro borrador de las cuentas del derecho de avería del año 1783* より筆者作成。

であった。**表4-1**に示したのは、北欧の港からのタラ輸入量と、荷主を担った商人である。

　それでは、セイラム／マーブルヘッドとビルバオの関係は、途絶えてしまったのであろうか。

2　アメリカ側の書簡史料からみたビルバオとアメリカの関係

　前節の問いを受けて、本節では、セイラム／マーブルヘッドとビルバオの関係の有無を、アメリカ側からの視点も含めて検討する。しかし、本章の「はじめに」で述べたとおり、独立戦争が行われていた期間のアメリカにおける港湾史料は、ほぼ欠落している。植民地期に船舶簿を作成していたイギリス海事局が機能しなくなったこと、また、未だアメリカ合衆国独自の体制が整っていなかったことを考慮すれば、当然のことである。ほかにも、セイラムやマーブル

ヘッドの人々が、アメリカ独立戦争期に「私掠者 Privateer」[14]と呼ばれていたことが理由にある[15]。このことから、貿易史料や海事史料を用いて数量的に貿易を再構築するのは、おおよそ困難である。

そのため、本節では、貿易統計史料の不足を補うために、アメリカ合衆国文書館のオンライン史料群である Founders Online に保管されている、アメリカ建国に関わった人々が残した書簡資料を用いて、当時の大西洋の状況、合衆国とスペインの国際関係、北部海岸とビルバオの貿易関係、あるいは、北部海岸の港を通じたニューイングランドの人々とビルバオのガルドキ家の関係を明らかにすることを試みる。とりわけ使用するのは、「フランクリン・ペーパー Franklin Paper」と「アダムズ・ペーパー Adams Paper」である。これらの書簡史料では、1776 年以降、ビルバオやガルドキ家に関する記載が頻出するようになる。

本節では、本章の序章で述べたような、国家間の外交関係やアメリカの政治家達が独立のために資金確保に奔走していた過程ではなく、ビルバオ港と、そこで取引を行う商人であるガルドキ家の役割を、この史料群から再構築していく。以下では、三つの視点にわけて論を進める。第一に、当時の国際情勢の中での、ビルバオという港湾都市とガルドキ家の役割について考察する。第二に、ガルドキ家の信用と個人的な貿易について明らかにしていく。第三に、外交関係や軍事情報の交換がビルバオを通して行われていたことを明らかにする。

(1) 国際情勢のなかでのビルバオとガルドキ家の役割

まず、ビルバオ港やガルドキ家が、この時期に大西洋世界で担っていた役割や、アメリカあるいはヨーロッパ各地との関係がどのようなものであったのかについて、明らかにする。

(1)-1. 私掠船や船乗りの保護者

　　史料1　ジョシュア・スミスからベンジャミン・フランクリンへ[16]
　　　　　　　　　　　　　　　　　　1777 年 6 月 4 日　ロンドン
　　私はマサチューセッツ湾植民地で生まれ、ケンブリッジ大学で教育を受け、そこで……物理学と外科学の研究に専念しました。ボルドーに向かうため、ニューベリーポートの船モンゴメリ号 Montgomery に乗った時です。

……不幸にも74門の大砲を持つジョージ王の船アルビオン号 Albion に追いかけられ、……私たちは、プリマス Plymouth に連れ去られ、そこで階級や肩書の区別も尊敬もなく厳重に監禁されていました。……多大な苦労の末、2か月後に自由を手に入れました。……合衆国の民であることを断固として誓い、武装していた同胞たちとともに牢屋へ送られることを懇願したにもかかわらず、国王に仕えることを余儀なくされました。

　私は3週間ほどで自由になりました。……

　……何百人ものアメリカ人が少ない手当で、ここに監禁されているのです！　私は、直接フランスへの航海を望んでいましたが、現在それはできません。それゆえ、私は、六日後に出航するスペイン船でビルバオに行こうと思います。そこから、ボルドーに行くことを予定しています。（武装船で故郷に帰る良い機会が、そこでない限り。）……

　ここには、喜んで援助してくれるブラウン船長 Francis Brown [17] という紳士がいて、彼は最近私掠船の船長になり逃げてきたばかりです。彼は、ともにビルバオに行きます。彼はフランスに向かうでしょう。

　……ガルドキ氏に手紙を送ってくださいませんか。ガルドキ氏は、ビルバオの商人です。私がそれを到着の時に受け取れれば、私にとって最も重要なサービスに違いないのです……

　史料1は、アメリカ独立戦争が開始した直後に残された手紙である。イギリスのケンブリッジ大学で物理学と外科学を学んだのち、戦争が始まったせいでアメリカへ帰国することが困難になり、捕虜として働かせられていた、ジョシュア・スミス Josiah Smith なる人物は、1777年6月4日に、ベンジャミン・フランクリン Benjamin Franklin へと陳情の手紙をしたためた。スミスの手紙からは、三つの事実が明らかである。第一に、1777年の時点で、ロンドンからボルドーに向かうことは既に難しく、ビスケー湾ではイギリス船によって、アメリカ船が私掠の対象となっていたことである。第二に、ロンドンからビルバオへ向かうことは可能であったことである。第三に、紹介の手紙があれば、ビルバオにおいては、ガルドキ家が対応してくれることが、スミスやブラウン船長のようなアメリカ人にも、広く知られていたことである。

114

史料2　アメリカの委員からジョン・ポール・ジョーンズへ[18]

1778年1月16-18日　パリ

I

……あなたの航海のために、あなたが良いと判断する方法で船を進めてください。海で合衆国の敵を苦しめるために、あるいは、戦争法と矛盾なく、またあなたの任務と矛盾のないように。もしあなたが獲物をフランスあるいはスペイン沿岸で獲った時は、危険が大きいと思われる場合を除き、ビルバオかコルーニャに送ってください。その場合、私たちはロリアンかボルドーに商品を送ることを勧めます。それらの申請を担っているであろう事務官に直接送るのです。……もしスペインに送るか、その王国の港に入[19]らねばならないときは、ビルバオではガルドキ・エ・イーホス、コルーニャではラゴアネーレ商会に申請してください。……私たちは、あなたの能力を信頼していますし、同様に合衆国に奉仕する熱意も信頼しています。それゆえ、あなたの業務については特に指示を与えません。私たちは、フランスあるいはスペイン、他の中立国の臣民に対し、いかなるクレームの原因も与えないよう、あなたに注意しなければなりません。そして、あなたは、力の及ぶ限り、彼らそれぞれに敬意と心からの礼節を示すことを勧めます。……あなたの成功を心より祈っています。

フランクリンとディーンより

　史料2からわかるのは、ベンジャミン・フランクリン、サイラス・ディーン Silas Deane、アーサー・リーらヨーロッパ各地で活動していたアメリカの政治家から、これから私掠を始めようとするアメリカの船乗りジョン・ポール・ジョーンズ John Paul Jones へ送られた手紙には、私掠を行う際に気を付けるべき事柄が書かれている。彼らは、私掠した商品を、ビルバオかア・コルーニャに送ることを勧めている。いずれかの港に入った後、ビルバオではガルドキ父子商会に、ア・コルーニャではラゴアネーレ商会 Messrs. Leoganiere & Co / Lagoanere に、私掠を行った旨を伝えることと、敵船を拿捕した際に獲得した商品を託すことを命じられている。また、彼らは、アメリカの同盟国であったフランスや、フランスの同盟国であったスペイン、あるいは戦争に対して中立であったヨーロッパの人々に対して危害を加えないように注意を促している。

第 4 章　戦争と貿易　　*115*

史料 3　　ジョン・エメリからベンジャミン・フランクリンへ[20]

　　　　　　　　　　　　　1778 年 3 月 11 日　　ビルバオ

　ブリガンティン船ジェネラル・マーサー号 General Mercer の私掠者ジェームズ・バブソン船長が、ここから他の三人の私掠者とともにニューイングランドへと 7 日に出発しました。……出発前に、彼が獲得しナントへ運んだ拿捕した船について、私にあなたへの手紙を書くように依頼してきました。これはイングランドの元所有者に戻されたと聞いています。
彼は、フランスの裁判所が、彼の同意なしに、また彼の希望に最も反する方法で、彼の財産を処分するという非常に恣意的で非友好的な行動をとったと考えていますが、私には正義感を持っていると見えます。……
　もしこの件で何かできることがあれば、ビルバオのホセ・ガルドキ・エ・イーホスの家にいる私に直接送ってください。

　史料 3 に出てくるジョン・エメリ John Emery とは、マサチューセッツからビルバオへ拠点を移し、ガルドキ父子商会の家に住み込んでヨーロッパとアメリカの間で情報交換を行っていた人物である。エメリからフランクリンへ送られた、史料 3 の手紙からは、ヨーロッパの大西洋岸において私掠を行っているアメリカの船乗りたちが、ビルバオを経由してアメリカへと帰っていることがわかる。エメリの手紙からわかることは、アメリカの私掠者が立ち寄る場所としてビルバオの港が活用されていたことである。つまり、ビルバオは、アメリカ人の私掠者や船乗りたちにとって安全な場所であった。ビルバオの大商人であり、七年戦争の時期にもアメリカとの関係を維持し続けたガルドキ家は、アメリカ人の保護者たりえる人物として捉えられていたのである。

(1)-2.　情報の行き交う場と伝達者

　本項では、情報という視点から、アメリカ独立戦争期に、ビルバオという港湾都市とそこを拠点とした商人であるガルドキ家が果たした役割を史料に基づいて検討していく。

史料 4　　ジョン・エメリからベンジャミン・フランクリンへ[21]

　　　　　　　　　　　　　1778 年 1 月 20 日　　ビルバオ

　ミカエル・デュピィ船長は、小さなスクーナー船に塩と衣類を携えて

ニューベリーポートに向けて10月26日に出発し、（1月）17日にここに戻ってきました。

　彼が持ってきた最新の新聞二紙を、あなたに同封する機会を与えてくれました。私の友人からの手紙は、何も書かれていません。この新聞が、あなたに有益な情報を与えることができたならば、国のために奉仕するのと同じように、大変な満足を得られるでしょう。……

　史料4のエメリからフランクリンへの手紙を見てみよう。この手紙によれば、マサチューセッツ邦エセックス郡の北部海岸に位置するニューベリーポートとビルバオの間を往来しているミカエル・デュピィ Michael Dupee または Dupuy 船長が、商品の他にアメリカの新聞を運んでいた。エメリは、その新聞を「有益な情報」として、パリにいるフランクリンへと転送している[22]。つまり、この手紙からわかるのは、ビルバオが有用な情報の拠点であったことである。

　　史料5　ベンジャミン・フランクリンからジョン・エメリへ[23]
　　　　　　　　　　　　　　1778年3月23日　パッシー Passy
　……バブソン船長が拿捕したものは、偽りの申告で入国した海洋法違反のため、フランスで没収されました。没収による利益を得たであろう国王は、政治的な理由からイギリス人に没収されたものを譲りました。しかし、彼が友人とみなしたアメリカ人（筆者注：バブソン）に関しては、最近、40万リーヴル livre をアメリカで支払うよう命じました。これはその価値以上のものであり、そのため……不正への不満を解消されます。……喜ばしいことに、フランスとアメリカは、現在、条約によって結ばれています。つまり、我々の独立性が認められ、それを支援しており、我々の通商は開放され、我々の望むあらゆることが、私たちに有利に規定されていることを、お知らせします。……あなたが私に送ってくれた新聞にも感謝します。それは、以前アメリカから受け取ったものより新鮮なアドバイスが書かれていました。私は、あなたから何らかの知らせを受け取ることを嬉しく思うでしょうし、今後、対岸の情勢についてのニュースがあれば、喜んでお届けしたいと思います。……

　史料5に記した、フランクリンからエメリへの手紙は、フランスとイギリス

の政治取引のために、フランスで船を押収されたバブソン船長の問題について書かれたものであるが、この手紙は、重要な事柄を、もう一点伝えている[24]。デュピィ船長がニューベリーポートからビルバオへと運び、1778年1月にエメリからフランクリンへと転送された新聞は、その時フランクリンが既に手に入れていたアメリカの情報よりも、新しいものであったことである。これは、つまり、アメリカの最新の情報が、まずビルバオへと届いていたことを示している。

　　　　史料6　　ガルドキ父子商会からジョン・アダムズへ[25]

　　　　　　　　　　　　　　　　　　1780年5月13日　ビルバオ
　　……我々はまた、高名なジョン・ジェイに手紙を送りました。……彼が言うには、アランフェスで元気にしており、また、すでにマドリードに家を構えているそうで、すべてのことが上手くいくことを心から願っています。
　　トラッシュ船長 Trash は、20門の大砲を持つ私掠船とともに出航したので、無事であることを祈っています……

　　　　史料7　　ガルドキ父子商会からジョン・アダムズへ[26]

　　　　　　　　　　　　　　　　　　1780年6月10日　ビルバオ
　　……議会のためにあなたが私たちに送った手紙は、……バーンズ船長へ届けられ、彼は今航海中であり、無事にアメリカへと届くことを望んでいます。
　　……ジェイ氏に関して、こちら側には特筆すべきことは何もありません。私たちは、あなたに彼の事をよくお知らせすることとし、あらゆる方法で彼の繁栄を願い、何かあった時には、いつでも継続的なアドバイスをすることを約束します。……

　史料6と史料7は、ガルドキ父子商会からジョン・アダムズに宛てられた手紙である。ここでは、独立戦争以前と変わらず、ニューイングランドとビルバオの間で、小包や手紙をやりとりしていることがわかる。くわえて、ガルドキ父子商会はアダムズに対し、マドリードで外交を行っているジョン・ジェイの

動向を伝えている。史料7では、アダムズがアメリカの議会に宛てて書いた手紙がビルバオのガルドキ父子商会へと送られ、それがバーンズ船長 Corbin Barnes によってアメリカへと転送されている。

本項において引用してきた書簡史料から判明したのは、ビルバオという港湾都市が、アメリカ、とりわけニューイングランドと、他のヨーロッパの都市を結ぶ情報拠点として機能していたことである。アメリカから、最新の新聞や手紙が船乗りを通じてビルバオへともたらされ、そこからパリやアムステルダムへと転送されていった。反対に、アメリカへと手紙を送る際には、まずビルバオのガルドキ父子商会に送られ、そこからアメリカの船乗りたちによってアメリカへと持ち帰られた。このことから、七年戦争期から継続していた貿易のネットワークが、独立戦争期に情報の流通経路としても機能していたことが判明する。

(2) 個人的な商売や繋がり

本項では、ガルドキ家とアメリカの政治家・商人達との個人的な繋がりについて明らかにしていく。

史料8　ガルドキ父子商会からベンジャミン・フランクリンへ[27]

1777年7月9日　ビルバオ

……我々の船が同じように船上にあることをお知らせします。スクーナー船ネプチューン号、船長アイザック・リーのメモによると、船は六日に出航しました。……

私たちお互いにとって非常に大切な友人であるアーサー・リーが、ドイツに向かったことを確認しました。……

……私たちの川に安全に（筆者注：船が）到着しました。サウスカロライナから、約18から1900カスクの米を輸送している四隻の船が我々の所に到着しました。また、彼らは五月の初めにそこ（筆者注：サウスカロライナ？）から出航したものの知らせを持ってきませんでした。唯一の喜びは、輸出用に約600樽を100レアル、つまり25リーヴル相当で売り払ったことをお知らせできることです。

今、川にはたくさんの船がありますが、命令が終わってしまったのは残念でなりません。

史料 8 はガルドキ父子商会がフランクリンに宛てた 1777 年の手紙である。
この手紙で、ガルドキ父子商会は、「サウスカロライナからコメが到着した」
と述べている。**表 4-2** にまとめたビルバオの入港記録を見てみると、確かに
1777 年には、カロライナから、あるいは、サウスカロライナの都市である
チャールストンから、7 隻の船によってコメが輸入されていた。ガルドキ父子
商会は全ての船で荷主を務めていた。ビルバオでの記録が 4 月 29 日に行われ、
ボストンからビルバオに 3 月 25 日に来航したラ・リディア号 La Lidia 号では、

表 4-2　1777 年のアメリカからのコメの輸入

記録日	船名	船長	出発地	到着した日付	荷主	商品
4 月 29 日	La Lidia	Guillermo Andreus	ボストン	3 月 25 日	サルセド氏の未亡人 ガルドキ　　　ホ セ・ブ ラ ス・デ・ラ・ペドルエス	コメ 1 バリカ、砂糖 2 バリカ、油 2 バリカ タラ 700 キンタール、サーモン 14 バリカ、ラム酒 1 バリカ、樽板 1,600 コメ 3 バリカ
6 月 24 日	El Neputuno	Ysaak Lee	不明	6 月 8 日	ガルドキ	コメ 318 バリカと 4 メディア、ピッチ 14 バリル
7 月 30 日	Sally	Thomas Collier	カロライナ	6 月 24 日	ガルドキ	コメ 260 バリカ、インディゴ 7 キンタール、タラ 12 キンタール
7 月 30 日	Rambler	Thomas Simmons	チャールストン	7 月 3 日	ガルドキ	コメ 820 バリレス、インディゴ 2 バリレス
7 月 30 日	El Neputuno	Nathaniel Sivasey	チャールストン	7 月 6 日	ガルドキ	コメ 286 バリレスと 77 バレリート、油 2 バリカ
7 月 30 日	Wolfe	Shuvael Vorttz	チャールストン	7 月 10 日	ガルドキ	コメ 460 バリレス、インディゴ 3 バリレス
12 月 27 日	Goncial Glarke	Elias Vickery	チャールストン	12 月 27 日	ガルドキ　　　サルセド氏の未亡人	コメ 152 バリレスと 50 メディアス・バリレス、インディゴ 3 バリレス コメ 2 サコスと 2 バリレス、タラ 3 トリーパス

注：船名と船長名のスペルは、史料に記載されているものを、そのまま記載した。
出典：AHFB, *Libro borrador de las cuentas del derecho de avería, del ocho de enero de 1777 al
　　　siete de febrero de 1778.*

ガルドキ父子商会はコメの荷主ではないものの、サルセド氏の未亡人 La Viuda de Salcedo とホセ・ブラス・デ・ラ・ペドルエス Jph Blas de la Pedruez が、輸入されてきたコメの荷主になっている。記録日が6月24日、到着日が6月8日のエル・ネプトゥーノ／ネプチューン号 El Neptuno／Neptune 号は、出発地が不明であるものの、船長がアイザック・リーである[29]ことから、ボストンあるいはエセックス郡北部海岸のどこかの港からきたと考えられる。

　　史料9　ガルドキ父子商会からベンジャミン・フランクリンへ[30]
　　　　　　　　　　　　　　　　　1777年8月16日　ビルバオ
　　……しかし、13日のように、私たちの川が安全に見えるとすぐ、アザラシの脂肪油とナガスクジラを積んだスクーナー船ライヴリー号 Lively のニコラス・デュピィ船長がニューベリーポートから27日かけて来ました。私たちの友人からの様々な手紙によってシンクレアー船長 Sinclair とウィリアムソン船長 Williamsome 両方が無事ボストンに到着したという、満足のいく話を聞き、あなたにお知らせできることが嬉しいです。……しかし、名誉あるエルブリッジ・ゲリー氏 Elbridge Gerry からの言葉を得ていないことを、とても心配していると言わなければなりません。あなたのために同封されたものは、デュピィ船長から我々の元に届いたものです。……あなたに価値のある多くのことが書かれていると思います。……
　　私たちはまた、アメリカから受け取った最後の新聞の一つをここに転送します。現在、我々にはたくさんの船がありますが、海軍の貯蔵品や毛布などを出荷するために、これ以上の命令がないのは何と残念なことでしょう。

　史料9は、1777年8月にガルドキ父子商会がフランクリンへ書いた手紙である。ここでは、アザラシとナガスクジラの油を積んだデュピィ船長の船が、ニューベリーポートからやってきたことが述べられている。ビルバオの港湾史料を見てみると、ガルドキ父子商会の言う通り、8月13日に、ニコラス・デュピィ船長 Nicholas Dupee[31] のリベリ号 Libeli[32] がビルバオへと到着した記録がある。その積荷は、157バリカの油脂と、1トンの鯨髭、452ファルドのレーズンであり、荷主はガルドキ父子商会であった。また、デュピィ船長は、ス

ペインから物資を運んでいた船長たちがボストンに到着したという知らせを持ってきていた。このことから、スペインによるアメリカ独立戦争への非公式な支援の拠点はビルバオであったことがわかる。

史料10　ガルドキ父子紹介からベンジャミン・フランクリンへ[33]

1777年9月13日

……水の向こう側（筆者注：大西洋の向こう側）の友人たちに推薦して、彼らがスペインに送るかもしれないタバコを、私たちに託してくれたあなたの親切に、心からの感謝をお返しします……

　史料10が示している重要なことは、フランクリンが、タバコを出荷しようとしているアメリカ商人達に対して、ビルバオのガルドキ父子商会を取引相手として推薦したことである。この手紙は1777年9月13日にビルバオで書かれたことから、実際にタバコがビルバオに送られてくるのは、航海期間を考えても、1777年10月から翌1778年以降になったと考えられる。港湾徴税史料の記録を見てみると、1777年にタバコが輸入されてきた記録はない。1778年の記録を見てみると、確かにタバコの輸入が数回行われていた。これを、**表4-3**にまとめた。その輸出地はほぼアメリカの港であり、かつ、その商品の荷主はすべてガルドキ父子商会であった。1月20日のエル・リベリ El Libeli 号は出発地の記録がないが、船長の名前は、アメリカの書簡文書集のなかに名前を見ることができるミゲル・デュピィ Miguel Dupee / Dupui であることから、アメリカの港から来たと判断できる。[34] ただし、表の最後にあるベニス Benis 号は、出港地記録が不明であり、アメリカの港から出航した船かは判断することができない。[35]

史料11　アーサー・リーからベンジャミン・フランクリンとサイラス・ディーンへ[36]

1777年12月13日　シャイヨー Chaillot

……昨日、ビルバオから手紙を受け取りました。私がスペイン資金から[37]送金した一万枚の毛布は、大量の帆布、テント布、錨、ケーブル、紐、衣類とともに出荷する準備ができていますが、そのためには船を購入するか、1トンあたり8ポンドまたは10スターリングで輸送しなければならない

表 4-3 1778 年におけるアメリカからのタバコの輸入

記録日	船名	船長	出発地	到着した日付	タバコの量
1月20日	El Libeli	Miguel Dupui	記録なし	1月20日	タバコ49バリカ、他1点
1月28日	El Juan	Azariah Wodbery	ボストン	1月28日	葉タバコ35バリカ、他2点
5月4日	El Comercio	Nehemiah Story	ポトマック	5月4日	タバコ76トン、他1点
5月22日	Fabilha	Juan Hodges	マーブルヘッド	5月22日	コメ71バリカ、タバコ16バリカと28バリレス、シナモン5バリレス、他3点
4月19日	La Amable Constancia	Alejandro Ricardo	ヴァージニア	4月19日 (?)	タバコ184トン
4月19日	El Neputuno	Benjamin Weur	イーデントン	4月19日 (?)	タバコ79バリカ?、他1点
8月25日	Hauke	Barrilla Smit	ヴァージニア	8月25日	タバコ63バリカ
9月25日	El Escorpion	Benjamin Ybes	ポトマック	9月25日 (?)	葉タバコ54トン、他1点
10月12日	Lidela	Miguel Dupuy	ニューベリーポート	10月12日 (?)	亜麻仁147バリカ、葉タバコ1バリカと2バリレス
10月12日	Benis	Diego Baboson	不明	10月12日 (?)	葉タバコ50トンと5バリカと4バリル、他2点

注：船名と船長名のスペルは、史料に記載されているものを、そのまま記載した。日付の順番は、史料の並びの通りである。
出典：AHFB, *Libro borrador de las cuentas del derecho de avería, del catorce de enero de 1778 al trece de marzo de 1779.*

　との連絡を受けました。

　それゆえ私は、ガルドキ氏に船を購入するよう命令するか、または船荷を積み、これらの物品を50万リーヴルの金額で直ちに出荷するよう命令するかどうか、また、一般資金から支払うためにグラン氏 Mr. Grand に請求するか、他の委員の意見を求めています。ガルドキ氏は、これまで何度も秘密裏に、また、航海して商売をしてきたため、疑われることも船を奪われることもなかったのです。

　史料 11 のアーサー・リーからサイラス・ディーンへの手紙で重要な点は、

二点ある。第一に、スペインから提供された資金を用いて、アーサー・リーが
ガルドキ父子商会に商品の買い付けと出荷を依頼しようとしている点である。
第二に、ガルドキ父子商会の重要性である。リーが言うには、ガルドキ家の
人々はこれまでアメリカとの貿易を行っており、当時、アメリカへの商品を準
備することも発送することも、怪しまれることもなく、また、略奪の対象とも
なりえなかったのである。リーの手紙は、ガルドキ家の以前の貿易が公式なも
のではなかったことと、商人が自立的に商売を行っていたことを示唆している。
さらに、アメリカ独立戦争期において、非公式であったガルドキ家の貿易が、
政治的な役割を持ち始めたことも示している。

　　史料12　ジョン・アダムズからジョン・ジェイへ[38]
　　　　　　　　　　1780年2月22日パリ、ホテル・ヴァロワ
　　あなたがヨーロッパへ到着したことお喜び申し上げます。……あなたは、
　私たちよりも母国からの頻繁で素早い情報網という利点を持っています
　……私が思うに、アメリカからの船は、フランスよりもビルバオやカディ
　スに頻繁に到着します。ボストンやニューベリーポートから出航した船の
　多くはそうです。ですので、あなたが直接送ることよって、手紙は私たち
　が普通に送るよりも早く届くでしょう。また、ビルバオのガルドキ会社や
　モンゴメリ氏 Mr. Montgomery あるいはカディスにいる他の人に送っても
　らうことによって、あなたが送ったものは私達より早く安全に届くでしょ
　う。手紙を送るためにフランスからの商船でビスケー湾を渡るのは不可能
　であることに気づきました。このルートには多くの私掠船がいます。この
　危険は、主としてビルバオからの船によって避けることができます。彼ら
　は、海岸の近くを通り続け、危険な場合には港へ逃げるのです……

　史料12は、アダムズから、マドリードに滞在しているジェイへの手紙であ
る。アダムズによれば、アメリカからヨーロッパへ向かう船は、フランスより
も頻繁に、スペインのカディスやビルバオに到着していた。これは、その次の
アダムズからガルドキ父子商会への手紙においても述べられている。これまで
の手紙で見てきたように、ビルバオとニューベリーポートとの間では、船が頻
繁に往来し、船長によって大西洋両岸に最新の情報がもたらされていた。後述
するように、アビゲイル・アダムズ Abigail Adams は夫であるジョン・アダ

ムズに、夫妻の間でやりとりしていた手紙は全て、スペインの港を経由したもののみが手元に届いていたことを伝えている。これは、フランスの港までビスケー湾を航海しようとすると、イギリスの私掠船に拿捕される確率があがることとも関係しており、私掠が行われていた状況は、本節のはじめに述べたジョシュア・スミスの手紙が示している。アダムズによれば、こうした私掠船から逃れることができるのはビルバオから航海していた船のみであった。このことから、アメリカとヨーロッパの間で商品や情報をやり取りするには、他のヨーロッパの港より、ビルバオが最も有用な港であったといえる。

（3）外交・軍事情報の交換；国家の代替としての港湾ネットワーク

史料13　ジョン・アダムズからホセ・デ・ガルドキ父子商会へ[39]

　　　　　　　　　　　　1780年3月1日パリ、ホテル・ヴァロワ

　2月19日に書かれたあなたの手紙を受け取りました。私の望むように商品を送ってくださったこと、インヴォイスを送付してくださったことに感謝いたします。私は、2月25日に他の良い機会に同じ商品を2回あるいは3回送ってくださいと申しましたが、もう一度お願いします。あなたにトラブルを与えたくないので、手数料を請求してください。あなたの知らせにより、ジョン・ジェイ氏とカーマイケル氏 Mr. Charmichael が会うことができ、進歩できたことを嬉しく思います。なぜなら、あなたの国と私の国の間で堅実で尊敬すべき永続的な条約が結ばれることを望んでいるからです。私はあなたの弟がカーマイケル氏と会い、友人になったことも嬉しく思います。私は既にジェイ氏への手紙の中であなた達を称賛しています。しかしこれは決して必要なことではありませんでした。あなたの人柄や我が国との繋がりは知られており、ジェイ氏とカーマイケル氏の注意をもはや得うるものではありませんでした。ジェイ氏と私は随分前からの知り合いで、恐らく1774年から1777年の間、共に議会に参加していました。カーマイケル氏とお会いしたことはないのですが、彼は数年間ヨーロッパにおり、1778年の春にアメリカに渡ってきました。これは議会が私をフランスに送ってくれたのと同じくらいの時期なのです。もしビルバオから手紙を送る事ができるなら、私の妻宛に、私から手紙を受け取ったことや大西洋のこちら側にいる私についての知らせを伝えてください……

（筆者注：フランスの軍港である）ブレスト Brest には驚くべき量の武器が準備されていますが、理由はなんであれ我が国に利益をもたらすものではないでしょうから、もっと留まっていて欲しいものです……

史料 13 のアダムズからガルドキ父子商会への手紙で書かれているのは、個人的な商取引に関する事柄と、マドリードにおけるアメリカとスペインの外交について、またフランスの軍備状況についてである。個人的な取引という私的なことと、外交の情報交換という公的なことが、同時に伝えられており、ガルドキ父子商会はどちらにおいても重要な役割を担っていたといえよう。

　史料 14　ホセ・デ・ガルドキ父子商会からベンジャミン・フランクリンへ[40]

　　　　　　　　　　　　　　　1780 年 6 月 21 日　　ビルバオ

ニューイングランドのセイラムから 34 日後に私たちの川に安全に到着した、船舶ジェネラル・ピカーリング号 Generall Pickering とジョナサン・ハラデン船長[41]は、……彼が私たちへの手紙を紛失したか、あるいは戦争委員会が彼に私たちへの手紙を届けていないことをお知らせします。彼の船により大陸で必要とされる物品のいくつかを出荷するという、非常に大きな注文に関する手紙です。ですので、手紙と命令がないために、名誉ある仲間に提供する喜びを奪われています。彼は、船に余裕を持っているように見えます。……

　船は 200 トンを超え、新しく、比類のないほどよく帆を張り、16 の大砲……で武装し、出発する前に 50 人から 60 人の人員が配置されます。そのため、あなたは、この機会を利用するよう考えるべきです。あなたが保証するであろう、目的のためのいかなる注文も、我々に頼むべきです。我々は、最大限の時間厳守とケアをします。

　史料 14 に見えるガルドキ父子商会からフランクリンへの手紙と、それに対するフランクリンからの返事では、セイラムから来たハラデン船長 Jonathan Haraden によって、ビルバオからアメリカへ物資を送ることについての相談が行われている。これらの手紙によれば、ビルバオからアメリカへ物資を送るには、注文を記した手紙が必要であったが、ハラデン船長は手紙を持っていな

かったために、ガルドキ父子商会はフランクリンに確認を行った。フランクリンは、ハラデン船長に荷物を託すことと、その代金をマドリードにいるジェイに請求するよう伝えるとともに、ガルドキの働きに感謝をしている。

　　史料 15　アビゲイル・アダムズからジョン・アダムズへ[42]

　　　　　　　　　　　　　　　　　　　　　　1780 年 7 月 16 日

　……私からの手紙があなたに届いていないのは残念です。私は、スペイン・オランダ・スウェーデン経由で手紙を書きましたが、あなたが去ってから、フランスへの直通便は一度もありません。私は、グアルドカ（筆者注：史料ママ。表記は Guardoca。ガルドキと考えられる。）経由で連絡を取ることを決めました。あなたも同じ方法をお使いください。

　……サンプソン船長 Sampson が指揮する、合衆国の船マーズ号 Mars で、あなたに直接届くでしょう。その船は秋に戻ります。その船によって、……または他の方法によって書いたすべての商品の注文を知ることができるはずです。……

　……以前の手紙にも書いたように、手紙ではありませんが、いくつかの商品を持ってきたトラッシュ船長によるものを除いて、私はあなたの手紙を全てスペインから受け取ったことを繰り返します。……。

　史料 15 は、ボストンに居るアビゲイル・アダムズから、フランスに滞在中のジョン・アダムズへの私信であるが、ここには、いくつかの重要な点がある。まず、アビゲイルがジョン・アダムズへ直接手紙を送ろうとしているものの、フランスへの直行便がでていない点である。また、彼女によれば、ジョン・アダムズがボストンのアビゲイルに宛てた手紙は、全てスペインを経由して来ていたことである。このため、アビゲイルはビルバオのガルドキ家に手紙を託すという選択肢を選び、ジョン・アダムズに対しても、ガルドキ家を通じて手紙を送るように依頼している。これら二つのことは、当時の国際情勢のなかで、スペインからアメリカへの定期的な船舶の往来があったことや、ビルバオを経由することによって他のルートより確実に、あるいは、安心感を持って情報をやりとりできたことを示している。

史料 16　チャールズ・ストラーからアビゲイル・アダムズへ

1782 年 11 月 8 日　パリ

……アメリカだけでなくヨーロッパでも、我々にとって最も有利な時代です。平和はすぐには得られませんが、この状況は、……私たちに地位と主権を与えてくれるのです。

A 氏（筆者注：アダムズ）は、一定の条件のもと、あなたのヨーロッパへの渡航を勧めています。しかし到着後の助言や援助を求めるためにどこへ行けばよいかの指示はないため、喜んであなたに奉仕してくれるであろう各港の友人を紹介することにします。ロリアンでは、領事のバークレー氏 Mr. Barcley とカミングス＆ネスビット氏 Messrs. Cummings & Nesbit、ナントではジョナ（筆者注：ジョナサン？）・ウィリアムズ氏 Mr. Jona. Williams、ボルドーではボンドフィールド氏 Mr. Bondfield とカバルス氏 Mr. Cabarrus、ビルバオではガルドキ＆サンズ氏 Gardoqui & Sons。アムステルダムでは、あなたは沢山の手紙を持ってきてくれるでしょうから、何の問題もないでしょう。……

史料 16 は、チャールズ・ストラー Charles Storer からアビゲイルへの手紙である。ストラーによれば、アダムズは、妻アビゲイルをヨーロッパに招こうとしていたが、指示がなかったために、繋がりのある港の、信用の置ける人々を紹介している。ストラーは、フランスの港の領事たちを頼るように言っているが、同様にビルバオのガルドキ父子商会を頼ることも可能であると述べており、アメリカの人々とガルドキ家の間とで信用関係が築かれていたことがわかる。

本節では、アメリカの政治家たちの書簡史料を、ビルバオ港とビルバオ商人であるガルドキ家の役割という視点から考察した。本節の作業により、ガルドキ家は商業活動に従事するのみならず、当時のヨーロッパの国際情勢や軍事情勢について、合衆国の人々へと伝える役割を担っていたということが判明した。このことから、ビルバオとニューイングランドとの間に構築されていた商業ネットワークは、独立に向かう合衆国がヨーロッパの情報を獲得し、ヨーロッパ世界で承認されるための足掛かりとなりえた。

3 1760年代から1770年代における商品の変化

　では、書簡資料に見られるような政治的側面を含んだアメリカとの関係以外、つまり商業的な貿易関係は存在しなかったのだろうか。

　タラは1776年と1783年の間に取引量が少なくなったとはいえ、ビルバオと北部海岸諸港の主要取引商品であった。しかし、アメリカからビルバオへと輸入された商品は、タラだけではなくなった。たとえば、**巻末表1**にあるように、1767年以降から砂糖が輸入され始め、1770年代になると、商品はより多様化した。**巻末表2**に示したタバコは、1770年代に取引が急増した商品である。ヴァージニアやメリーランド Maryland のようなアメリカ合衆国南部の主力輸出品であったタバコや、あるいは西インド産の糖蜜から作られたラムが、アメリカを経由して、ビルバオへと再輸出されていたのである。

4 輸　　　出

　前章において、イギリスによるマサチューセッツの船舶海事史料から明らかにしたように、ビルバオから北部海岸へ輸出された商品は、少量の塩のみであった。その理由は、ビルバオからアメリカへの商品の運搬が、イギリスの航海法[43]によって制限されていたためである[44]。しかし、**巻末図3**にあるように、1772年頃からビルバオからアメリカへと鉄が輸出されるようになり、1777年頃から継続的に輸出が行われるようになった。第1章や第2章で述べたように、鉄はバスク、特にビスカヤ内陸部の主要産業の一つであった。

小　　　括

　本章の目的は、独立革命の時期に、ビルバオと北部海岸の貿易関係が継続していたのか、継続していたならば、どのように行われたのか、なぜ行われたのかを明らかにすることであった。七年戦争後からアメリカ独立革命期における、ビルバオと北部海岸の貿易関係に着目することで、帝国貿易ではない海を越えた地域間関係史を明らかにしようとした。

　本章では、二つの作業を行った。はじめに、ビルバオの港湾史料を用いてビ

ルバオの対外貿易を考察した。港湾徴税史料からは、主要商品であるタラにかんして、それまで主な貿易相手であったセイラム／マーブルヘッドからの輸入よりも、ノルウェーからの輸入の方が増加していたことがわかった。この分析を踏まえて、アメリカとの関係が断絶したかどうかを検討するために、アメリカの書簡史料を用いて、ビルバオ港や商人であるガルドキ家の役割、公的な記録からは明らかにすることが難しい非公式な貿易や、戦時期の人的繋がりを考察した。

　ビルバオとアメリカのタラ貿易は、港湾史料からみれば、アメリカ独立戦争期に停止したと考えられる。その代替として、ノルウェーを中心とした北欧からタラが輸入されていたのである。これは、国際情勢の中で商人達がリスク分散のために取引先を選択していたことを示している。

　けれども、アメリカとの間では、タラ以外の商品の取引が多く行われるようになっていた。その商品とは、砂糖、タバコ、ラム酒であった。西インド産の主力商品である砂糖や、西インドから北アメリカに輸入された糖蜜が加工されたラム酒、ヴァージニアやメリーランド産のタバコが、アメリカを通してビルバオへと輸出されていた。このことから、アメリカ大陸産の商品だけでなく、西インドのプランテーション植民地の生産品が、アメリカを経由してビルバオへともたらされていたことが明らかになった。

　また、アメリカ側の書簡史料を分析することで、ビルバオやガルドキ家が当時果たしていた役割を明らかにした。港湾都市ビルバオは、アメリカ合衆国とパリやロンドンあるいはアムステルダムとを結ぶ、情報交換の場であった。大西洋両岸の最新の情報は、まずビルバオへと到来し、船長を通して各地に運ばれた。また、ビルバオは、私掠を行っていたアメリカ船だけでなく、敵国であったはずのロンドンや、攻撃を受けやすいフランス沿岸の港湾都市へ、往来しやすい拠点であった。さらに、ガルドキ家は、タラ貿易に従事するただのローカルな商人ではなく、多様な側面を持っていた。彼らは、ビルバオにおいて情報を各地に伝える伝達者であり、アメリカの私掠船の擁護者であり、拿捕した商品の販売人であり、私掠船が問題を起こした場合にはアメリカ・スペイン・フランスの間で調停者の役割を担っていたことが判明した。

　以上のことから、ビルバオと北部海岸の関係は、タラ貿易が途絶した独立戦争の時期になくなったわけではなく、それまでの時代に構築したネットワークを活用した、より緊密なものへと変化していた。それは、今までに明らかにさ

れてきたような、スペイン王室によるアメリカ独立戦争への非公式な物資・資金援助だけではなく、ビルバオという都市を通したトランスナショナルな独自のネットワークを形成する要因となったのである。

　次章では、こうした独立戦争時代にも維持・活用されたビルバオと北部海岸の関係が、合衆国独立以降、どのように発展していくのかを明らかにしていく。

注

1 ）Charles H. McCarthy, "The Attitude of Spain during the American Revolution", *The Catholic Historical Review*, Vol. 2, No. 1, 1916, pp. 47-65.

2 ）マッカーティーによれば、スペイン王室は、ニューオーリンズ La Nouvelle-Orléans / New Orleans とハバナに弾薬をはじめとする軍需品を送ることを決め、またアイルランド人将校を派遣することを決定した。同時に、ハバナに寄港するアメリカの船をフランスと同じ待遇で扱うことが、スペインとアメリカの間で取り決められた。

3 ）カルデロン・クアドラードは、イギリス領北アメリカとの関係が、ディエゴに見られるような、ガルドキ家の社会的上昇を招いたとする。Calderón Cuadrado, *Empresarios españoles*, pp. 23-24.

4 ）この密談は、ミシシッピ川の航行権と、スペインとアメリカの自由貿易認可をめぐるものであった。この密談による取り決めは、ジェイ・ガルドキ条約として草案が合衆国会議に提出されたものの、否決された。

5 ）Rueda, *La compania comercial*.

6 ）Lydon, *Fish and Flour for Gold*.

7 ）Aragón Ruano and Angulo Morales, "No solo pescado y harina".

8 ）AHFB, *Libro borrador de las cuentas del derecho de avería, del siete de enero de 1765 al año 1783*. ビルバオ港での記録のうち 1766 年から 1783 年の分を記録した全17 冊を使用する。

9 ）Founders Online〈URL: https://founders.archives.gov/〉.（2020 年 11 月 18 日　最終閲覧。）

10）制限諸法の中には、漁業禁止法 Fishery Prohibit Act が含まれていた。Grafe, *Distant Tyranny*, pp. 65-66.

11）タラの供給不足により、修道院では肉食の免罪が認められ、肉を食べても良い日が増えた。Grafe, *Distant Tyranny*, pp. 69-79.

12）モラ・デュ・ジョルダンは、16 世紀にベルゲンによる、ヨーロッパのタラ貿易の独占があったとしている。本章での分析が示したのは、少なくともビルバオやスペインにおいて、1770 年代にベルゲンのタラが競争力を持ち始めたことであり、1784 年以降はベルゲンとマサチューセッツの港との競争が繰り広げられていた。ミシェル・モ

第4章　戦争と貿易　*131*

ラ・デュ・ジョルダン（深沢克己訳）『ヨーロッパと海』平凡社、1996 年、229 頁。

13) Grafe, *Distant Tyranny*, p. 67.

14) 薩摩によれば、18 世紀初頭以降の私掠は、「通商破壊戦」の要素を持つものである。通商破壊戦は、重商主義思想の下で発展した。つまり、有限である富を他国よりも多く獲得するという目的のもと、市場である植民地の争奪戦が行われていたなかで、私掠船によって他国の通商や市場獲得を妨害することが試みられたのである。これは、16 世紀から 18 世紀初頭の間にみられたような、「報復的拿捕」とは異なるシステムであった。「報復的拿捕」とは私的損害を補うために平時に行われるものであったが、「私掠」は戦争の一環として戦時にのみ行われるものであった。18 世紀の私掠船には、二つの種類がある。それは、略奪を主目的とする「私軍艦」タイプと、貿易を兼業する「拿捕認可状船」タイプである。この時期のセイラムやマーブルヘッドの私掠船は、後述の史料からも明らかなように、後者に属する。このことから、戦争のために貿易活動が滞った際に、代替ビジネスとして私掠が選ばれていたと考えてよい。また、私掠によって獲得された船や積荷は即座に売却されるのではなく、積荷の明細や価格をフランスあるいはスペインの港で知らせる必要があった。薩摩は、イギリスの例をとって、18 世紀の私掠を「管理された略奪」と述べたが、こうしたシステムは独立戦争中のアメリカにおいても踏襲されていた。薩摩真介『〈海賊〉の大英帝国　略奪と交易の四百年史』講談社選書メチエ、2018 年、165-176 頁；薩摩真介「補論　ドレイクの世界周航と略奪行為の変容」岸本美緒編『歴史の転換期　1571 年　銀の大流通と国家統合』山川出版社、2019 年、272-279 頁。

15) 古典的研究として、以下のものがある。Edgar Stanton Maclay, *A History of American Privateers*, New York: D. Appleton and Co., 1899 (reproduction, 2006. https://archive.org/details/historyofamerica00macl/page/n7/mode/2up. 2024 年 6 月 25 日最終閲覧). 北部海岸、つまりセイラム、マーブルヘッド、ニューベリーポート、グロスターのような地域は、武装商船の拠点であった。この地域の武装商船は、のちに大陸海軍へと組み込まれた。

16) To Benjamin Franklin from Josiah Smith, 4 June 1777 (Franklin Papers).

17) フランシス・ブラウン。ニューヘイブン New Haven 出身で、ロードアイランド Rhode Island の私掠船チャーミング・サリー号 Charming Sally の船長。彼は、プロビデンス Providence から出航し、1 月にフィニステレ Cape Finisterre で捕えられ、プリマスに送られるまで、多くの船を拿捕した。彼は 5 月後半に逃亡した。To Benjamin Franklin from Josiah Smith, 4 June 1777.

18) The American Commissioners to John Paul Jones, with Arthur Lee's Dissent and Their Rejoinder: Three Documents, 16 [-18] January 1778 (Franklin Papers).

19) これに対し、アーサー・リーは、商人以外の人間に商品の売買を行わせることに不満を抱いていた。The American Commissioners to John Paul Jones, with Arthur Lee's Dissent and Their Rejoinder: Three Documents, 16 [-18] January 1778.

132

20）To Benjamin Franklin from John Emery, 11 March 1778（Franklin Papers）.

21）To Benjamin Franklin from John Emery, 20 January 1778（Franklin Papers）.

22）この新聞は残されていない。

23）From Benjamin Franklin to John Emery, 23 March 1778.

24）From Benjamin Franklin to John Emery, 23 March 1778（Franklin Papers）.

25）To John Adams from Joseph Gardoqui & Sons, 13 May 1780（Adams Papers）.

26）To John Adams from Joseph Gardoqui & Sons, 10 June 1780（Adams Papers）.

27）To Benjamin Franklin from［Gardoqui & Sons］, 9 April［i.e., July］1777（Franklin Papers）.

28）表 4-2 にある、7 月 30 日のサリー号 Sally の出発地は「カロライナ」としか記載されていない。続く四隻が、チャールストンから来航していることを考慮すると、サウスカロライナの可能性が高い。

29）実際のスペルは Isaac Lee であると考えられるが、ビルバオの史料では Ysaac Lee と書かれている。AHFB, *Libro borrador de las cuentas del derecho de avería, del ocho de enero de 1777 al siete de febrero de 1778.*

30）To Benjamin Franklin from［Gardoqui & Sons］, 16 August 1777.

31）史料の脚注によれば、ニコラス・デュピィは、ミカエル・デュピィと同人物である。To Benjamin Franklin from［Gardoqui & Sons］, 16 August 1777（Franklin Papers）.

32）エル・リベリ El Libeli 号と同一であると考える。エル・リベリは、英語ではライヴリー号 Lively である。

33）To Benjamin Franklin from［Gardoqui & Sons］, 13 September 1777（Franklin Papers）.

34）ミカエル・デュピィのこと。Miguel Dupee と Miguel Dupui の間で、表記ゆれがある。AHFB, *Libro borrador de las cuentas del derecho de avería, del catorce de enero de 1778 al trece de marzo de 1779.*

35）しかし、船長の苗字が、恐らく「バブソン」であることから、英語圏の港から出航したと考えてよい。AHFB, *Libro borrador de las cuentas del derecho de avería, del catorce de enero de 1778 al trece de marzo de 1779.*

36）Arthur Lee to Franklin and Silas Deane, 13 December 1777（Franklin Papers）.

37）前の春にスペインを訪問した際、スペイン王室が資金を提供してくれることを知ったリーはすぐにガルドキ父子商会と契約し、11 月 28 日に、毛布の購入のために 7 万ポンドを送った。Arthur Lee to Franklin and Silas Deane, 13 December 1777.

38）From John Adams to John Jay, 22 February 1780（Adams Papers）.

39）From John Adams to Joseph Gardoqui & Sons, 1 March 1780（Adams Papers）.

40）To Benjamin Franklin from Joseph Gardoqui & fils, 21 June 1780（Franklin Papers）.

第4章　戦争と貿易　*133*

41）ジョナサン・ハラデン（1744-1803 年）はマサチューセッツ州グロスター出身である。
　　アメリカ独立戦争中に、彼は 60 隻のイギリス船を拿捕した。To Benjamin Franklin
　　from Joseph Gardoqui & fils, 21 June 1780.

42）Abigail Adams to John Adams, 16 July 1780（Adams Papers）.

43）川分が指摘するように、航海法によってイギリス領植民地と外国や外国領植民地との
　　直接貿易が禁止されていたが、イギリス本国やイギリス領植民地とスペイン領アメリ
　　カとの貿易は盛んであった。たとえば、笠井が述べるように、ボストン商人はジャマ
　　イカを中継拠点として、スペイン領アメリカ植民地と貿易を行っていた。こうした貿
　　易の存在は、ピアースも指摘している。川分「近世西欧諸国のアメリカ植民地体制に
　　おける法と経済」、242-248 頁；笠井『船乗りがつなぐ大西洋世界』；Pearce, *British
　　Trade with Spanish America.*

44）ライドンによれば、ビルバオからアメリカへ向かう船は空荷であった。時折、バスク
　　商人の委託によってアメリカの船主がカディスへ向かい、塩を積んで、アメリカへと
　　帰着した。Lydon, *Fish and Flour for Gold*, pp. 95-97.

第5章

帝国外貿易の展開
──ラテンアメリカ・アジア産品の流入──

は　じ　め　に

　本章では、アメリカ合衆国独立後の貿易の展開を考察していく。本章の目的は、アメリカ合衆国が成立したのちの時期、1784 年から 1808 年を対象に、ビルバオとアメリカの貿易構造がどのようなものであったか、あるいは、これまでの時代と比較してどのように変化したのかを明らかにすることである。

　この時期にかんする通説的な歴史解釈では、ナポレオンの台頭と半島戦争の始まりとともに、大西洋世界、スペイン、バスク、ビルバオがそれぞれ政治的・経済的危機の時代を迎えていたとされる。それゆえ、戦争の動向に研究の重きが置かれ、あたかも商業活動や物流は停滞したかのようにみえる。このため、ビルバオの貿易を扱った先行研究では、1800 年以降の貿易、特に半島戦争の時代についての貿易を扱うことが少なかった。[1]一方で、アメリカ側の先行研究も、ビルバオや他のイベリア半島の港との貿易を、アメリカ合衆国の独立の布石として位置付ける傾向があり、合衆国独立以降の貿易関係は取り上げられてこなかった。[2]

　本章では、一次史料からビルバオ商人と北部海岸商人たちの貿易を再構築することで、危機の時代と考えられる時期に、彼らの商業活動と貿易構造の変化を明らかにすることで、「環大西洋革命」という大きな時代のうねりと、国内外の情勢によってもたらされた様々な危機を、商人たちがどのように切り抜けたのかを検討することができる。

　使用する史料は、ビルバオ側の港湾徴税史料であるリブロ・デ・アベリーアである。[3]この史料によって、ビルバオ側の貿易構造を明らかにする。他に、アメリカ合衆国側のセイラムとマーブルヘッドの税関史料を用いる。[4]イギリス植民地時代に、セイラムとマーブルヘッドは同じ税関の管轄下に置かれていた。しかし、合衆国成立以後、エセックス郡の税関により、セイラムとビバリー、

マーブルヘッドとリンへとそれぞれ再編される。これらの史料を使用することで、七年戦争から継続していた地域間の貿易関係が、合衆国成立以降、どのように変化していったのかを、立体的に明らかにすることができる。

　第1節では、港湾徴税史料を用いて、ビルバオの貿易を検討する。第4章で明らかにしたように、すでに取引商品はタラだけではなくなり、多様化が進んでいたが、この時期には、どのような商品が輸入されていたのかを明らかにする。先取りしていえば、それらの商品のなかには、ニューイングランドで生産することのできない胡椒やカカオのような産品が含まれていた。それらの商品は、一体どこで獲得され、アメリカを経由してビルバオへと送られたのか。また、その貿易が、どのような意味を持ち得たのかを、第2節で検討する。

1　ビルバオの対アメリカ貿易の動き

　まず、ビルバオとアメリカの貿易について、どのような特徴があり、以前と比べて、どのような変化があったのかを明らかにする。

(1) タラ貿易とアメリカ貿易に関わった商人の変化

　まず、これまで見てきたタラ貿易にかんする変化を見ていく。タラは食糧として、いかなる時代においても重要な取引商品であり、ビルバオとセイラム・マーブルヘッドとの主要な貿易商品は、常にタラであった。巻末図1に示したビルバオにおけるタラの輸入量を見ると、この時期、ビルバオ港におけるタラの輸入量は、年毎に大きく変動があったとみえる。図5-1からも、1780年代まではアメリカとのタラ貿易はガルドキ家によってほぼ独占されていたが、1790年以降は徐々に他の商人が台頭してきていた。この変化は、ディエゴ・デ・ガルドキが1789年に赴任地トリノで死去したことによってガルドキ父子商会が解散したことによる。1789年以降も、引き続きガルドキ家の事業は、長男であったホセ・ホアキンや、その息子セサレオ Cesareo が行った。しかし、ガルドキ家の事業は低調になりつつあったといえよう。

　タラ貿易に携わったビルバオ商人は、1790年以降、それまでカナダやニューファンドランドとの貿易を専門としていたゴメス・デ・ラ・トーレ家や、キリー・ケリー・イ・モロニー商会 Killy Kelly i Morony が、アメリカ貿易に参入するようになっていた。くわえて、1795年頃からゴルディア・イ・バジョ

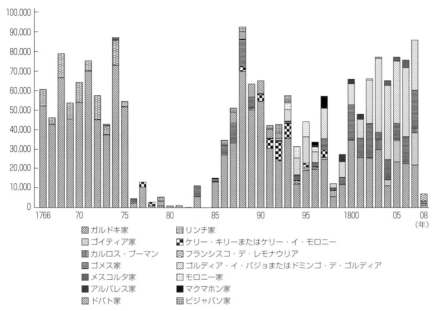

図 5-1　アメリカとのタラ貿易に関わったビルバオ商人　1766-1808 年（単位：キンタール）

出典：AHFB, *Libro borrador de las cuentas del derecho de avería, del veintidós de enero de 1755 al cuatro de febrero de 1756 - Libro borrador de las cuentas del derecho de avería de los años 1808* より筆者作成。

商会がタラ貿易に参入し始めた。この商会は、ドミンゴ・デ・ゴルディア・イ・ガリャルドとサントス・デ・バジョが共同出資で創設した会社である。彼らは、初代在ニューイングランド領事ジョン・ストートン John Stoughton を通して、ビジネスを拡大した[9]。

（2）商品ごとの分析

　こうしたタラ貿易の内実の変化に加え、この時代の特徴として、ビルバオと取引を行ったアメリカの都市と取り扱う商品が多様化したことがある。とくに 1790 年以降、アメリカとビルバオの貿易は、タラ以外の商品が、それ以前の時代と比べて活発化した。ここでは、ビルバオとアメリカの貿易の中で、とくにこの時期に取引量が増加した商品である、砂糖、葉タバコとタバコ、コーヒー、カカオ、胡椒と茶をとりあげ、その取引に関する分析を行う。

① 砂糖

次に**巻末表1**で提示したのは、砂糖の輸入量である。砂糖は、産地不明のものとハバナ産のものが輸入されていた。1783年以前には不定期に輸入されていた砂糖が、1793年以降、毎年継続して輸入されるようになった。また、ハバナもスペイン領植民地であるにもかかわらず、ハバナ産砂糖は合衆国経由でビルバオに送られてきていた。ハバナは1762年にイギリスに侵攻され11か月間の占領を受けたが、その間にイギリスやイギリス領植民地との貿易が盛んになった経験があり、スペイン領植民地のなかでも特に貿易の自由化を望んでいた地域であった。このことから、合衆国とハバナの貿易が行われていたことや、その貿易を踏まえた上でビルバオへと再輸出されたことがわかる。

② タバコ

前章でも述べたように、タバコの輸入は1778年から行われていたが、1793年以降、1805年までの間、定期的に輸入が行われるようになった。

次に、**巻末表2**では、ビルバオで荷卸しされたタバコがどこから来たのかを示した。タバコは、ヨーロッパの港からも来ているが、セイラム、マーブルヘッド、ボストン（マサチューセッツ州[11]）、フィラデルフィア（ペンシルヴァニア州 Pennsylvania）、ニューヨーク、アレクサンドリア（Alexandria ヴァージニア州）、チャールストン（サウスカロライナ州）、ウィルミントン（Wilmington ノースカロライナ州）といったアメリカの港から、より多く輸入されていた。つまり、アメリカ合衆国各地の港との直接貿易によって、タバコが輸入されていた。

③ コーヒー

次に、**巻末表3**に示したのはコーヒーの輸入量である。コーヒーは、以前、1779年に一度だけ輸入されていた。その後、1793年から継続的に輸入が行われるようになった。

④ カカオ

次に、カカオの輸入についてである。この商品については、**巻末表4**でカカオの産地別に輸入量を示している。1793年まで、カカオの輸入は行われなかった。しかし、1793年以降、アメリカからビルバオへとマルティニーク（フランス領）やスリナム Suriname 産（オランダ領[12]）のカカオが輸入され、1795年

頃からは断続的にカラカスやクマナ Cumaná のカカオが輸入されていた。量でいえば、マルティニーク産よりも、ベネズエラのカカオが多く輸入されてきた。[13]

　ここで着目するべきことは、ベネズエラのカカオについてである。ベネズエラはカカオの一大産地であり、1728 年に設立された王立カラカス会社がその貿易を独占していた。この会社は、1785 年に王立フィリピン会社へ再編されたものの、変わらずカラカスとクマナとの貿易を独占していたはずであった。カカオとベネズエラの重要性は王室によってよく認識されており、「自由貿易」規則に組み込まれたのは、ヌエバ・エスパーニャと同様に最も遅い時期であった。さらに、王立カラカス会社は、ギプスコアの人々によって作られた会社であった。

　それにもかかわらず、ビルバオの人々はベネズエラのカカオを、合衆国を経由して手に入れていた。これは、王立カラカス会社がカカオの価格競争に敗北したことで衰退したことにもあるように、王立カラカス会社の運搬するカカオの価格が高かったことに起因すると考えられる。[14]

　スペイン内陸部における史料が残っていないため、ギプスコアからビスカヤへ陸路で運ばれたカカオの量を計算することは難しい。しかし、ビルバオではベネズエラとの直接貿易ではなく、アメリカからスペイン植民地産品が輸入されてきていた。このことは、植民地貿易から公式には除外されていたビルバオの人々が、帝国の貿易ネットワークとは異なるネットワークの中にあったということを示している。

　⑤ 胡椒
　本章が対象とする時代において最も特徴的な商品は、1795 年から突如としてセイラムとマーブルヘッドから輸入がはじまる「ピミエント pimiento」である。「ピミエント」は「唐辛子」と「胡椒」の二つの意味がある。いずれにせよスペイン領アメリカ植民地かアジアで生産される香辛料であるが、寒冷なセイラム／マーブルヘッドで生産することは不可能である。では、本来は、どこで生産されたものであろうか。この商品の由来については、次節において、アメリカ合衆国の税関史料から検討したい。

140

（3）輸出

　アメリカがイギリス領植民地であった時代、航海法によってビルバオからア
メリカへ直接商品を運ぶことは禁じられていたことは、既に第4章で述べたと
おりである。また、第4章でも見たように、アメリカ独立戦争中は貿易量が少
なくなっており、ビルバオからの輸出は 1777 年以降からしか記録に残されて
いない。

　巻末図3に示したように、本章が対象とする 1780 年代においても、ビルバ
オからは、時折、鉄が輸出されているだけであった。しかし、1800 年前後に
はアメリカへの鉄の輸出が大幅に増加した。これには、元来、鉄の一大輸出地
であったデンマークやスウェーデンといった北欧が、ナポレオン戦争に巻き込
まれたことで、輸出が難しくなったためと考えられる。その後、1807 年から
は、またもやビルバオから輸出される鉄の取引量は減少した。このことから、
1807 年の年末に、トマス・ジェファソン Thomas Jefferson 大統領の提案によ
り施行されたアメリカでの出港禁止法が、ビルバオとの鉄貿易に影響を及ぼし
たと考えられる。

2　建国後アメリカにおける貿易の展開

　今まで見てきたビルバオの貿易に対し、本節ではアメリカ側の史料を用いて、
貿易の構造を明らかにしていく。

　表5-1 は、マーブルヘッドが、どこの港からの船を迎えていたのかを示した
ものである。この表から判明することは、マーブルヘッドの貿易は、西インド
やカリブ海諸島との貿易が多いことである。とりわけ、フランス領西インドか
らの輸入が最も多い。特筆すべきは、ポルトガル（リスボン、セトゥーバル、ファ
イアル Ilha do Faial、マイオ島 Maio、マデイラ Madeira、ラグーナ Laguna（ブラジル））
とスペインの港との貿易が、次いで多いことである。スペインの中では、北部
（ビルバオ、ヒホン、サン・セバスティアン）との貿易が最も多く、スペイン領植民
地（ハバナ、ラ・グアイラ La Guaira、マタンサ Matanza、クマナ）との 30 回や南部
（カディス、マラガ、バルセローナ、テネリーフェ）との 29 回に比べて倍以上の取引
が行われた。以上のような地域に比べると、イギリスやイギリス領西インドあ
るいはフランス本国との貿易は少なかった。

　これに加え、本章が対象とする時期の特徴として、中立港[15]の存在がある。

第 5 章　帝国外貿易の展開　*141*

表 5-1　マーブルヘッドに来航した船の出港地　1790、1795、1797-1802、1807-1808 年

輸入元	輸入回数	輸入元	輸入回数
リスボン	95	ロンドン	2
マルティニーク（仏）	69	セントルシア（英）	2
ビルバオ	55	ポート・ルイス（モーリシャス）	2
グアドループ（仏）	26	ダンケルク	2
カプ・フランセ（ハイチ）	26	サン・セバスティアン	2
リヴァプール	18	ポワンタピートル（仏）	2
カディス	18	ポーツマス	2
ロッテルダム	16	ポルトープランス（ハイチ）	2
ハバナ（西）	15	ブレーメン	2
サンクトペテルブルク	14	マタンサ（西）	2
セント・マーチン（仏・蘭）	13	クマナ（西）	2
ラ・グアイラ（西）	11	ル・アーヴル	2
マイオ島（葡・カーボベルデ）	11	リヴォルノ（伊）	2
シント・ユースタティウス（蘭）	9	ノヴァ・スコシア	1
マラガ	9	ニューファンドランド	1
ナント	8	ダートマス（英）	1
ハンブルク	7	オランダ	1
セトゥバル	5	ハリファックス	1
イェーテボリ	5	バルセローナ	1
タークス諸島（英）	5	プリマス	1
ジブラルタル	4	ナントとプリマス	1
バイヨンヌ	4	ファイアル（葡・アゾーレス諸島）	1
ボルドー	4	ジャマイカ（英）	1
アンティグア（英）	3	ラグーナ（葡領ブラジル）	1
サン・バルテルミー（瑞）	3	テネリフェ（西・カナリア）	1
コペンハーゲン	3	マデイラ（葡）	1
セント・クロイ（丁）	3	コルーニャからボストン経由	1
ドミニカ	3	リスボンからボストン経由	1
ヒホン	3	不明	5
ボストン	2		

出典：NAB, *Record Group 36: Records of the U.S. Customs Service, 1745-1997* より筆者作成。

この表における中立港とは、ハンブルク、サンクトペテルブルク Санкт-Петербург / Sankt Peterburg、イェーテボリ Göteborg、コペンハーゲン København、ダンケルク Dunkerque、ブレーメン Bremen、カリブ海にあるオランダ領シント・ユースタティウス島 Sint Eustatius[16] である。ヨーロッパとの貿易では、こうした中立港を経由した商業ネットワークが展開していたと考えられる。[17]

142

　これらのことから、マーブルヘッドは、カリブ海諸島、中南米、ポルトガル、スペイン北部の港と結びつきが強かったこと、あるいは、中立港を介したヨーロッパとの貿易が行われていたことがわかる。けれども、中立港との貿易は、回数でいえばフランス領西インド[18]、ポルトガルとその植民地、スペインとその植民地との貿易に比べて少なかった。マーブルヘッドにとっては、中立港との貿易よりも、後者との貿易が重要であったといえる。

　表5-2は、ビルバオからマーブルヘッドへ運ばれた商品を表している。この史料も抜け落ちが多いが、おおよその傾向は掴むことができる。つまり、ビルバオからマーブルヘッドへ最も頻繁に輸出されていた商品は、鉄であった。

　次に、セイラムから出航した船の行き先について、**表5-3**に示している。セイラムの貿易の傾向も、前の時代と同様、カリブ海との貿易が多いということである。しかし、この時代に特徴的な事柄が三点ある。第一に、コペンハーゲンやハンブルク、ブレーメンのようなヨーロッパの中立港との貿易が行われたことである。これはマーブルヘッドの傾向と同様である。第二に、インド（ここでは East India を指す。なお、具体的な港の名前は記されていない）、スマトラ Sumatra、広東、マニラといったアジアの港との貿易が、数回ではあるものの行われはじめたことである。1794 年に締結されたジェイ条約によって、アメリカは自国の港と「東インドのイギリス領のすべての海港 seaports と港 harbours」との貿易の権利を手に入れ、以降、アメリカのインド貿易は急増した[19]。この点については、後のページで、商品のフローを詳しく見ていきたい。

表5-2　ビルバオからマーブルヘッドへの輸出品　1790、1795、1797-1802、1807-1808 年

年	回数	品目
1790 年	3	鉄、革、豚肉
1795 年	3	ブランデー、ボルドーワイン
1797 年	5	鉄、ココア殻、ガラス製品、殻
1798 年	2	殻、モロッコスキン
1799 年	4	殻、ブランデー、鉄
1800 年	13	鉄、コットン殻、殻、シルクのハンカチーフ、ブランデー、リスボンワイン
1801 年	13	鉄、ココア殻、ブランデー、リスボンワイン、ガラス、殻
1802 年	2	鉄
1807 年	7	鉄、ココア殻、ナイフ、斧、酒
1808 年	3	ココア殻、ブランデー

出典：NAB, *Record Group 36: Records of the U.S. Customs Service, 1745-1997* より筆者作成。

第5章 帝国外貿易の展開 *143*

表5-3 セイラムから出航した船の目的地と航海回数 1798-1807年（単位：隻）

	目的地	航海回数			目的地	航海回数
カリブ海	西インド	116		アフリカ	喜望峰	1
	ハバナ	31		近海	アフリカ	1
	カプ・フランセ	19		合衆国	ポート・リパブリック	3
	マルティニーク	16			ニューオルレアン	1
	セント・ルシア	13			（ニューオーリンズ）	
	トリニダード	9		ヨーロッパ	コペンハーゲン	37
	ジャマイカ	5			ヨーロッパ	21
	セント・トーマス	5			ハンブルク	11
	サンティアゴ・デ・	3			カディス	2
	ラ・クーバ				ボルドー	1
	グアドループ	3			モンテ・クリスト	1
	トバゴ	2		インド洋	フランス島（モーリ	9
	セント・クロイ	1			シャス）	
	バルバドス	1		アジア	インド	9
	キュラソー	1			スマトラ	5
	イスパニョーラ	1			カルカッタ	1
中南米	スリナム	56			ボンベイ	1
	デメララ	9			広東	1
	ラ・グアイラ	4			マニラ	1
	カイエンヌ（仏領ギア	2		複数地	カディス＆カプ・フラ	1
	ナ）				ンセ	
アフリカ	マデイラ	5			フランス島＆スマトラ	1
近海	マデイラ＆地中海	1				

出典：Philips Library, *The Salem Custom House Records, 1762-1901* より筆者作成。

　第三に、「ヨーロッパ」という貿易相手が出現していることである。史料において、具体的な港の記載はなく「ヨーロッパ」とのみ書かれているため、どこの港かを判別することは難しい。しかし、表内にもあるように、コペンハーゲン、ハンブルク、カディス、ボルドーのような港は、具体名が記されている。これを考慮するならば、具体的に書かれていない港が「ヨーロッパ」として一つにまとめられていることを推測することができる。そして、これまでの貿易の傾向から考えられうるのは、「ヨーロッパ」という分類の中に、リスボンのようなポルトガルの港や、ビルバオやア・コルーニャのようなスペイン北部の港が含まれていることである。
　表5-4は、セイラムとビバリーの税関における再輸出の記録である。この史料は、年代ごとに完璧にそろっているわけではないが、少なくとも当時行われ

144

ていた、いくつかの貿易のネットワークを再構築することができる。この表に
出てくる最初の輸入元の多くは、スマトラを中心としたアジアの港である。運
ばれてきた商品は、コーヒー、カカオ、胡椒、ハンカチーフ、青唐辛子、マメ
ガキ、砂糖、インディゴ、オイル、ワイン、コットンであった。これらの商品
の多くは、ヨーロッパやカリブ海へと再輸出されており、セイラムという港の
機能や役割を端的に表している。つまり、18世紀末から19世紀初頭にかけて、
セイラム商人の貿易活動がアジア方面へと拡大し、そこで獲得された商品は、
従来のセイラムの商業ネットワークにのっとってヨーロッパへと再輸出されて
いた。

　ここで、ビルバオへは3回の再輸出が記録されている。第一に、1798年10
月29日にセイラムに輸入されたスリナムのコーヒーが、1799年1月にビルバ
オへと輸出されている。スリナムは、南米沿岸部に位置するオランダの植民地
である。次に、1800年4月7日にベネズエラのクマナ港から輸入されてきた
カカオは、1801年1月にビルバオへと輸出された。ベネズエラは植民地化さ
れた当初からカカオの産地として名高く、18世紀中葉以降はカラカスとクマ
ナ、マラカイボ Maracaibo からカカオが輸出されていた[20]。最後に、1801年5
月25日にキューバの都市であるサンティアゴ・デ・クーバ Santiago de Cuba
からセイラムへ輸入された白砂糖と黒砂糖は、翌6月にビルバオへと輸出され
た。この史料から判明することは、スペイン植民地であったベネズエラやキュー
バ、あるいはオランダ領スリナムからの商品が、セイラムを経由して、本国
の港であるビルバオへと流通していたことである。このことは、スペイン帝国
貿易とは異なる、セイラム経由で植民地産品を手に入れていたネットワークが
存在していたことを立証している。

　この表では、胡椒が頻繁にスマトラからセイラムへ輸入され、その後、各地
へ輸出されていたことがわかる。この表だけでは、胡椒がビルバオへ再輸出さ
れていたことを断言することはできない[21]。しかし、セイラムの船乗りや商人が、
スマトラのような胡椒の産地と頻繁に貿易をしていたことは明らかである。こ
のことから、ビルバオの港湾史料に記録されているような、アメリカからビル
バオにもたらされていた胡椒は、アジア産のものであったといえる。くわえて、
巻末表6にある、ビルバオにおける茶の輸入がアメリカから行われていたこと
を踏まえると、おそらく茶においても、胡椒と同じルートをたどって再輸出さ
れていたと考えることができる。

第5章 帝国外貿易の展開　　*145*

表5-4　セイラムとビバリーの税関における再輸出記録

輸入日	輸入元	到着地	輸出日	再輸出地	商品
1798/10/29	スリナム	セイラム&ビバリー	1799/1	ビルバオ	コーヒー
1800/4/7	クマナ	セイラム&ビバリー	1801/1	ビルバオ	カカオ
1800/4/9	カルカッタ	セイラム&ビバリー	1800/5	キューバ	胡椒
1800/9/12	マドラス&トランケバール	セイラム&ビバリー	1800/10	ポートリパブリック	マドラスのハンカチーフ
1800/9/12	マドラス&トランケバール	セイラム&ビバリー	1800/10	アフリカ海岸	青唐辛子
1800/9/12	マドラス&トランケバール	セイラム&ビバリー	1800/10	ポートリパブリック	マメガキ
1800/9/12	マドラス	セイラム&ビバリー	1800/12	ポートリパブリック	マメガキ
1800/9/12	マドラス	セイラム&ビバリー	1800/12	レ・カイ（ハイチ）	ハンカチーフ
1800/9/12	バタヴィア	セイラム&ビバリー	1801/2	ニューオルレアン	胡椒
1801/5/25	サンティアゴ・デ・クーバ	セイラム&ビバリー	1801/6	ビルバオ	白砂糖・黒砂糖
1801/11/7	スマトラ	セイラム&ビバリー	1801/11	スペイン	胡椒
1802/8/18	スマトラ	セイラム&ビバリー	1802/9	西インド	胡椒
1802/8/18	スマトラ	セイラム&ビバリー	1802/9	リヴォルノ	胡椒
1802/8/18	スマトラ	セイラム&ビバリー	1802/9	ボルドー	胡椒
1802/8/18	スマトラ	セイラム&ビバリー	1802/9	スリナム	胡椒
1802/8/18	スマトラ	セイラム&ビバリー	1802/9	ナント	胡椒
1802/8/18	スマトラ	セイラム&ビバリー	1802/9	アムステルダム	胡椒
1802/10/7	スマトラ	セイラム&ビバリー	1802/10	ボルドー	胡椒
1802/12/7	スマトラ	セイラム&ビバリー	1803/6	ボルドー	胡椒
1803/3/29	カルカッタ	セイラム&ビバリー	1803/4	キュラソー	モスリン
1803/9/21	スマトラ	セイラム	1803/10	エンブデン	胡椒
1803/9/21	スマトラ	セイラム&ビバリー	1803/10	パレルモ&ナポリ	胡椒
1803/9/21	スマトラ	セイラム&ビバリー	1803/11	サンタ・マルタ（コロンビア）	胡椒
1803/9/21	スマトラ	セイラム&ビバリー	1803/11	西インド	胡椒
1803/11/1	スマトラ	セイラム&ビバリー	1803/12	プエルトリコ	胡椒
1803/11/1	スマトラ	セイラム&ビバリー	1803/12	プエルトリコ	胡椒
1803/11/1	スマトラ	セイラム&ビバリー	1803/12	プエルトリコ	胡椒
1803/11/16	スマトラ	セイラム&ビバリー	1803/12	ハバナ	胡椒
1803/11/16	スマトラ	セイラム&ビバリー	1804/2	リヴォルノ	胡椒
1803/11/16	スマトラ	セイラム&ビバリー	1803/12	ハバナ	胡椒
1803/12/25	スマトラ	セイラム&ビバリー	1804/6	キュラソー	胡椒
1803/12/27	スマトラ	セイラム&ビバリー	1804/6	マラガ	胡椒
1804/3/20	リヴォルノ	セイラム&ビバリー	1804/4	ハバナ	オイル
1804/4/18	マニラ	セイラム&ビバリー	1804/5	ボルドー	インディゴ
1804/4/18	マニラ	セイラム&ビバリー	1804/5	ボルドー	インディゴ
1804/5/19	バタヴィア	セイラム&ビバリー	1804/6	コペンハーゲン	コーヒー、胡椒
1805/7/3	リヴォルノ	セイラム&ビバリー	1805/7	ラ・グアイラ	オイル、コルシカ産ワイン
1805/7/23	スマトラ	セイラム&ビバリー	1805/8	西インド	胡椒
1807/1/7	ナーガパッティナム（インド）	セイラム&ビバリー	1807/3	アフリカ	コットン
1810/9/27	スマトラ	セイラム&ビバリー	1810/12	スミルナ（オスマン帝国）	胡椒

出典：Philips Library, *The Salem Custom House Records, 1762-1901* より筆者作成。

表 5-5 は、マーブルヘッドからビルバオへの再輸出記録を示したものである。史料の数は限られており、1805 年から 1808 年のみを対象としている。左側の表は、マーブルヘッドを経由してビルバオに輸出された商品の出荷地を示している。最も多かったのはフランス領であったマルティニークであり、その次がスペイン領であったハバナ、次にフランス領グアドループであった。同数でインドのカルカッタ Calcutta / Kolkata からもマーブルヘッドを経由して、ビルバオへと商品が輸出されていた。右側の表は、ビルバオからマーブルヘッドへと輸出された商品が、どこへ再輸出されたかを示している。史料には、ハバナと東インドのみ記録されていた。

　ここで取引された主な商品は、砂糖であった。マルティニークからは、砂糖の他にコーヒーやカカオも送られてきたが、ハバナやグアドループ、カルカッタからビルバオへは砂糖が送られた記録が残るのみである。反対に、ビルバオから輸出されたのは、鉄、釘、コーディアルとよばれる滋養強壮効果を持つリキュールであった。データ数は少ないものの、この史料からわかるのは、ビルバオがマーブルヘッドを通して、ラテンアメリカ植民地やアジアとの繋がりを持っていたということである。

　これまで、セイラム／マーブルヘッドの商人達が、独立以降、インドや広東、スマトラへと進出したことは、セイラムやマーブルヘッドの歴史の中で多く語られてきた。[22] しかし、それは、セイラム／マーブルヘッド商人の商業ネットワークの拡大あるいは合衆国の拡張の歴史として考えられており、ヨーロッパとの繋がり、とりわけ前時代から続いてきたはずのスペインやビルバオとの貿易は見落とされてきた。表 5-2 と表 5-3 では、セイラムやマーブルヘッドといった北部海岸の港を通じて、アメリカ大陸やアジアの産品がヨーロッパへと再輸出される過程が理解できる。

表 5-5　マーブルヘッドにおける再輸出記録　1805-1808 年

最初の輸入元	回数	最後の輸出先	回数
マルティニーク	18	ハバナ	4
ハバナ	3	東インド	1
グアドループ	1		
カルカッタ	1		

出典：NAB, *Record Group 36: Records of the U.S. Customs Service, 1745-1997* より筆者作成。

第 5 章　帝国外貿易の展開　*147*

小　　　括

　本章では、1784 年から 1808 年を対象に、ビルバオとエセックス郡北部海岸地域の貿易構造がどのようなでものであったか、あるいは、これまでの時代と比較してどのように変化したのかを明らかにした。

　本章が対象としたのは、アメリカ合衆国から伝播した革命の影響により、ヨーロッパの情勢が激変した時代であった。また、フランス革命の影響は、スペインに政治的・経済的な動揺をもたらした。そうした国際情勢を踏まえ、本章では、一次史料からビルバオ商人とセイラム／マーブルヘッド商人たちの貿易を再構築することで、彼らの商業活動と、商業を通じた地域の繋がりについて、以下の三点を明らかにした。

　まず、貿易商品の変化についてである。ビルバオと北部海岸の諸港との間で、タラに加えて取引されたのが、いわゆる植民地産品であった。植民地産品とは、つまり、タバコ、カカオ、砂糖、コーヒー、胡椒である。1780 年代には、産地不明であるもののカカオがアメリカから輸入された。1790 年代にビルバオに輸入されていたカカオは、スリナム産とカラカス産であった。くわえて、1790 年代からは、コーヒーや胡椒がセイラム／マーブルヘッドを通してビルバオへともたらされた。

　最後に、一点目と関連して、貿易商品の変化は、合衆国成立にともなってセイラム／マーブルヘッド商人の活動範囲が拡大したことに一因があったことを明らかにした。セイラム／マーブルヘッド商人は、18 世紀末以降、中南米やインド、アジア貿易に参入した。特に、インドへのネットワークの拡大は、1794 年のジェイ条約締結以降に、アジアへの進出が認められた合衆国ことによって、新たに展開したものであった。この結果、主にフランスやスペイン、オランダに属するカリブ海植民地や、ラテンアメリカ植民地の商品が、ビルバオへと再輸出された。また、数が少ないながらも、スマトラやインドから輸入された商品もビルバオへと再輸出されていた。このことは、以前の時代と比較した際の、本章が取り扱った 18 世紀末から 19 世紀初頭の貿易の特徴であった。セイラムとマーブルヘッドを結節点として、ビルバオは、ラテンアメリカやアジアと間接的な流通関係を結ぶことができたのである。

　つまり、従来の貿易関係が時代に応じて変化したこと、また、王室との関係

が良好でないために公式には植民地貿易から除外され続けたビルバオの人々が、商品を獲得するために、自分達の持っていた北アメリカとのネットワークを駆使していたことが判明した。また、スペインの植民地貿易に公的に参加することができなかったビルバオ港の商人達が、商品を獲得するために、18世紀中葉から続いていたアメリカ合衆国との間で築かれたネットワークを活用していたと結論づけることができる。

　ビルバオと北部海岸という地域間の、大西洋という海域世界における繋がりは、この時代に、大西洋を越えて広がっていった。これは、「重商主義時代における自由貿易」の例として、提起することができる。

　こうした地域商人のダイナミズムと自立的な活動は、国家や政治の中心に着目していては見落とす可能性がある。あたかもミクロヒストリーとも思えるような地域商人同士の商業ネットワークに着目し続けることで、帝国内貿易や帝国の拡大がもたらしたような遠隔地貿易ではなく、むしろ帝国の枠組みを超えた、ローカルな商人たちによる近世末期におけるグローバルな商業ネットワークの展開を明らかにすることができた。

注

1）たとえば、サバラ・ウリアルテは、1808年までのビルバオについて扱うことを述べているが、実際の分析は1800年頃までしか行っていない。ルエダは、1800年までのガルドキ家の動向を扱っているが、実際の考察は1783年までである。なぜなら、アメリカ合衆国大使を務めたディエゴ・デ・ガルドキが、1783年頃に商業活動に携わることを止め、政治活動に注力したためである。Zabala Uriarte, *Mundo Urbano*; Rueda, *La compania comercial.*

2）マカスカーとメナードは、1775年より前にアメリカ経済の発展が進んだとしており、1775年よりも前の時期が重要であったと述べる。彼らの研究のように、伝統的なアメリカ経済史は計量経済史であった。その分析方法は、2種類あった。第一にステイプルからのアプローチや外国貿易と経済成長についての研究、第二に人口成長について論じるマルサス主義からのアプローチである。さらに、初期アメリカ経済史といえば、ヴァージニアから西インド諸島のプランテーション経済を対象としたものが主要であった。ニューイングランド史は、移民や宗教が主な研究対象となっていた。こうした潮流を批判した、計量経済史を専門とするシェファードとウォールトンは、1768年から1772年のあいだにニューイングランドがイギリス・アイルランド・南欧・ワイン諸島・西インド・アフリカとの貿易により発展したという重要な提起を行った。彼らは、イギリス本国からみた安易な三角貿易の提唱を批判した。Lydon, *Fish and*

第 5 章　帝国外貿易の展開　　*149*

Flour for Gold; John J. McCusker, and Russell R. Menard, *The Economy of British America 1607-1789 with Supplementary Bibliography*, Chapel Hill: Institute of Early American History and Culture by the University of North Carolina Press, 1991; James Shepherd and Gary Walton, *Shipping, Maritime Trade and the Economic Development of Colonial North America*, Cambridge: Cambridge University Press, 2011.

3 ）*Libro borrador de las cuentas del derecho de avería del año 1783 a los años 1808 al 1811.* ビルバオ港での記録のうち 1784 年から 1808 年の分を記録した全 16 冊を使用する。

4 ）National Archive at Boston, *Record Group 36: Records of the U.S. Customs Service, 1745-1997*; Philips Library（Peabody Essex Museum）, *Salem Custom House Record.*

5 ）エセックス郡北部海岸の諸港は、1791 年時点で、100 万アメリカドルに値する輸出を行っていた。これは、ボストンの 7 万 5,000 アメリカドルよりも、規模の大きいものであった。Labaree, "The Making of an Empire", p. 345.

6 ）ディエゴ・デ・ガルドキが政治活動に専念するようになった 1783 年頃、ガルドキ家は、第三世代へと世代交代が行われていた。第二世代とは異なり、第三世代は政治的上昇を遂げ、スペイン帝国各地に離散した。Rueda, *La compania comercial*, pp. 26-36.

7 ）史料には、荷主が、「ホセ・ホアキン」のみで書かれることも、「ガルドキ・エ・イーホス」と書かれることもある。本論文では、なるべく「ガルドキ・エ・イーホス」、つまり「ガルドキ家」「ガルドキ父子商会」の用語を統一して用いる。

8 ）ゴメス・デ・ラ・トーレ家については、次の論文を参照。Elena Alcorta, Ortiz de Zárate, "Comercio y familia. La trayectoria comercial de un hombre de negocios bilbaíno de la segunda mitad del siglo XVIII: Ventura Francisco Gómez de la Torre y Jarabeitia", en Torres Sánchez（ed.）, *Capitalismo mercantil*, pp. 32-39.

9 ）Seen Perrone, "Spanish Consuls and Trade Networks between Spain and the United States, 1795-1820", *Journal of the Association for Spanish and Portuguese Historical Studies*, Volume 38, Issue 1, 2013, p. 93. この論文では、Bago y Gordia とされているが、ビルバオの徴税史料では Sres. Gordia y Bayo とされているため、ゴルディア・イ・バジョとする。1819 年に出版されたビルバオ条例では Bayo y Gorida と記されている。*Ordenanzas de la ilustre Universidad y casa de contratacion de la M.N. y M. L. Villa de Bilbao, aprobadas y confirmadas por las Magestades de los Sres. Don Felipe V en 2 de diciembre de 1737, y Don Fernando Vll en 27 de junio de 1814*, 1819, p. 334.

10）川分「近世西欧諸国のアメリカ植民地体制における法と経済」、244 頁。

11）1787 年の合衆国憲法制定以前は、「邦」とするのが正しい。本章は、1784 年から

1808 年を対象としており、本来なら「邦」と「州」の両方を併記するべきであるが、「邦」の期間は三年に過ぎないことから、基本的には「州」とする。

12) 1793 年にオランダは、ナポレオン軍によって侵略された。これにより、オランダ東インド会社は離散せざるを得ず、イギリスは、1811 年から 1816 年の間にオランダ領東インド植民地を占領した。同様に、スリナムも、ナポレオン戦争中はイギリスによって占領されていた。

13) 1777 年、カルロス 3 世の王令により、この地域にはベネスエラ総監領 La Capitanía General de Venezuela が設置された。以下では、日本語で通常用いられる「ベネズエラ」の地名を用いる。

14) スペイン王室が与えた特権により、カラカスのカカオ貿易はカラカス会社が独占していた。しかし、カラカスは 18 世紀まで放置されていた植民地であったため、会社ができる以前からフランスやオランダから来た商人が密輸を繰り返していた。カラカス会社の任務には、密輸船の取り締まりも含まれていたが、密輸者を追放することはできず、会社は価格競争に敗れた。拙稿「ブルボン改革期におけるバスクの政治的・経済的自立性」、161-162 頁。

15) 川分「近世西欧諸国のアメリカ植民地体制における法と経済」、263-264 頁。

16) 川分「近世西欧諸国のアメリカ植民地体制における法と経済」、263-264 頁。

17) 戦時中において交戦国の商人達が貿易をする方法は、密輸を行うか、中立国の船舶を用いた中立通商であった。けれども、中立通商は、交戦国と中立国の間の対立の原因となるものであった。薩摩『〈海賊〉の大英帝国』、232-238 頁。

18) シント・ユースタティウスは、フランス領の島々の中継貿易港として、あるいは、キューバ、サント・ドミンゴ Santo Domingo、プエルトリコからやってくるスペイン人植民者のための中継貿易港として、機能していた。Pieter Emmer, "'Jesus Christ was Good, but Trade was Better:' An Overview of the Transit Trade of the Dutch Antilles, 1634-1795", in Emmer, *The Dutch in the Atlantic Economy*, pp. 101-102.

19) 玉木によれば、ヨーロッパにはハンブルクのような中立都市、スウェーデン、デンマークのような中立国があり、これらの都市や国の船舶を使えば交戦国同士でも取引することができた。玉木俊明『海洋帝国興隆史　ヨーロッパ・海・近代世界システム』講談社選書メチエ、2014 年、88-91 頁。

20) フランスで生じた革命とナポレオン戦争の間、アメリカは中立であったため、フランス領西インドの貿易は、アメリカの船舶や商人が担っていた。薩摩、『〈海賊〉の大英帝国』、244-245 頁。

21) アメリカからは、ワインやスピリットのような雑多な品々がインドへと輸出され、インドからは綿製品がアメリカへと輸出された。当時のアメリカは、イギリス東インド会社に対抗して東インド産品を持ち帰り、アメリカ世界へと供給していたとされる。マニングによれば、イギリス経由で再輸出される商品よりも、アメリカ経由で供給さ

れた商品の方が安価であった。フランス革命とナポレオン戦争によって、英印貿易における個人のシェアが減少したり、ヨーロッパにおけるインド製品への需要低下が生じたりした。しかし、インドは、デンマーク、ポルトガル、アメリカを経由してヨーロッパとの貿易を続けていた。1806年までの数年間の間は、ハンブルクと不定期に貿易を行うこともあったが、特に取引をしていたのはデンマークの商人や港であった。K. K. Datta, "India's Trade with Europe and America in the Eighteenth Century", *Journal of the Economic and Social History of the Orient*, Vol. 2, No. 3, 1959, pp. 320-322 ; Helen Taft Manning, *British Colonial Government after American Revolution, 1782-1820*, Hamden: Yale University Press, 1966 (first published, 1933), pp. 250-252 ; 川分「近世西欧諸国のアメリカ植民地体制における法と経済」、262-263頁。

22）拙稿「ブルボン改革期におけるバスクの政治的・経済的自立性」、160頁。

23）1801年11月7日に、スマトラからセイラムへ輸入された胡椒は、1801年11月に「スペイン」へと再輸出されているが、どこの港へと輸出されたのかは明記されていない。

24）たとえば、George Granville Putnam, *Salem Vessels and Their Voyages A History of the Pepper Trade with the Island of Sumatra*, Salem: Essex Institute, 1922.

補論 2

ヨーロッパとの植民地産品貿易

は じ め に

第 5 章において扱った植民地産品が、アメリカ合衆国からのみビルバオへもたらされたかというと、そうではなかった。実際、ビルバオの貿易ルートを扱った先行研究では、「自由貿易」規則によって植民地貿易から除外されていた間、ビルバオがボルドー、パリ、ロンドン、アムステルダムを経由した植民地貿易を行っていたとされている[1]。それでは、アメリカからの植民地産品の輸入は、他の輸入ルートと比較して、どのような立ち位置を占めたのであろうか。本章では、この問いを明らかにし、アメリカからの輸入の独自性を検討するために、先行研究において植民地産品が運搬されていたと考えられているルートとの貿易を、アベリーアから検証する。

1　北西ヨーロッパ諸港との貿易

まず、対ヨーロッパ貿易について見ていく。リブロ・デ・アベリーアの記録から、植民地産品が実際に運搬されていたルートを検証する。

① ロンドン

表補-1 は、ガルドキ家によってロンドンからビルバオに運ばれてきた植民地産品である。約 24 年の間の輸入回数は 6 回であり、主な取引商品はカカオ、ブラジルボク、シナモン、胡椒、スパイスであった。

② ハンブルク

表補-2 は、ガルドキ家によってハンブルクからビルバオに運ばれてきた植民地産品である。ハンブルクとの取引商品は、どちらかといえばヨーロッパ内

表補-1　ロンドンからビルバオへ輸入された植民地産品　1784-1808 年

年	船名	キャプテン名	荷主	積荷
1784	La Brittannia	Rovertto Leis Mahin	Jph Gardoqui e Hijos	カカオ 35 バリカ
1784	La Esperanza	Diego Middelion	Jph Gardoqui e Hijos	カラカス産カカオ 486 バリカ
1788	Sta Theresa y San Antonio	Miguel Reus	Jph Gardoqui e Hijos	ラクダの毛 2 箱、鯨髭 1 バリート
1789	San Jph y Anima	Juan Btp de Sandagorta	Jph Gardoqui e Hijos	ブラジルボク 253.75 キンタール
1790	El Tamesis	Pedro del Banco	Jph Gardoqui e Hijos	金属 4 箱
			Juan Burke（ガルドキのため）	シナモン 6 箱
1795	El Mercurio	Jorge Toob	Jph Gardoqui e Hijos	タバコ 256 トン（荷卸しされず） 胡椒 25 サコス スパイス 2 箱 金属 12 バリレス 帽子 4 箱 ミョウバン 4 バリレス 銅、鉄あるいは亜鉛の硫酸塩 狩猟用弾薬用の鉛 リネン 12 箱

注：船名と船長名のスペルは、史料に記録されているものをそのまま転記した。
出典：AHFB, *Libro borrador de las cuentas del derecho de avería del año 1783 - Libro borrador de las cuentas del derecho de avería de los años 1808 al 1811.* より筆者作成。

部で従来取引されてきた雑多な商品であった。ハンブルクを通じて取引された植民地産品は、カカオと胡椒程度であった。

　ハンブルクからの輸入も 7 回を数えるのみであった。ただ、ハンブルクとの貿易が出現したことは、18 世紀末の特徴である。ハンブルクを中心としたハンザ都市は、1780 年代以降の革命の波の中で、中立都市として商業的に繁栄していた。[2]

　こうしたことから、先行研究で提示されてきたようなヨーロッパ経由での植民地貿易が、実際には回数が少なく、商品も胡椒やカカオに限られていたことがわかる。また、植民地産であると考えられる商品を取引していたのも、ロンドンとハンブルクのみであった。より分析を進めることで、ガルドキ家を中心

補論2　ヨーロッパとの植民地産品貿易　　*155*

表補-2　ハンブルクからビルバオへ輸入された植民地産品　1784-1808 年

	船名	キャプテン名	積荷
1784	La Ana Elizavett	Juan Henrrique Lauenttan	テーブル 219、マント 2、ハンガー 29、他 1 商品
1786	La Diana	Paul Herman Domker	箱 1 つ
1789	La Sra Ana	Ronse Jansen	銅 42 バリカス
1789	La Sra Ana	Ronse Jansen	油とチーズ 6 バリルと 3 箱
1790	El Mercurio	Harnin Shikkertt	4 ミリャレス（カカオ？）
1792	El Joven Pedro	Tsepke Reoloejs	帆布と金属 1 バリカと 1 箱
1801	Cristina Margarita	P.M. Angel	胡椒 158 サコス

注：船名と船長名のスペルは、史料に記録されているものをそのまま転記した。
出典：AHFB, *Libro borrador de las cuentas del derecho de avería del año 1783 - Libro borrador de las cuentas del derecho de avería de los años 1808 al 1811.* より筆者作成。

としたビルバオ港の商人が、どこから植民地産品を獲得していたのかを明らかにしていく。

2　スペイン北部の諸港との貿易

① サンタンデール

　ビルバオ商人は、ビルバオの西側に隣接したサンタンデール港から、アメリカ植民地の商品を運んできていたとされる[3]。サンタンデールは、クアトロ・ビジャス Cuatro Villas と呼ばれる地域[4]にある港であり、ビルバオと利害を争っていた王室によって直轄領と定められ、ビルバオの競争相手として多くの特権を与えられてきた港であった[5]。サンタンデールとビルバオは 18 世紀中葉以降、常に競争関係にあった。しかし、ガルドキ家のようなビルバオの商人は、実はサンタンデールとの取引が多かった。**表補-3** では、サンタンデールとビルバオの間で、ガルドキ家によって取引された商品を示している。

　取引された商品は、油、ログウッド、毛皮や革、砂糖、葉タバコ、ブラジルボク、鉄、鯨髭である。このうち、ログウッド、砂糖、葉タバコ、ブラジルボクはラテンアメリカで生産される商品である。つまり、スペイン領アメリカ植民地の商品が、サンタンデールを通してビルバオへと運ばれてきたことがわかる。さらに、サンタンデールからビルバオへ向かう前に、ブエノスアイレスやハバナのようなラテンアメリカの港が出発地として記録されている。つまり、

表補-3　サンタンデールからビルバオへもたらされた商品　1784-1808 年

年	船名	キャプテン名	出発地	積荷
1784	Nra Sra de Monzarratte	Salbador Suris	サンタンデール	油 99 バリカ、ログウッド 96 キンタール
	San Agustin	Juan Jph de Uribarry	ブエノスアイレスとサンタンデール	動物の皮 1,500
1785	San Ramon y Animas	Juan Btp de Gana	サンタンデール	革 500
	San Francisco Xavier	Santiago de Arrartte	エル・フェロルとサンタンデール	革 500
	Nra Sra de Begoña	Antonio de Ajeo	アーレスとサンタンデール	革 500
	San Jph y Animas	Antonio de Barreetta	サンタンデール	革 500
	Nra Sra del Monte	Jph Ferreiro	ラレドとサンタンデール	革 400
	San Antonio y Animas	Pedro Antonio de Marques	サン・コスメとサンタンデール	革 500
	El Correo de Santander	Domingo de Villavaso	サンタンデール	革 500
	Nra Sra de Monzarratte	Salbador Suris	サンタンデール	革 98
1786	San Nicolas	Juan de Melida	ハバナとサンタンデール	砂糖 233 箱、ログウッド 115 キンタール
1787	San Raphael	Jph de Albittor	サンタンデール	砂糖 24 箱
1788	San Agusttin	Francisco de Lemona	サンタンデール	ハバナ産砂糖 99 箱、ログウッド 500 キンタール
	San Nicolas	Juan de Melida	サンタンデール	ログウッド 150 キンタール
1789	San Juan Btp	Florensino de Lastra	サンタンデール	葉タバコ 12 トン 2 バリカ 4 バリル
	Nra Sra del Rosario	Juan Antonio de Arteaga	サンタンデール	鉄 150 キンタール
	Sto Christo del Anparo	Mrn de Achtegui	サンタンデール	ブラジルボク 2,000 キンタール
	San Ramon	Juan de Arana	サンタンデール	ブラジルボク 100 キンタール
	Nra Sra de la Anttigua	Juan Antonio de Mendozona	サンタンデール	ブラジルボク 607 キンタール

補論2　ヨーロッパとの植民地産品貿易　　*157*

年	船名	キャプテン名	出発地	積荷
	San Juan Btp	Juan Btp de Gorordo	サンタンデール	ブラジルボク 1,299 キンタール
1790	El Correo de Santander	Juan Btp de Ybiñaga	サンタンデール	白砂糖 50 箱
	Nra Sra de Begoña	Francisco de Ybiñaga	サンタンデール	白砂糖 30 箱
1791	Sto Domingo	Domingo de Villavaso	サンタンデール	白砂糖・黒砂糖 100 箱
1795	San Jph	Manuel de Villvaso	サンタンデール	鉄 300 キンタール
	San Guillermo	Juan Btp de Gana	サンタンデール	鉄 330 キンタール
1796	San Juan Btp	Nicolas de Arana	サンタンデール	砂糖 31 箱
	Sto Domingo	Domingo de Villavaso	サンタンデール	砂糖 39 箱
1800	Abigail	John Hildrick	サンタンデール	鯨髭 70 キンタール（荷卸しなし）
1805	Concordia	Francisco Abanza	サンタンデール	鯨髭 29 アタードス

注：船名と船長名のスペルは、史料に記録されているものをそのまま転記した。
出典：AHFB, *Libro borrador de las cuentas del derecho de avería del año 1783 - Libro borrador de las cuentas del derecho de avería de los años 1808 al 1811.* より筆者作成。

　サンタンデールを経由地として、ビルバオへ植民地産品が流通していた。このことからもわかるように、「自由貿易」規則の対象であったサンタンデールが植民地貿易を行い、ビルバオ商人がサンタンデールを通して植民地産品を手に入れることは、ビルバオ商人にとって選択肢の一つであった。

　しかし、セイラムとマーブルヘッドからの輸出先にサンタンデールの記載はなく、アメリカとの直接貿易はビルバオが行っていた。つまり、サンタンデールはスペイン植民地産品の経由地であって、北アメリカ産品の経由地ではなかった。次は、北アメリカとの関係を持っていたと考えられるア・コルーニャに着目し、ア・コルーニャとビルバオの貿易について考察する。

　②ア・コルーニャ
　ア・コルーニャは、スペイン北部ガリシアにある港であり、スペインの中で

表補-4　ア・コルーニャからビルバオへもたらされた商品　1784-1808 年

年	船名	キャプテン名	出発地	荷主	積荷
1784	Jesus María Jph	Juan Btp de Arttaza	ア・コルーニャとサンタンデール	Juan de Llano y Ybarra Jph Pedro de la Matta	動物の皮 500 サージ 10 ファルド
	La Soledad Animas	Juan Btp de Muñecas	ア・コルーニャ	Josef Perez de Lamatta Manuel de Bergareche Pablo de Acha Francisco de Zalbidea	乾燥した生皮 1,000 乾燥した生皮 488 砂糖 94 箱、ログウッド 300 キンタール 砂糖 80 カスコ、乾燥した生皮 200
	San Juan Btp	Junio de Arrartte	ア・コルーニャ	Sres. Ardanas y Bengoa Josef Antonio de Barbachano Sres. Gonzalo de Rio Olermang Pedro Yrunciaga	乾燥した生皮 1,023 砂糖 26 箱 不明 乾燥した生皮 100
	La Purinissima Concepción	Juan de Arttaza	ア・コルーニャ	Pedro de Acha	動物の皮 400
	Nra Sra del Carmen	Juan Antonio de Ajeo	ア・コルーニャ	Asencio de Goicoechea	動物の皮 757
	La Prisima Concepcion	Martín de Ajeo	ア・コルーニャ	Antonio de Laredo	動物の皮 1,000
	Nra Sra dela Concepción y Animas	Domingo de Conttazar	ア・コルーニャ	Pablo de Acha	動物の皮 309
	San Jan Nepemuseno	Manuel de Sarria	ア・コルーニャ	Sres. Trausque y Bauch y Compañia	動物の皮 400
	La Begoña	Andres de Coritina	ア・コルーニャ	Juan de Villsvaso y Compañia Josef Ramón de Zubiria Sra Viuda de Arechaga e Hijo	革 1,500 生皮 83 生皮 500

補論2　ヨーロッパとの植民地産品貿易　　*159*

年	船名	キャプテン名	出発地	荷主	積荷
	San Antonio y Animas	Ramon de Soltura	ア・コルーニャ	Pablo de Basarratte Juan de Llano y Ybarra	砂糖23箱 修復された小包1つ
	Nra Sra del Carmen	Simon de Olaguibel	ア・コルーニャ	Sres. Ardanaz y Bengoa	生皮715
	San Jph	Juan de Ybarra	ア・コルーニャ	Sres. Ardanaz y Bengoa Josef Ramón de Zubiria	生皮750 生皮287
1785	San Antonio y Animas	Nicolas de Ybarra	ア・コルーニャ	Juan Villavaso y Comp	パロ・グアヤカン（南米産木材）20トネラーダ
	Nra Sra de Morstta	Juan Btp de Olaguibel	ア・コルーニャ	Juan Villavaso y Comp	パロ・グアヤカン 7,761リブラ
	El Diamante	Luis Auliacg	ア・コルーニャ	Juan Villavaso y Comp	パロ・グアヤカン 62キンタール56リブラ
	San Juan Nepomeseno	Manuel de Sarria	ア・コルーニャ	Pedro de Allende	イワシ7バリル
1803	San Salvador	Juan A. Aldecoa	セビーリャとア・コルーニャ	Mrn de Risbistu Antonio Yngunza Salbador de la Azuela P. de Olavide y Santa Cruz Josef Antonio Lorea	油10ピパス（Azeyte）油4バリカ、油20ボティファス（Azeyte）油12ピパス（Azeyte）油脂4ピパス（Grasa）白糸3箱
1805	Nra Sra de Carmen	Antonio Fernaedz	リスボンとア・コルーニャ	Juan Antonio Achutegui Ygnacio de Nenin	塩450ファネガ 古い銅7箱

注：船名と船長名のスペルは、史料に記録されているものをそのまま転記した。
出典：AHFB, *Libro borrador de las cuentas del derecho de avería del año 1783 - Libro borrador de las cuentas del derecho de avería de los años 1808 al 1811*. より筆者作成。

　も最も北西部に突き出た町である。ア・コルーニャからビルバオへは、**表補-4**
に示したような商品が運ばれた。最も取引されたのは動物の皮であったが、よ
り着目すべきは、砂糖とパロ・グアヤカン Palo Guayacán がア・コルーニャ
から運ばれてきたことである。パロ・グアヤカンとは南米産の木材のことであ

り、ブラジルボクと同じように染料にも使用される。既に論じたサンタンデールと同じように、ア・コルーニャもまた、植民地との直接貿易が許されていた。つまり、ア・コルーニャとサンタンデールは、ビルバオの人々が植民地産品を獲得することのできるルートの一つだったのである。

　ア・コルーニャは、その地理的条件から寄港地として適しており、ビルバオと同様にアメリカとの繋がりが強かった。しかし、アメリカからア・コルーニャへ輸出された魚のような商品は、ビルバオへは運ばれていない。このことから、アメリカから輸入した商品はア・コルーニャかその近辺で消費されていたことや、むしろラテンアメリカ産商品がア・コルーニャを通してビルバオへもたらされていたことがわかる。つまり、ビルバオにとってア・コルーニャは北アメリカ産品の経由地ではなく、スペイン領植民地産品の経由地であった。

　③ サン・セバスティアン

　次に、同じバスクのギプスコアにあるサン・セバスティアンとの貿易について見ていく。ギプスコアには、サン・セバスティアンと、長距離貿易や造船を主たる産業としていたパサイアという港があったが、ビルバオと貿易を行っていたのは、主にサン・セバスティアンのみであった。ギプスコアは、ビルバオと同様に1778年の「自由貿易」規則から除外されていた。しかし、ギプスコア商人は王室に請願を行うことで、1728年に特権貿易会社である王立カラカス会社を創設し、1785年まで操業していた。この会社は、カラカスで生産されていたカカオとタバコを主要な取引商品としており、それは、ビルバオとの貿易においても同様であった。**表補-5**を見ても、1784年や1785年にサン・セバスティアンを経由してカラカスのカカオが、ビルバオへと運ばれていたことがわかる。サン・セバスティアンとビルバオの貿易は、1784年と1785年頃に回数が増え商品も多様化した。しかし、両都市間の貿易は、1790年以降、それまでと比べて比較的少なくなった。さらに、1800年以降、サン・セバスティアンからビルバオへと運ばれた主要な商品は、葉タバコへと変化した。

　これらのことから、バスクのなかでもビルバオはスペイン植民地との商取引をほとんど行わなかったものの、植民地直接貿易を行っていた近隣の諸港から、植民地産品を輸入していたといえる。

補論 2　ヨーロッパとの植民地産品貿易　*161*

表補-5　サン・セバスティアンからビルバオへもたらされた商品　1784-1808 年

年	積荷
1784	**革、生皮、砂糖**、乾燥した革、イワシ、**カラカスのカカオ**、武器、蒸留酒、オリーブ油とオリーブ、チョコレート、鉄、**カカオ**、樽板、油、金属、チーズ、**ログウッド**、ワイン、シードラ、タラ、**綿**、シャツ用帆布、大鎌、石、研いだ石、薬品、リネン、小包、木材、**シナモン、インディゴ**、羊毛、ヨーロッパアナゴ、**胡椒**、オール、白リネン
1785	塩、いちじく、木材、**生皮**、船舶用の鉄、釘、**グアヤキルのカカオ**、瓶、金属、**塩漬けの皮**、ワインの瓶、**カラカスのカカオ**、マラガのワイン、アニス、タラ、ワイン、**砂糖、革**、石、木材、**シナモン、乾燥した革**、シャツ用帆布、**綿**、油脂、オール、**ログウッド、インディゴ**、羊毛、**胡椒**
1786	生皮、**砂糖**、タラ
1787	タラ、木材、シードラ、鉄、塩
1790	ルビア（着色のための植物）、動物性脂
1791	コメ、タラ、サフラン、ビスケット、肉、オリーブ、動物性脂
1792	瓶、金属
1797	**ヴァージニアのタバコ、巻きたばこ、小さなタバコの葉、綿**、天然樹脂、タール、**砂糖**、鍋
1798	タラ、鉄、カディスの塩、*ハバナの砂糖*
1800	タラ
1801	**葉タバコ**、蒸留酒
1802	鉄板、鉄、**葉タバコ**、塩、タラ、陶器、樽板、イワシ、蒸留酒
1803	ブエノスアイレスの革、**葉タバコ、生皮**、木材、樽板、タバコ、**グアヤキルのカカオ**、帆布、鉄、シードラ
1804	**タバコ**
1805	イワシ、ラタン、タラ、軟膏、帆布、スペイン甘草、**タバコ**、マメ、**生皮、カラカスのカカオ**、シードラ、樽板、木材、シャツ用帆布、塩、動物性脂
1806	**タバコ**
1807	**カラカスのカカオ、葉タバコ**、塩、タラ、ワイン、アラゴンのピミエンタ、帽子、ナバーラ産ワイン、陶器、**コーヒー、茶**、はたき、蠟燭
	中立港へ：ブナの木材
1808	蠟燭、タラ、**タバコ**

注：表内の**太字**は、取引回数の多い主要な品目を示している。
出典：AHFB, *Libro borrador de las cuentas del derecho de avería del año 1783 - Libro borrador de las cuentas del derecho de avería de los años1808 al 1811.* より筆者作成。

小　　括　なぜアメリカでなければならなかったのか？

　これまでみてきたように、決して、ビルバオ港は、アメリカからのみ植民地産品を輸入していたわけではない。けれども、公的な記録に残るヨーロッパからの輸入は、アメリカと比べて少なかったといえよう。ただし、サンタンデール、ア・コルーニャ、サン・セバスティアンといったスペイン北部諸港からの移出入は、内陸道路を通じて行われた可能性がある。しかし、内陸の交易が、公的記録として残ることは少ない。また、急峻な山岳地帯であるスペイン北部の土地条件では、船舶による商品運搬の方が、内陸交通よりも容易であった。このことから、本節では、比較の対象を、ロンドンやハンブルクといったヨーロッパの港と、アメリカ合衆国の港に絞り、なぜ比較的容易と考えられうるヨーロッパからの輸入よりも、アメリカからの輸入を選んだのかを考察する。

　まず、植民地産品の輸入が増えた時期は、戦時中であったことを理解しなければならない。すでに第5章で述べたように、戦時中に貿易を行う最善の手段は、中立国船舶の使用である。この時期の中立国は、ハンブルク、デンマーク、アメリカ合衆国であった。つまり、この時期のビルバオの植民地産品輸入は、スペイン北部を除いて、中立国から輸入をしていた。しかし、サバラ・ウリアルテの計算によれば、ハンブルクとの貿易は年に10隻を超えることは1786年以外にはない[9]。また、コペンハーゲンとの貿易は年1回程度であり、継続したものでもなかった[10]。

　つまり、ビルバオ港の人々はヨーロッパの中立国との貿易よりも、スペイン植民地の産品をスペイン北部の諸港から、北アメリカ、カリブ海、アジア産品をアメリカ合衆国から輸入していた。北アメリカ、カリブ海、アジア産品がセイラム／マーブルヘッドから運ばれてきた理由は、推測の域をでないが、アメリカ独立前から構築されていた貿易関係が、植民地産品を運ぶためのインフラストラクチュアになっていたと考えることができる。セイラム／マーブルヘッドの人々にとって、アジアへの進出とアジア産品の転売は新たに利益を獲得することができる商売であり、ビルバオの人々にとっては植民地産品を獲得できる重要な貿易であった。両者に利益のある貿易であったからこそ、関係が継続したといえる。

　もちろん、ハンブルクやデンマークのような中立国船舶が、本国の港を経由

補論2　ヨーロッパとの植民地産品貿易　*163*

せず、直接ビルバオへと商品を運んでいた可能性もある。[11] けれども、植民地の港が出港地として記録されていないことは、ハンブルクとデンマーク船舶がビルバオとアジアの直接貿易を行わなかったことを示している。つまり、ビルバオ港においては、かねてより関係のあったセイラム／マーブルヘッドからの植民地産品輸入が、最も安定的に貿易できるものであったと考えるのが妥当であろう。

注

1) 序章で述べた通り、リングローズは、ビルバオの二つの貿易ルートをあげている。Ringrose, *"Spanish Miracle"*, pp. 225-226; Aragón Ruano and Angulo Morales, "The Spanish Basque Country in Global Trade Networks", p. 157.

2) 中立都市としてのハンブルクの貿易についての研究は、以下のものがある。菊池雄太「ヨーロッパ商業世界におけるハンブルクの役割（17〜18世紀）」『比較都市史研究』、27巻1号、2008年、13-29頁。17世紀以前のリューベック Lübeck をはじめとしたハンザ商業都市研究としては、谷澤毅『北欧商業史の研究：世界経済の形成とハンザ商業』知泉書館、2011年。

3) Ortiz de Zárate, "Comercio y familia.", p. 32.

4) クアトロ・ビジャスは、中世カスティーリャでは「海岸のクアトロ・ビジャスの兄弟団 La Hermandad de las Cuatro Villas de la Costa del Mar」とも呼ばれ、サン・ビセンテ・デ・ラ・バルケラ San Vicente de la Barquera、サンタンデール、ラレド Laredo、カストロ・ウルディアレス Castro Urdiales の四つの地域から構成されていた。現在の地域区分では、カンタブリア自治州にあたる。

5) Ringrose, *"Spanish Miracle"*, pp. 226-231.

6) アメリカからア・コルーニャへの魚輸出の記録は、次の史料において見ることができる。MHS, *Naval Office Shipping List, 1756-1765*; NAB, *Record Group 36: Records of the U.S. Customs Service, 1745-1997*.

7) 拙稿「ブルボン改革期におけるバスクの政治的・経済的自立性」、155-157頁。

8) サン・セバスティアンの商人達が、葉タバコをどこから輸入していたかについては、ビルバオの史料から確認することはできない。しかし、サン・セバスティアンには、カカオとタバコの貿易を専門としていた王立カラカス会社の倉庫があり、また、タバコ工場があったことから、ラテンアメリカ産のタバコであったと考えられる。けれども、**表補-5**にあるように、1797年にサン・セバスティアンからビルバオへと運ばれたタバコは、ヴァージニアのものであった。Alvaro Aragón Ruano, "Comerciantes franceses en el comercio entre San Sebastián y los Estados Unidos de América en el marco de la crisis de subsistencia de 1789", en Isidro Dubert y Hortensio Sobrado Correa, *El mar en los siglos modernos*, Santiago de Compostela: Junta de

Galicia / Xunta de Galicia, 2009, pp. 235-247.

9）Zabala Uriarte, *Mundo urbano*, pp. 740-768.

10）Zabala Uriarte, *Mundo urbano*, pp. 740-768.

11）ただし、船舶名・キャプテン名の多くは、カスティーリャ語または英語とみられる。とはいえ、外国語の表記は、筆記者の知る言語や第一言語に変更されることが多く、本国の港を経由しない貿易がなかったとは断言できない。

終　章
帝国を越えるネットワーク

1　ビルバオ独自のネットワーク

　終章では、いまいちど、本書において検討した内容をまとめる。本書の問い
は、18世紀の中央集権化の中で、税関問題を通して王室と対抗関係にあった
バスク、特にスペイン北部最大の港湾都市であったビルバオが、なぜ独自に、
経済的に繁栄し続けることができたのかというものであった。仮説として、商
業に由来する経済的自立性が、ビルバオに繁栄をもたらした要因であることを
提起した。その経済的自立性は、帝国貿易とは異なる商業ネットワークであっ
たと仮定し、検証を試みた。帝国貿易と異なる商業があったとするならば、そ
の実態はどのようなものであったのか。実態をビルバオ港の港湾徴税史料だけ
でなく、アメリカ側の税関史料も分析することで明らかにした。こうした作業
により、重商主義帝国の時代における、地域の自立性と、地域のダイナミズム
を明らかにしようとした。

　本書は、はじめ、ビルバオというミクロな港湾都市の概観から始まり、イン
グランドやアムステルダムのようなヨーロッパとの関係、アメリカ東海岸の港
湾都市との関係、そして最終的に、その関係性が東南アジアまで広がったこと
を示した。その貿易網は、帝国のネットワークとは異なる形で行われた、ビル
バオ独自のものであった。

　取引された商品は、タラという生活に必須の食糧であった。食糧運搬を担う
貿易であったという点で、ビルバオとニューイングランドの貿易は重要であっ
た。けれども、段々と、ビルバオには、タラ以外の砂糖やタバコといった西イ
ンドやラテンアメリカで生産された商品が、ニューイングランドから輸入され
るようになった。このことから、貿易商品の多様化が生じていたとともに、帝
国貿易とは異なる植民地産品の輸入が行われていたといえる。

　くわえて、貿易関係の緊密化は、大西洋両岸の人々の信用関係をも生み出し

た。地縁・血縁関係のない取引相手との商取引は、信用によって行われるが、[1]
本書が特に注目したガルドキ家というビルバオの大商家は、信用による遠距離
貿易を行っていた。第4章でみたように、商業における信用は、商業のみに限
定されることなく、商人以外の船乗りや政治家も普遍的に抱く信用となりえた。
つまり、商業における信用が、政治的・外交的な信用にもなり得た。この分析
は、スペインのアメリカ合衆国独立支援の実態を明らかにすることに繋がった。

　さらに、独立革命後には、ビルバオとマサチューセッツにあるエセックス郡
の二つの港との商業関係が、大西洋世界だけでなく東南アジアや東アジアへと
展開・拡張していった。このことから、18世紀中葉にはタラを主要商品とし
て扱っていたエセックス郡の北部海岸諸港とビルバオの貿易は、18世紀末ご
ろから取引商品が増加し、また取り扱う商品の傾向も変化したことが判明した。
第5章では、レディカーとヒメネスのいうような、大西洋世界と他の海域の接[2]
続史・関係史を明らかにすることができた。

　このように、ビルバオ港とビルバオ商人による貿易は、南大西洋における植
民地貿易を中心に見ているだけでは理解できないものであった。彼らは、植民
地貿易のような帝国の枠組みにおいてではなく、北大西洋を中心とした商業
ネットワークの中にあった。彼らのネットワークは、北大西洋においてのみ維
持されていたのではなく、新しい結節点とネットワークを生み出しながら、19
世紀初頭にアジアへと展開していった。このアジアへの展開は、アメリカ合衆
国の建国と彼らの世界進出によるものであった。アメリカ合衆国北部海岸諸港
を経由したアジア産品のビルバオへの輸入こそが、帝国とは異なる貿易航路の
存在を示している。ビルバオの商人は、植民地貿易から締め出されていたなか
で、ヨーロッパにおいて需要のある、つまり利益を見込める商品を獲得するた
めに、イギリス領北アメリカ、のちにはアメリカ合衆国との貿易を活用したの
である。近世末期における、このような独立した商業ネットワークの存在と維
持が、ビルバオが、独立した経済的繁栄、つまり経済的自立性をもちえた要因
である。

2　ローカルな商人によって切り開かれる 海洋ネットワークの展開

　本書が考察してきたビルバオの貿易は、帝国のレールに沿って築かれた貿易

終　章　帝国を越えるネットワーク　*167*

ルートではなかった。ビルバオ港と、港を取り巻く貿易網は、商人自身によって築かれたのである。そうした帝国外の貿易は、戦時も継続したか、あるいは形や取引相手、取引商品を変えて繋がりが保たれた。本書の考察は、ミクロな存在であるローカルな港や商人のネットワークが海を越えてグローバルに展開していく様を描写した。また、当時の世界的な時代のうねり、つまり環大西洋革命の時代におけるローカルな港と商人たちの役割を検討してきた。

　ビルバオ港を取り巻く貿易からは、スペイン史における貿易の重層性を理解することができる。ビルバオの貿易は、地中海を軸とした貿易とは異なるものであり、また必ずしもスペイン領アメリカ植民地のみへ繋がるものでもなかった。本書が考察したネットワークの広がりは、ビルバオが、地元出身の商人が商業の主導権を握るスペイン大西洋側において最大の港であり、北西ヨーロッパとの直接貿易を伝統的に行ってきたからこそ可能であった。この事例は、「スペイン」や「南欧」あるいは、スペインを「地中海世界」と一括りにしていては見落とされるであろう貿易の実態を示してくれる。

　さらに本書が重要視してきたのは、なによりも地域の視点であった。ローカルな商業が、傍流であるとか、取るに足らないものであるということはなく、むしろ後背地への食糧供給を担い、政治外交面への影響を及ぼし、さらには広がりゆくネットワークによって植民地貿易に参入することができなかった地域へ植民地産品をもたらすに至った。ここに、地域のダイナミズムをみることができる。

　くわえて、序章で述べた、海を越えるネットワークについても言及しておきたい。ここでいう海とは、決して一つの海ではない。本書の舞台は、あくまで大西洋であった。しかし、鈴木が示唆したように、大西洋史というように海の歴史を区切ることは、陸地や国家という既存の枠組みに捉われない海域史を、それまでとは異なる歴史叙述の枠組みに押し込めているにすぎない。[3]それゆえ、本書は、港湾都市ビルバオと、そこで活動する商人を通して、国家や帝国という枠組みを解放し、また、大西洋史という枠組みで思考することを解放するためにアメリカ合衆国との貿易の先にあるアジア貿易を見据えて議論をした。

3　近現代との連続性

　とはいえ、ビルバオの貿易は、1808 年以降、半島戦争によって多大な損害

を受けた。バスクの各地域は、フランス軍のイベリア侵攻の通過地点として戦場となった。ビルバオは占領されずとも、対外貿易はバイヨンヌとの通商のみになった。終戦を迎える1813年頃からは貿易も回復傾向にあり、対外貿易の相手として再びロンドンやブリストルとの関係が緊密になっていった。しかし、その後のフェルナンド7世による絶対主義への回帰とスペイン領アメリカの独立、絶対主義と自由主義の対立のなかでカルリスタ戦争へと突入する。伝統的なフエロス体制を支持するバスクは、中央集権化と法の統一を行おうとする自由主義派の中央政権に対抗し続けた[4]。

　伝統的制度の維持を望んでいたといっても、バスク、特にビルバオは近代産業、とりわけ元来地域に存在した鉄鉱山を活用した重工業が一早く興った地域であった。初期には地元の商人や鉱山主による資本投資が行われ、鉄道の敷設と鉄工場の再活性化が行われた。19世紀末期以降は、英米資本も取り入れながら、ビルバオはスペイン重工業の中心地として、スペインやラテンアメリカからの人口流入を受け入れた。重工業の活性化と急激な人口流入が、現在に至るようなバスク・ナショナリズムを形成しつつ、海事博物館 Itsasmuseum Bilbao やグッゲンハイム美術館にみられるような造船業・鉄鋼業の記憶を継承する社会を作り上げた。さらに、伝統的なフエロス制度は、自治州制度へと変化しながらも現在も残存し続けている。

　こうした事柄は、本書が考察した近世末期からは時代が離れているため、より長期のパースペクティヴで詳細に考察する必要があるが、自治とフエロスの維持、商人資本の重工業への流入、英米資本の流入という現象は、決して近現代になって急に発生したわけではなく、近世からの連続的な現象として捉えることができるのではないか。

　縦の視点の拡大のみならず、横の視点も広げる必要がある。バスク全体へと視野を広げると、近世末期における商業を中心としたローカル商人のダイナミックな動きは、より多様である。本書では、バスクのなかで最大の港であったビルバオにとって重要性を占めていた、アメリカ合衆国、とりわけエセックス郡北部海岸の港との貿易を考察の中心軸とした。けれども、同じバスクの港であり、ビルバオに隣接しているサン・セバスティアンやパサイアのようなギプスコアの港は、むしろラテンアメリカやマニラとの植民地貿易を通して、スペイン帝国の内部で経済的繁栄を享受していた。こうした、バスク各地域によって大きく異なる、それぞれの経済的戦略や、そのネットワークの広がりに

ついては、今後の課題としたい。

注

1 ） Lamikiz, *Trade and Trust.*
2 ） Marcus Rediker and Michael F. Jiménez, "What is Atlantic History?", *CPAS Newsletter: The University of Tokyo Center for Pacific and Asian Studies*, 2001, pp. 3-4.
3 ） 鈴木英明「序章　海域史研究の展開とその課題」鈴木編『東アジア地域から眺望する世界史』、11-43 頁。
4 ） バスク地方と各地域に関する 19 世紀中葉以降の概説は、次の文献が詳しい。モンテロ『バスク地方の歴史』；萩尾「バスク地方近現代史」関・立石・中塚編『スペイン史 2 』、340-399 頁。

巻 末 資 料

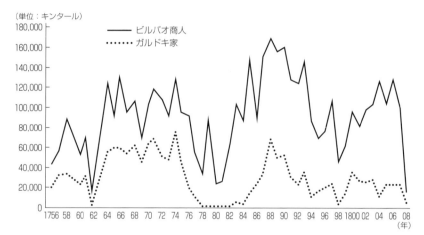

巻末図1　ビルバオ商人とガルドキ家のタラ輸入量の比較　1756-1808年
出典：AHFB, *Libro borrador de las cuentas del derecho de avería, del veintidós de enero de 1755 al cuatro de enero de 1766* から *Libro borrador de las cuentas del derecho de avería de los años 1808 al 1811* より筆者作成。

巻末資料 173

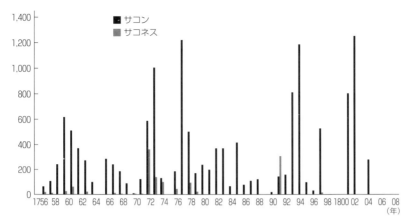

巻末図2　羊毛の総取引量　1756-1808年

注：1）1760年にロンドンから輸入した2ファルドの羊毛はグラフに反映させていない。
　　2）フアン・バウティスタ・デ・ガルドキの取引は、ホセ・デ・ガルドキの弟にあたるが、ガルドキ父子商会には加入してないため、グラフに反映させていない。
出典：AHFB, *Libro borrador de las cuentas del derecho de avería, del veintidós de enero de 1755 al cuatro de enero de 1766* から *Libro borrador de las cuentas del derecho de avería de los años 1808 al 1811* より筆者作成。

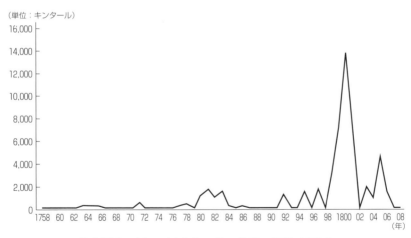

巻末図3　ビルバオからの鉄の輸出　1756-1808年

出典：AHFB, *Libro borrador de las cuentas del derecho de avería, del veintidós de enero de 1755 al cuatro de enero de 1766* から *Libro borrador de las cuentas del derecho de avería de los años 1808 al 1811* より筆者作成。

巻末表 1　ビルバオにおける砂糖の輸出元

年	出港地	年	出港地	年	出港地
1760 年	マーブルヘッド		マーブルヘッド		マーブルヘッド
1761 年	マーブルヘッド		マーブルヘッド		ボストン
	セイラム		ボストン		チャールストン
1763 年	セイラム		ボストン		マーブルヘッド
1772 年	フィラデルフィア		セイラム		マーブルヘッド
1773 年	セイラム	1797 年	フィラデルフィア		マーブルヘッド
1777 年	マーブルヘッド		セイラム		マーブルヘッド
	ボストン		セイラム		マーブルヘッド
1779 年	不明		チャールストン		マーブルヘッド
	セイラム		マーブルヘッド		プリマス
1780 年	セイラム		プリマス		ボストン
	ポーツマス？		セイラム		セイラム
1781 年	ニューベリーポート		マーブルヘッド		マーブルヘッド
	セイラム		マーブルヘッド		マーブルヘッド
	セイラム		セイラム		ボルティモア
	ビバリー		セイラム		グロスター
	セイラム		マーブルヘッド		マーブルヘッド
1782 年	セイラム		ボストン		セイラム
1794 年	ボストン		セイラム	1801 年	フィラデルフィア
1795 年	セイラム		マーブルヘッド		マーブルヘッド
	セイラム		ボストン		ボストン
	ボストン	1798 年	フィラデルフィア		マーブルヘッド
	セイラム		マーブルヘッド		セイラム
	ボストン		ビバリー		マーブルヘッド
	セイラム		ボストン		チャールストン
	セイラム		セイラム		マーブルヘッド
	セイラム	1799 年	セイラム		プリマス
	マーブルヘッド		ニューヨーク		マーブルヘッド
	セイラム		マーブルヘッド		マーブルヘッド
1796 年	マーブルヘッド		ボストン		ボストン
	マーブルヘッド		マーブルヘッド		マーブルヘッド
	セイラム		マーブルヘッド		マーブルヘッド
	マーブルヘッド		セイラム		ボストン
	マーブルヘッド		マーブルヘッド	1802 年	ニューベリーポート
	セイラム		マーブルヘッド		マーブルヘッド
	セイラム		マーブルヘッド		マーブルヘッド
	マーブルヘッド	1800 年	マーブルヘッド		マーブルヘッド
			マーブルヘッド		マーブルヘッド
			セイラム		ボストン
					ボストン

年	出港地
	ボストン
	ボストン
	ボストン
	マーブルヘッド
	マーブルヘッド
	マーブルヘッド
	ボストン
	ニューベリーポート
	マーブルヘッド
1803 年	ニューベリーポート
	マーブルヘッド
	マーブルヘッド
	ボストン
	セイラム
	マーブルヘッド
	ボストン
	マーブルヘッド
1804 年	マーブルヘッド
	ニューベリーポート
	マーブルヘッド
	マーブルヘッド
	マーブルヘッド
	マーブルヘッド
	マーブルヘッド
	ボストン
1805 年	マーブルヘッド
	マーブルヘッド
	マーブルヘッド
	マーブルヘッド
	マーブルヘッド
	ボストン

年	出港地
	マーブルヘッド
	マーブルヘッド
	プリマス
	マーブルヘッド
	ボストン
	プリマス
	プリマス
	マーブルヘッド
	マーブルヘッド
	ボルティモア？
	フィラデルフィア
	マーブルヘッド
	マーブルヘッド
	マーブルヘッド
	マーブルヘッド
	マーブルヘッド
	ボストン
	ボストン
	マーブルヘッド
	マーブルヘッド
	ボストン
	ボストン
	ウィルミントン
1806 年	チャールストン
	マーブルヘッド
	フィラデルフィア
	プリマス
	マーブルヘッド
	マーブルヘッド
	マーブルヘッド
	プリマス
	ニューヨーク

年	出港地
1807 年	マーブルヘッド
	ボストン
	マーブルヘッド
	ボストン
	マーブルヘッド
	マーブルヘッド
	ボストン
	ボストン
	ボストン
	マーブルヘッド
	マーブルヘッド
	ニューヨーク
	フィラデルフィア
	マーブルヘッド
	ボストン
	セイラム
	ボストン
	マーブルヘッド
	マーブルヘッド
	プリマス
	ニューヨーク
	セイラム
	マーブルヘッド
	マーブルヘッド
	ニューヨーク
	ニューヨーク
	マーブルヘッド
	ボストン
	マーブルヘッド
1808 年	マーブルヘッド
	ボストン

出典：AHFB, *Libro borrador de las cuentas del derecho de avería, del siete de enero de 1765 al cuatro del mismo mes de 1766* から *Libro borrador de las cuentas del derecho de avería de los años 1808 al 1811* より筆者作成。

巻末表2 ビルバオにおけるアメリカからのタバコの輸出元

年	出港地	年	出港地	年	出港地
1778 年	ボストン ポトマック ヴァージニア イーデントン ヴァージニア ポトマック ニューベリーポート マーブルヘッド	1783 年	ヴァージニア アレクサンドリア		アレクサンドリア ボストン
		1785 年	ビバリー マーブルヘッド	1799 年	セイラム マーブルヘッド ボストン
		1786 年	フィラデルフィア	1800 年	マーブルヘッド マーブルヘッド
		1787 年	フィラデルフィア		
1779 年	マーブルヘッド 不明 ボストン ニューベリーポート ニューベリーポート ヴァージニア セイラム セイラム	1788 年	ニューヨーク	1801 年	ボストン ボストン セイラム（ビスカヤ 伯領外へ）
		1790 年	ボストン（サン・セ バスティアンへ）		
		1793 年	マーブルヘッド セイラム チャールストン セイラム チャールストン	1802 年	ボストン ボストン
				1803 年	ボストン
1780 年	ニューベリーポート ニューベリーポート ボストン セイラム メリーランド ニューベリーポート	1795 年	セイラム マーブルヘッド マーブルヘッド ボストン セイラム	1804 年	サバンナ？ セイラム フィラデルフィア
				1805 年	チャールストン ボストン サバンナ マーブルヘッド ウィルミントン ボストン ボストン
		1796 年	セイラム セイラム		
1781 年	ボストン ニューベリーポート ボストン	1797 年	フィラデルフィア セイラム		
1782 年	フィラデルフィア	1798 年	フィラデルフィア		

出典：AHFB, *Libro borrador de las cuentas del derecho de avería, del siete de enero de 1765 al cuatro del mismo mes de 1766* から *Libro borrador de las cuentas del derecho de avería de los años 1808 al 1811* より筆者作成。

巻末資料　177

巻末表3　ビルバオにおけるコーヒーの輸出元

年	出港地	年	出港地	年	出港地
1779年	セイラム セイラム		マーブルヘッド ボルティモア		ボストン ニューベリーポート ボストン ボストン
1780年	ポーツマス？	1798年	フィラデルフィア ビバリー		
1793年	チャールストン マーブルヘッド ボストン セイラム セイラム	1799年	グロスター ボストン	1804年	マーブルヘッド マーブルヘッド
1794年	マーブルヘッド マーブルヘッド ボストン グロスター	1800年	チャールストン マーブルヘッド プリマス	1805年	マーブルヘッド プリマス ボルティモア？ マーブルヘッド マーブルヘッド ボストン ボストン
1795年	セイラム セイラム プリマス？ プロヴィデンシア	1801年	マーブルヘッド マーブルヘッド セイラム ボストン マーブルヘッド		
1796年	フィラデルフィア	1802年	ニューベリーポート ボストン ボストン プリマス マーブルヘッド	1806年	セイラム マーブルヘッド
1797年	マーブルヘッド セイラム			1807年	セイラム マーブルヘッド

出典：AHFB, *Libro borrador de las cuentas del derecho de avería, del siete de enero de 1765 al cuatro del mismo mes de 1766* から *Libro borrador de las cuentas del derecho de avería de los años 1808 al 1811* より筆者作成。

巻末表4　ビルバオにおけるアメリカからのカカオ輸出元

年	出港地
1771年	セイラム
1774年	セイラム
1781年	ニューベリーポート
	セイラム
	セイラム
	ビバリー
	ニューベリーポート
1782年	フィラデルフィア
1786年	マーブルヘッド
1789年	ビバリー
1793年	マーブルヘッド
	マーブルヘッド
	マーブルヘッド
	マーブルヘッド
	マーブルヘッド
	マーブルヘッド
	セイラム
1794年	マーブルヘッド
	プロヴィデンシア
	チャールストン
1795年	セイラム
	セイラム
	プロビデンシア
	マーブルヘッド
	セイラム
	チャールストン
1796年	マーブルヘッド
	マーブルヘッド
	マーブルヘッド
	セイラム
	セイラム
	セイラム
1797年	フィラデルフィア
	セイラム
	セイラム
	ボストン
	セイラム

年	出港地
	フィラデルフィア
	セイラム
	チャールストン
	ボルティモア
1798年	フィラデルフィア
	ボストン
	セイラム
1799年	ニューヨーク
	ボストン
	サント・ドミンゴ
	セイラム
	マーブルヘッド
	マーブルヘッド
1800年	チャールストン
	マーブルヘッド
	マーブルヘッド
	セイラム
	マーブルヘッド
	ボルティモア
	マーブルヘッド
	セイラム
1801年	フィラデルフィア
	ボストン
	セイラム
	マーブルヘッド
	フィラデルフィア
	ニューヨーク
	チャールストン
	マーブルヘッド
	ニューヨーク
	プリマス
	マーブルヘッド
	マーブルヘッド
	ボストン
	セイラム
	マーブルヘッド
	ボストン
	プリマス
	マーブルヘッド？

年	出港地
	マーブルヘッド
	マーブルヘッド
1802年	マーブルヘッド
	マーブルヘッド
	マーブルヘッド
	ボストン
	プリマス
	マーブルヘッド
	ボストン
	マーブルヘッド
	セイラム
	ボストン
	ボストン
	ボストン
	ボストン
	フィラデルフィア
	マーブルヘッド
	マーブルヘッド
	マーブルヘッド
	ボストン
1803年	マーブルヘッド
	ボストン
	ボストン
	マーブルヘッド
	マーブルヘッド
	グロスター＆リスボン
	ボストン
1804年	ボストン
	セイラム
	ボストン
	マーブルヘッド
	ボストン
1805年	マーブルヘッド
	プリマス
	マーブルヘッド
	ボストン
	ボストン
	ウィルミントン

年	出港地	年	出港地	年	出港地
1806 年	マーブルヘッド		ニューヨーク		プリマス
	チャールストン		ボストン		ニューヨーク
	ボストン	1807 年	マーブルヘッド		セイラム
	マーブルヘッド		マーブルヘッド		マーブルヘッド
	マーブルヘッド		マーブルヘッド		マーブルヘッド
	ボストン		ボストン		マーブルヘッド
	ボストン		ボストン		ビバリー
	マーブルヘッド		ニューヨーク		ニューヨーク
	ニューヨーク		フィラデルフィア		ニューヨーク
	マーブルヘッド		ボストン		ボストン
	マーブルヘッド		ボストン	1808 年	ボストン
	プリマス		マーブルヘッド		マーブルヘッド
	マーブルヘッド				

出典：AHFB, *Libro borrador de las cuentas del derecho de avería, del siete de enero de 1765 al cuatro del mismo mes de 1766* から *Libro borrador de las cuentas del derecho de avería de los años 1808 al 1811* より筆者作成。

巻末表 5　ビルバオ港における胡椒の輸出元

年	出港地	年	出港地
1795 年	セイラム		マーブルヘッド
1796 年	セイラム		マーブルヘッド
	マーブルヘッド		ボストン
	セイラム		ボストン
	ボストン	1801 年	ボストン
1797 年	セイラム		ボストン
	セイラム		セイラム
	セイラム		セイラム
	セイラム		マーブルヘッド
	セイラム	1804 年	セイラム
1798 年	フィラデルフィア		マーブルヘッド
	セイラム		ボストン
1799 年	ボストン	1805 年	ボストン
1800 年	マーブルヘッド		マーブルヘッド
	マーブルヘッド		ボストン
	マーブルヘッド	1806 年	ボストン

出典：AHFB, *Libro borrador de las cuentas del derecho de avería, del siete de enero de 1765 al cuatro del mismo mes de 1766* から *Libro borrador de las cuentas del derecho de avería de los años 1808 al 1811* より筆者作成。

巻末表 6　ビルバオにおける茶の輸出元

年	出港地
1790 年	セイラム
1791 年	ボストン
1794 年	ボストン
1799 年	マーブルヘッド
1800 年	マーブルヘッド
1801 年	プロビデンシア
1802 年	ボストン
1803 年	ニューベリーポート

出典：AHFB, *Libro borrador de las cuentas del derecho de avería, del siete de enero de 1765 al cuatro del mismo mes de 1766* から *Libro borrador de las cuentas del derecho de avería de los años 1808 al 1811* より筆者作成。

巻末資料　*181*

巻末図4　ガルドキ家の家系図

* 括弧内の数字は生誕年をあらわしている。太字は、家督を継いだ者。

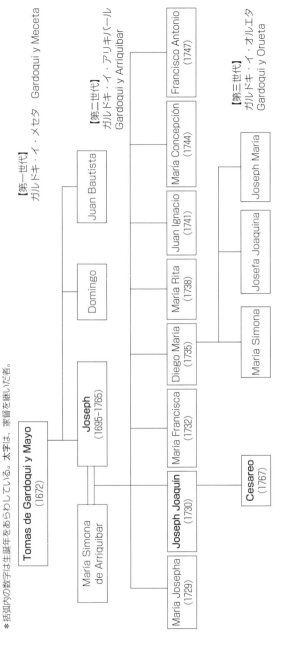

あ と が き

　本書は、2020 年度（2021 年 3 月）に大阪大学大学院文学研究科に提出した博士論文に加筆・修正をしたものである。本書の刊行にいたるまでには、科学研究費特別研究員奨励費（JSPS 科研費 JP17J01614）、笹川科学研究助成（2020-1003）、サントリー文化財団研究助成「学問の未来を拓く」（課題名：「廃棄」から捉え直す中近世ヨーロッパ水環境史、代表者：齊藤豪大先生、2022-2023 年）からの支援により、研究を行うことができた。また、大阪大学未来戦略機構や社会経済史学会からは、国際会議で発表するための助成を頂き、数多くの経験を積ませて頂いた。さらに、政治経済学・経済史学会では、2022 年度博士論文報告研究会にて報告の機会を頂き、博士論文の出版に向けて検討する場を頂いた。ならびに、博士論文を学術図書として出版する機会を下さった晃洋書房の皆様、特に山本博子氏に御礼を申し上げたい。くわえて、本書は、2024 年度研究成果公開促進費「学術図書」（JSPS 科研費 JP24HP5079）によって刊行することができた。ほかにも、博士前期課程の時から、様々な学会や研究会で発表の機会を頂き、多くの方々から様々な意見や助言を頂いたことで、研究を進めることができた。全員のお名前をあげることは、紙面の都合上難しいが、皆様からの助言は大変貴重であり、人との対話によって研究を進めることが好きな筆者には、何よりも有難いものであった。

　本書には、博士論文の執筆中と完成後に発表した論文も含まれている。なお、本書の刊行にあたり、大幅な修正や改稿を行った。

1．「ブルボン改革期におけるバスクの政治的・経済的自立性——カラカス会社とギプスコア＝カラカス貿易を中心に——」『パブリック・ヒストリー』、13、2016 年 2 月、146-163 頁。

2．「七年戦争期におけるビルバオ商人の商業ネットワーク——港湾徴税史料からみるガルドキ家の北大西洋貿易——」『西洋史学』、270、2020 年12 月、147-165 頁。

3．"Bilbao Merchant and Their Trade in the Eighteenth Century: The View of the Private Company and the Privileged Company",

Changing Dynamics and Mechanisms of Maritime Asia in Comparative Perspectives（*Palgrave Studies in Comparative Global History*），co-edited by Shigeru Akita, Liu Hong, and Shiro Momoki, Palgrave Macmillan, 2021（ISBN: 9789811625541）.

4．「近世スペイン・バスクにおける水産資源の変動と経済活動の変化（2023年度九州西洋史学会春季大会シンポジウム　水産資源利用の歴史的諸相：中近世ヨーロッパ史の視点から）」『西洋史学論集』、61、2024年3月、48-51頁。

5．「近世末期のビルバオ港とアジア産品の獲得」『新潟大学経済論集』、116、2024年3月、1-18頁。

以下からは、本書の完成に至るまでにお世話になった方々への御礼を記したい。

なによりもまずは、大阪大学大学院にて研究指導をしてくださった、秋田茂先生に御礼を申し上げねばならない。先生の満面の笑顔をたたえながらの叱咤激励と、先生自身が国内外において猛烈な勢いで進められる研究活動を見ながら、恐らく多くの院生が感じていたように「自分も頑張らねば」と、なんとか自分を奮い立たせて、これまで研究を行ってきた。そして、一つの区切りとして、本書を刊行することができた。つたないながらも、これまでの研究内容をまとめた本書の刊行を、一つの恩返しとしたい。

また、筆者が右も左もわからない未熟な学部生であった当時、大阪経済大学で教鞭をとっておられた坂本優一郎先生から受けた学恩と、大学院進学後のみならず就職後も見守ってくださる優しさは、大変有り難いものである。先生に教えて頂いた、研究の方法や思考の仕方、さらには英語の読み方や論文の書き方など基礎的な事柄まで全て、自分が研究生活を進めていく上での基盤となってきた。また、坂本先生と一緒に、大学院進学や就職を喜んでくださった林田敏子先生にも、御礼を申し上げたい。

もちろん、2018年の9月から2019年の8月まで滞在した、バスク大学（Universidad del País Vasco）のサビエル・ラミキス先生（Xabier Lamikiz）が研究員として受け入れてくださり、助言頂くことがなければ、筆者の研究が進むことはなかった。冬のビトリア＝ガステイスにて、温かく出迎えて下さったラミキス先生のご家族にも、感謝の念が尽きない。

あとがき　*185*

　くわえて、副指導教員として、東京大学にご転出されるまで厳しくも温かい指導をしてくださった中野耕太郎先生にも御礼を申し上げたい。ゼミでは、質問の仕方や議論相手の土俵で物事を考える重要性を教えて頂いた。先生のゼミでの経験と、主査であった秋田先生の「自分の専門分野のことしかわからないようでは駄目」というふとした言葉は、なんとなく筆者の中で掛け合わさって、筆者が分野横断的に文献を読むようになったきっかけの一つとなった。それが、本書の序章に反映することができていれば嬉しく思う。

　また、博士論文審査に副査として加わってくださった、藤川隆男先生や中谷惣先生、外部審査委員として加わってくださるとともに、博士論文出版をも見据えた助言を下さった深沢克己先生にも、御礼を申し上げたい。

　大阪経済大学において筆者にスペイン語やフランス語を教えてくださっていた先生方にも感謝したい。既に単位を取り終わったにもかかわらず、いつまで経っても授業にモグリ続ける筆者を、先生方は温かく受け入れて下さった。高校3年生の冬のはじめ、大した理由もなく、「簡単らしい」と履修希望を出したスペイン語であったが、当時の大阪経済大学では、文化人類学が御専門の桜井三枝子先生を筆頭にスペイン・ラテンアメリカ関連の授業が充実しており、かつ地域研究のエキスパート達による授業がエキサイティングであったことが、筆者が現在の研究の道に進んだ理由の一つであるかもしれない。4年生になってから大学院入試での必要に迫られて始めたフランス語も、アルカラ大学で行われたスペイン語研修で知り合った学友の力を借りて、見ず知らずのフランス語担当の先生方に相談に伺い、学ぶ機会を頂いた。のちのち、スペインを研究するにはフランス語ができなければならないと気づいた。声をかけてくれた友人と、快く授業への出席を認めてくれた先生方に御礼を申し上げたい。それだけでなく、大学院進学後に、スペイン語での学術文献の読み方を指導して頂いた、大阪大学外国語学部の中本香先生にも謝意を表したい。

　ほか、大阪大学附属図書館、大阪経済大学図書館、スペイン国立図書館、スペイン国立文書館、ビスカヤ歴史文書館、ビスカヤ州立歴史文書館、マサチューセッツ歴史協会、アメリカ合衆国公文書館ボストン支館、ピーボディ・エセックス博物館附属フィリップス図書館、ジョン・カボットハウス、イギリス国立公文書館の蔵書や史料を利用した。お世話になった各機関のスタッフに感謝を申し上げる。

　そのほかにも、切磋琢磨した大阪大学の世界史講座の皆様、卒業後も色々と

声を掛けてくださる大阪経済大学の先生方、未熟ながらも同僚として迎えて下さった新潟大学の皆様、とりわけ学際日本学プログラムの先生方や、経済科学部資料室の方々にも御礼申し上げる。

　こうして様々なこれまでのことを思い出しながら「あとがき」をしたためている時、多種多様な偶然の要素がかけ合わさって、たまたま、この「あとがき」を書く現在の自分がいるのだと気づかされる。偶然は、何度もあった。最近でいえば、留学から帰国した直後の2020年初頭から流行したCOVID19は、京都で観光業に従事する実家の家計にも大きなダメージを与えたため、正直博士号が取れなくても良いので研究をやめて働くことも考えていた。しかしその後、博士号を取得し、大阪大学西洋史学研究室の助教を経て、新潟大学で研究を続けることができているのは、周囲の皆さまのお力添えやご厚意、偶然と少しの運のおかげである。

　最後に、言い訳にはなるが、筆者の主たる関心は大きな構造やシステム、港湾都市そのものの方にある。そのため、本書をまとめるにあたり、人の生活や営みなど見落としてきた事柄の多さを改めて突きつけられた。こうした「見落とし」は全て筆者の責であるとともに、今後の研究課題としていきたい。

　2024年10月

越後　新潟湊にて

高 垣 里 衣

参考文献一覧

〈一次史料：未刊行史料〉

■Archivo Histórico Foral de Bizkaia, Bilbao, España

Libro borrador de las cuentas del derecho de avería, del veintidós de enero de 1755 al cuatro de febrero de 1756.

Libro borrador de las cuentas del derecho de avería, del tres de febrero de 1756 al diez del mismo mes de 1757.

Libro borrador de las cuentas del derecho de avería, del quince de enero de 1757 al veintiuno de febrero de 1758.

Libro borrador de haberes de las cuentas del derecho de la avería ordinaria, del veintiocho de enero de 1758 al cinco de febrero de 1759.

Libro borrador de haberes de las cuentas del derecho de la avería ordinaria, del diez enero de 1759 al once del mismo mes de 1760.

Libro borrador de haberes de las cuentas del derecho de la avería ordinaria, del dieciocho de enero de 1760 al diez del mismo mes de 1761.

Libro borrador de haberes de las cuentas del derecho de la avería, del ocho de enero al veintisiete de diciembre de 1761.

Libro borrador de haberes de las cuentas del derecho de avería, del ocho de enero al treinta y uno de diciembre de 1762.

Libro borrador de haberes de las cuentas del derecho de avería, del nueve de enero de 1763 al cinco de enero de 1764.

Libro borrador de los haberes de las cuentas del derecho de avería, del siete de enero de 1764 al seis del mismo mes de 1765.

Libro borrador de las cuentas del derecho de avería, del siete de enero de 1765 al cuatro del mismo mes de 1766.

Libro borrador de las cuentas del producto del derecho de avería, del quince de enero de 1766 al cinco del mismo mes de 1767. Número doce.

Libro borrador de las cuentas del producto del derecho de avería, del nueve de enero de 1767 al veintisiete de marzo de 1768. Número trece.

Libro borrador de las cuentas del producto del derecho de avería del año 1768. Número catorce.

Libro borrador de las cuentas del producto del derecho de avería, del doce de enero de 1769 al tres del mismo mes de 1770. Número quince.

Libro borrador de las cuentas del producto del derecho de avería del año 1770. Número dieciséis.

Libro borrador de las cuentas del derecho de avería del año 1771.

Libro borrador de las cuentas del producto del derecho de avería del año 1772. Número once.

Libro borrador de las cuentas del derecho de avería del año 1773. Número diecinueve.

Libro borrador de las cuentas del derecho de avería, del siete de enero de 1774 al veinticuatro de abril de 1775.

Libro borrador de las cuentas del derecho de avería del año 1776.

Libro borrador de las cuentas del derecho de avería, del ocho de enero de 1777 al siete de febrero de 1778.

Libro borrador de las cuentas del derecho de avería, del catorce de enero de 1778 al trece de marzo de 1779.

Libro borrador de las cuentas del derecho de avería del año 1779.

Libro borrador de las cuentas del derecho de avería del año 1780.

Libro borrador de las cuentas del derecho de avería del año 1781.（本史料には 1782 年も含まれる）

Libro borrador de las cuentas del derecho de avería del año 1783.（本史料には 1784 年も含まれる）

Liro borrador de las cuentas del derecho de avería, de 1785 y 1786.

Libo borrador de las cuentas del derecho de avería de los años 1787 y 1788.

Libo borrador de las cuentas del derecho de avería de los años 1789 y 1790.

Libro borrador de las cuentas del derecho de avería de los años 1791 y 1792.

Libro borrador de las cuentas del derecho de avería del año 1793.

Libro borrador de las cuentas del derecho de avería de los años 1794 y 1795.

Libro borrador de las cuentas del derecho de avería del año 1795.

Libro borrador de las cuentas del derecho de avería del año 1796.

Libro borrador de las cuentas del derecho de avería de los años 1797 y 1798.

Libro borrador de las cuentas del derecho de avería de los años 1799 y 1800.

Libro borrador de las cuentas del derecho de avería, del doce de enero de 1801 al trece de diciembre de 1802.

Libro borrador de las cuentas del derecho de avería de 1803 y 1804.

Libro borrador de las cuentas del derecho de avería de 1805.

Libro borrador de las cuentas del derecho de avería de los años 1805 al 1807.

Libro borrador de las cuentas del derecho de avería de los años 1808 al 1811.

参考文献一覧　*189*

■Archivo Histórico Provincial de Vizcaya, Bilbao, España
Protocolo 3340, Esno. Joaquín de la Concha, año 1756.
Protocolo 3340, Esno. Joaquín de la Concha, año 1758.

■Archivo Histórico Nacional, Madrid, España
Estado legajo 6959.

■Massachusetts Historical Society, Boston, United States of America
Great Britain Customs Establishment, Naval office shipping lists for Massachusetts, 1756–
1765.

■National Archive at Boston, Waltham MA, United States of America
Record Group 36: Records of the U.S. Customs Service, 1745–1997.

■Philips Library (Peabody Essex Museum), Rowley MA, United States of America
Salem Custom House Record.

■The National Archive, London, United Kingdom
Report on Trade and Commerce of Bilbao for the Year 1794, Diplomatic and Consular
reports on Trade and Finance.

〈一次史料：刊行史料〉

Adams, John, *A Defence of the Constitutions Government of the United States of America*,
　　London: Printed for C. Dilly, in the Poultry and Hon Stockdale, Piccadilly, 1787,
　　letter. 4.

Arriquibar, Nicolas de, *Recreación Política: Reflexiones sobre el amigo de los hombres en*
　　su tratado de población, considerado con respecto á nuestros intereses, Vitoria: Tomás
　　de Robles y Navarro, 1779.

Consulado de Bilbao, *Ordenanzas de la ilustre Universidad y casa de contratación de la*
　　M.N. y M. L. Villa de Bilbao, aprobadas y confirmadas por las Magestades de los
　　Sres. Don Felipe V en 2 de diciembre de 1737, y Don Fernando Vll en 27 de junio
　　de 1814, Madrid: Impresor de D. Miguel de Burgos, 1819.

Terreros y Pando, Esteban de, *Diccionario Castellano con las voces de ciencias y artes y*
　　sus correspondientes en las tres lenguas Francesa, Latina e Italiana, Madrid: La
　　imprenta de la Viuda de Ibarra, Hijos y Compañia, 1786.

Uztáriz, Gerónimo de, *Theorica y practica de comercio y de marina*, Madrid: S.N., 1724.

〈二次文献：欧文〉

Aguirre Sorondo, Antxon, *Getaria, entre el mar, el cielo y la montaña*, Getaria: Getariako

Udala, 2000.

Altman, Ida, "The Spanish Atlantic, 1650-1780", in Canny, Nicholas and Morgan, Philip (eds.), *The Oxford Handbook of The Atlantic World 1450-1850*, Oxford: Oxford University Press, 2013, pp. 183-200.

Amezaga Iribarren, Arantazazu, "La Real Comapañía Guipuzcoana de Caracas. Crónica sentimental con una visión historiográfica. Los años áuricos y las rebeliones (1728-1751)", *Sancho el sabio: Revista de cultura e investigación vasca*, Nº 23, 2005, pp. 167-208.

Angulo Morales, Alberto, "Comercialización y contrabando de tabaco en el País Vasco durante el antiguo régimen", *Vasconia*, 31, 2001, pp. 21-43.

Aragón Ruano, Álvaro, "Comerciantes franceses en el comercio entre San Sebastián y los Estados Unidos de América en el marco de la crisis de subsistencia de 1789", en Dubert, Isidro y Sobrado Correa, Hortensio, *El mar en los siglos modernos*, Santiago de Compostela: Junta de Galicia / Xunta de Galicia, 2009, pp. 235-247.

————, "The Mediterranean Connections of Basque Ports (1700-1841): Trade, Trust and Networks", *Journal of European Economic Hsitory*, XLIV. 3, 2015, pp. 51-90.

Aragón Ruano, Álvaro and Angulo Morales, Alberto, "The Spanish Basque Country in Global Trade Networks in the Eighteenth Century", *International Journal of Maritime History*, 25, 2013, pp. 149-172.

————, "No solo pescado y harina a cambio de oro. Vascos en el comercio con los estados unidos durante el siglo XVIII", *Boletín Americanista*, 77, 2018, pp. 147-166.

Armitage, David and Braddick, Michael J. (eds.), *The British Atlantic World 1500-1800*, London: Palgrave Macmillan, 2009.

Azpiasu, José Antonio, *La empresa vasca de Terranova: Entre el mito y la realidad*, Donostia: Ttarttalo, 2008.

Barbier, Jacques A. and Kuethe, Allan J., *The North American Role in the Spanish Imperial Economy, 1760-1819*, Manchester: Manchester University Press, 1984.

Barkham, Michael, "La industria pesquera en el País Vasco peninsular al principio de la Edad Moderna: ¿una edad de oro?", *Itsas Memoria. Revista de Estudios Marítimos del País Vasco*, 3, 2000, pp. 29-75.

Basurto Larrañaga, Román, *Comercio y burguesía mercantil de Bilbao en la segunda mitad del siglo XVIII*, Bilbao: Servicio Editorial Universidad del País Vasco, 1983.

————, "Linejas y fortunas mercantiles de Bilbao del siglo XVIII", *Itsas Memoria, Revista de Estudios Marítimos del País Vasco*, Nº 4, 2003, pp. 343-356.

Bowden, William Hammond. "The Commerce of Marblehead, 1665-1775", *Historical Collection (Essex Institute)*, LXVIII, 1932, pp. 117-146.

Calderón Cuadrado, Reyes, *Empresarios españoles en el proceso de independencia nort-*

eamericana: La casa Gardoqui e hijos de Bilbao, Madrid: Instituto de Investigaciones Económicas y Sociales Francisco de Vitoria-Unión Editorial, 2004.

Carrasco Gonzáles, María Guadaloupe, "Comercio, negocios y comerciantes en Cádiz a finales del siglo XVIII", en Rafael Torres Sánchez (ed.), *Capitalismo Mercantil en la España del siglo XVIII*, Pamplona: Universidad de Navarra, EUNSA. Ediciones Universidad de Navarra, S.A, 2000, pp. 107-139.

Castaño, José, *El libro de los pesos y medidas*, Madrid: La Esfera de los Libros, 2015.

Cierbide Martinena, Ricardo, "La Compañia Guipuzcoana de Caracas y los vascos en Venezuela durante el siglo XVIII", *Revista Internacional de los Estudios Vascos*, Vol. 42, Nº 1, 1997, pp. 63-75.

Coronas Tejada, Luis, "El abastecimiento de pescado en el Jaen del siglo XVII", *Chronica Nova*, 17, 1989, pp. 33-45.

Crespo Solana, Ana, *El comercio marítimo entre Ámsterdam y Cádiz (1713-1778)*, Madrid: Banco de España, 2000.

————, "Merchant Cooperation in Society and State: A Case Study in the Hispanic Monarchy", in Antunes, Cátia and Polónia, Amelia, *Beyond Empires: Global, Self-Organizing, Cross-Imperial Networks, 1500-1800*, Leiden: Brill, 2016, pp. 160-187.

Datta, K. K., "India's Trade with Europe and America in the Eighteenth Century", *Journal of the Economic and Social History of the Orient*, Vol. 2, No. 3, 1959, pp. 313-323.

Dennis Hussey, Roland, *The Caracas Company 1728-1784: A Study in the History of Spanish Monopolistic Trade*, Cambridge: Harvard University Press; London: H. Milford, Oxford University Press, 1934.

Díez de Salazar Fernandez, Luis Mª y Ayerbe, Mª Rosa, *Juntas y Diputaciones de Gipuzkoa: Documentos, San Sebastián IX. 1584-1586*, San Sebastián: Juntas Generales de Gipuzkoa, 1990.

Domínguez Ortiz, Antonio, *Sociedad y estado en el siglo XVIII español*, Barcelona: Ariel, 1976.

Dominique, Robin, *L'histoire des pêcheurs basques au XVIIIe siècle: St-Jean-de-Luz, Ciboure, Biarritz, Bayonne*, Bordeaux: Elkar, 2002.

Eiras Roel, Antonio, "Problemas demográficos del siglo XVIII español", en Anes Alvarez, Gonzalo (ed.), *España a finales del siglo XVIII*, Tarragona, 1982, pp. 9-30.

Elliott, J. H., "A Europe of Composite Monarchies", *Past & Present*, 137, pp. 48-71.

————, *Empires of The Atlantic World Britain and Spain in America 1492-1830*, New Haven and London: Yale University Press, 2007.

————, *IMPERIAL SPAIN: 1469-1716*, London: Penguin Books, 2002.

————, *Spain, Europe and the Wider World 1500-1800*, New Heaven and London:

Yale University Press, 2009.

Emmer, Pieter (eds.), *The Dutch in the Atlantic Economy, 1580-1880: Trade, Slavery and Emancipation*, Aldershot: Ashgate, 1998.

Farnie, D. A, "The Commercial Empire of the Atlantic, 1607-1783", *The Economic History Review*, New Series Vol. XV, No. 2, 1962, pp. 205-218.

Fernández Diaz, Roberto and Martínez Shaw, Carlos, "La pesca en la España del siglo XVIII. Una aproximación cuantitativa (1758-1765)", *Revista de Historia Económica*, N° 3, 1984, pp. 183-201.

Fernández-de-Pinedo Echevarría, Nadia and Fernández-de-Pinedo Fernández, Emiliano, "Distribution of English Textiles in the Spanish Market at the Beginning of the 18th Century", *Revista de Económica*, Vol. 31, No. 2, 2013, pp. 253-284.

Fisher, John, *El comercio entre España e Hispanoamérica (1797-1820)*, Madrid: Banco de España, 1993.

―――――, *Commercial Relations between Spain and Spanish America in the Era of Free Trade, 1778-1796*, Liverpool: Centre for Latin American Studies, The University of Liverpool, 1985.

Games, Alison, "Atlantic History: Definitions, Challenges, and Opportunities", *The American Historical Review*, Vol. 111, Issue 3, 2006, pp. 741-757.

Garay Belategui, Jon y López Pérez, Rubén Esteban, "Los extranjeros en el señorío de Vizcaya y en la villa de Bilbao a finales del antiguo régimen: Entre la aceptación y el rechazo", *Estudios Humanísticos. Historia*, N° 5, 2006, pp. 185-210.

García-Baquero González, Antonio, *La Carrera de Indias Histoire du commerce hispano - américain (XVIe - XVIIIe Siècle)*, Sevilla: Diputación Provincial de Cádiz, 1992 (Paris, 1997), pp. 158-172.

García Cárcel, Ricardo, *Feipe V y los españols*, Barcelona: Random House Mondador, 2002.

García Fernández, Maria Nélida, *Comerciando con el enemigo. El tráfico mercantil anglo-español en el siglo XVIII (1700-1765)*, Madrid: CSIC, 2006.

Gervis, Pierre, "Neither Imperial, Nor Atlantic: A Merchant Perspective on International Trade in the Eighteenth Century", *History of European Ideas*, 34, 2008, pp. 465-473.

Gould, Eliga, "Entangled Histories, Entangled Worlds: The English-Speaking Atlantic as a Spanish Periphery", *The American Historical Review*, Vol. 112, No. 3, 2007, pp. 764-786.

Grafe, Regina, *Distant Tyranny: Markets, Power, and Backwardness in Spain, 1650-1800*, Princeton: Princeton University Press, 2011.

―――――, "The Globalisation of Codfish and Wool: Spanish-English-North American Triangular Trade in the Early Modern Period", *Economic History Working Papers*, 71/03, 2003, pp. 1-33.

Grafe, Regina and Gelderblom, Oscar, "The Rise and Fall of the Merchant Guilds: Rethinking the Comparative Study of Commercial Institutions in Premodern Europe", *Journal of Interdisciplinary History*, Vol. 10, Number 4, 2010, pp. 477-511.

Hamilton, L. Marcha, *Social and Economic Networks in Early Massachusetts: Atlantic Connections*, Pennsylvania: Pennsylvania State University Press, 2009.

Hancock, David, *Citizens of the World: London Merchants and the Integration of the British Atlantic Community, 1735-1785*, New York: Cambridge University Press, 1995.

Hess, Andreas, "Working the waves: The Plebeian Culture and Moral Economy of Traditional Basque Fishing Brotherhoods", *Journal of Interdisciplinary History*, XL. 4, 2010, pp. 551-578.

Innis, Harold, *The cod Fisheries: The history of an international economy*, Toronto and Buffalo: University of Toronto Press, 1954.

Kingston, Jeff, "Securing Sumatra's Pepper Periphery: Resistance and Pacification in Lampung during the 18th and 19th century", *Southeast Asia: History and Culture*, Vol. 19, 1990, pp. 77-104.

Klooster, Wim, *Revolutions in the Atlantic World: A Comparative History* (*New Edition*), New York: NYU Press, 2018.

Koenigsberger, H. G., "Monarchies and Parliaments in Early Modern Europe: Dominium Regale or Dominium Politicum et Regale", *Theory and Society*, 5 (1), 1978, pp. 191-217.

Kurlansky, Mark, *Cod; A Biography of the Fish that Changed the World*, London: Penguin Books, 1998.

————, *The Basque History of the World*, London: Penguin Books, 1999.

Labaree, Benjamin W., "The Making of an Empire: Boston and Essex County, 1790-1850", in Cornad Edick Wright and Katheryn P. Viens (eds.), *Entrepreneurs: The Boston Business Community, 1700-1850*, Boston: Massachusetts Historical Society, 2005, pp. 343-364.

Laburu, Miguel, *Ballenas, Vascos y América*, San Sebastián: Juntas Generales de Guipuzkoa, 1991.

La Force, J. C, *The Development of the Spanish Textile Industry 1750-1800*, Berkeley: University of California Press, 1965.

Lamikiz, Xabier, "Basque Ships Captains as Mariners and Traders in the Eighteenth Century", *International Journal of Maritime History*, xx/2, 2008, pp. 81-109.

————, "Comercio internacional, rivalidades interurbanas y cambio institucional en el norte de la Península Ibérica durante el siglo XVII", en Ramón Lanza García (coor.), *Las instituciones económicas, las finanzas públicas y el declive de España en la Edad*

Moderna, Madrid: Universidad Autónoma de Madrid, Servicio de Publicaciones, 2017, pp. 283-314.

――――, *Trade and Trust in the Eighteenth-century Atlantic World - Spanish Merchants and Their Overseas Networks*, Woodbridge: Boydell Press, 2010.

Larraín, José Manuel y Ramón, Armando de, "Una metrología colonial para Santiago de Chile: de la medida castellana al sistema métrico decimal", *Historia/Pontificia Universidad Católica de Chile*, vol. 14, 1979, pp. 5-69.

López Losa, Ernesto, "La pesca en el País Vasco. Una visión a largo plazo (siglos XIX y XX)", *Itsas Memoria. Revista de Estudios Marítimos del País Vasco*, 3, 2000, pp. 239-276.

Lourdes Odriozola Oyarbide, María, *Construcción naval en el País Vasco, siglos XVI-XIX*, San Sebastián: Diputación Foral de Gipuzkoa, 2004.

Lydon, James, *Fish and Flour for Gold, 1600-1800: Southern Europe in the Colonial Balance of Payments*, Philadelphia: An e-Publication of the Program in Early American Economy and Society Library Company of Philadelphia, 2008.

Maclay, Edgar Stanton, *A History of American Privateers*, New York: D. Appleton and Co., 1899. (reproduction, 2006. https://archive.org/details/historyofamerica00macl/page/n7/mode/2up. 2024 年 6 月 25 日最終閲覧。)

Manning, Helen Taft, *British Colonial Government After the American Revolution, 1782-1820*, Hamden: Yale University Press, 1966 (first published, 1933).

Marán Martín, Remedios, "José de Gálvez. Rasgos Americanistas de su círculo ilustrado: Campomanes y Jovellanos", *Revista TSN (Transatlantic Studies Network)*, Nº 2, 2016, pp. 24-30.

Martínez Borrallo, Antonio, "Comerciantes vascos en los cinco gremios mayores de Madrid", *MAGALLÁNICA, Revista de Historia Moderna*, 4/7, 2017, pp. 147-179.

Martínez Shaw, Carlos, "Las reflexiones de Campomanes sobre la pesca en América", *Crónica Nova*, Nº. 22, 1995. pp. 243-267.

Marquina, Daniel, Fernández-Álvarez, Fernando Ángel, and Noreña, Carolina, "Five new records and one new species of Polycladida (Platyhelminthes) for the Cantabrian coast (North Atlantic) of the Iberian Peninsula", *Journal of the Marine Biological Association of the United Kingdom*, 2014, pp. 1-12.

Mauleón Isla, Mercedes, *La población de Bilbao en el siglo XVIII*, Valladolid: Universidad de Valladolid, Secretariado de Publicaciones, 1961.

McCarthy, Charles H., "The Attitude of Spain during the American Revolution", *The Catholic Historical Review*, Vol. 2, No. 1, 1916, pp. 47-65.

McCusker, John J. and Menard, Russell R., *The Economy of British America 1607-1789 with Supplementary Bibliography*, Chapel Hill: Institute of Early American History and Culture by the University of North Carolina Press, 1991.

Mcfarland, Raymond, *A History of the New England Fisheries with Maps*, New York: University of Pennsylvania, 1911.

Méneard, Caroline, *La pesca gallega en Terranova, siglos XVI-XVIII*, Universidad de Santiago de Compostela (Tesis doctoral), 2006.

Mizushima, Tsukasa, Souza, George, and Flynn, Denis (eds.), *Hinterlands and Commodities: Place, Space, Time and the Political Economic Development of Asia over the Long Eighteenth Century*, Leiden: Brill, 2014.

Molas Ribalta, P, *La burguesía mercantil en la España del antiguo régimen*, Madrid: Ediciones Cátedra, 1985.

Montoya, Javier Castro, "Una noticia sobre el transporte de grasa de ballena desde Mutriku a Calahorra en 1565", *Kalakorikos*, 2013, 18, pp. 73-82.

Morison, Samuel Eliot, *The Maritime History of Massachusetts 1783-1860*, Boston: Houghton Mifflin Company; New York: Houghton Mifflin Company; Cambridge: The Riverside Press, 1921.

Ortiz de Zárate, Elena Alcorta, "Comercio y familia. La trayectoria comercial de un hombre de negocios bilbaíno de la segunda mitad del siglo XVIII: Ventura Francisco Gómez de la Torre y Jarabeitia", en Rafael Torres Sánchez (ed.), *Capitalismo mercantil en la España del siglo XVIII*, Pamplona: Universidad de Navarra, EUNSA. Ediciones Universidad de Navarra, S.A, 2000, pp. 31-51.

Ostrander, Gilman M., "The Making of the Triangular Trade Myth", *The William and Mary Quarterly*, Vol. 30, No. 4, 1973, pp. 635-644.

Palmer, R. R., *The Age of the Democratic Revolution: A Political History of Europe and America, 1760-1800 (Updated Edition)*, Princeton: Princeton University Press, 2014 (First printed, 1964).

Pearce, Adrian J., *British Trade with Spanish America, 1763-1808*, Liverpool: Liverpool University Press, 2014.

Pérez Sarrión, Guillermo, *The Emergence of a National Market in Spain, 1650-1800 Trade Networks, Foreign Powers and the State*, London: Bloomsbury Academic, 2016.

Perrone, Sean, "Spanish Consuls and Trade Networks between Spain and the United States, 1795-1820", *Bulletin for Spanish and Portuguese Historical Studies*, Vol. 38, Issue. 1, 2013, pp. 75-94.

Phillips, Carla Rahn, "The Growth and Composition of Trade in the Iberian Empires, 1450-1750", in James D. Tracy, *The Rise of Merchant Empires Long Distance Trade in the Early Modern World 1350-1750*, Cambridge: Cambridge University Press, 1990, pp. 34-101.

Phillips, Carla Rahn and Phillips Jr, William D, *Spain's Golden Fleece: Wool Production and the Wool Trade from the Middle Ages to the Nineteenth Century*, Baltimore: Johns Hopkins University Press, 1997.

Pietschmann, Horst, "Introducition: Atlantic History - History between European History and Global History", in Pietschmann, Horst (ed.), *Atlantic History: History of the Atlantic System 1580-1830* (papers presented at an international conference, held 28 August-1 September, 1999, in Hamburg), Göttingen: Vandenhoeck & Ruprecht, 2002, pp. 1144-1171.

Pinedo Emiliano, Fernández de, *Crecimiento económico y transformaciones sociales del País Vasco 1100-1850*, Madrid: Siglo XXI de España Editores, S.A, 1974.

Pinto Rodriquez, Jorge, "Los cinoco gremios mayores de Madrid y el comercio colonial en el siglo XVIII", *Revista de Indias*, Vol. 1.1, Núm. 192, 1991, pp. 293-326.

Piquero, Santiago and López, Ernest, "New Evidence for the Price of Cod in Spain: The Basque Country, 1560-1900", in David J. Starkey and James E. Candow (eds.), *The North Atlantic Fisheries: Supply, Marketing and Consumption, 1560-1990*, Hull: North Atlantic Fisheries Association, Maritime Historical Studies Centre, University of Hull, 2006, pp. 195-211.

Priotti, Jean-Philippe avec Saupin, Guy (dir.), *L'Atlantique franco-espagnol. Acteurs, négoces et ports (XVe-XVIIIe siècles)*, Rennes: Press Universitaires de Renns, 2008.

Putnam, George Granville, *Salem Vessels and Their Voyages A History of the Pepper Trade with the Island of Sumatra*, Salem: Essex Institute, 1922.

Rediker, Marcus and Jiménez, Michael F., "What is Atlantic History?", *CPAS Newsletter: The University of Tokyo Center for Pacific and Asian Studies*, 2001, pp. 3-4.

Ringrose, David, *Spain, Europe and the "Spanish Miracle" 1700-1900*, Cambridge: Cambridge University Press, 1998.

―――, *Transportation and Economic Stagnation in Spain, 1750-1850*, Durham: Duke University Press, 1970.

Rodriguez, Manuel Bustos, "Cadiz and the Atlantic Economy (1650-1830), in Pietschmann, Horst (ed.), *Atlantic History: History of the Atlantic System 1580-1830* (papers presented at an international conference, held 28 August-1 September, 1999, in Hamburg), Göttingen: Vandenhoeck & Ruprecht, 2002, pp. 411-433.

Rubio-Ardanaz, Juan Antonio, "Las cofradias de pescadores en el País Vasco. Cambios e influencias históricas y actuales en la pesca de bajura: el caso de Santurtzi (Bizkaia)", *Estudios Atacameños: arqueología y antropología surandinas*, N°. 64, 2020, pp. 39-65.

Rueda, Natividad, *La compania comercial "Gardoqui e hijos" 1760-1800*, Vitoria: Servicio Central de. Publicaciones del Gobierno Vasco, 1992.

Santamaría, Gerardo del Cerro, *Bilbao Basque Pathways to Grobalization*, Oxford:

Emerald Group Publishing Limited, 2007.

Shepherd, James and Walton, Gary, *Shipping, Maritime Trade and the Economic Development of Colonial North America*, Cambridge: Cambridge University Press, 2011.

Smith, Robert Sidney, *The Spanish Guild Merchant, A History of the Consulado, 1250–1700*, Durham: Duke University Press, 1940.

Subrahmanyam, Sanjay (ed.), *Merchant Networks in the Early Modern World*, London: Routledge, 1996.

Suzuki, Hideaki, *Slave Trade Profiteers in the Western Indian Ocean: Suppression and Resistance in the Nineteenth Century*, London: Palgrave Macmillan, 2017.

Topik, Steven, et al. (eds.), *From Silver to Cocaine: Latin American Commodity Chains and the Building of the World Economy, 1500-2000*, Durham: Duke University Press, 2006.

Torres Sánchez, Rafael (ed.), *Capitalismo mercantil en la España del siglo XVIII*, Pamplona: Universidad de Navarra, EUNSA. Ediciones Universidad de Navarra, S.A, 2000.

Tracy, James (ed.), *Rise of Merchant Empires: Long Distance Trade in the Early Modern World 1350-1750*, Cambridge: Cambridge University Press, 1993.

Uriarte Ayo, José Ramon, *Estructura, desarrollo y crisis de la siderurgia tradicional vizcaína, 1700-1840*, Bilbao: Servicio Editorial, Universidad del País Vasco / Argitarapen Zerbitzua, Euskal Herriko Unibertsitatea, 1988.

Wright, Cornad Edick and Viens, Katheryn P. (eds.), *Entrepreneurs: The Boston Business Community, 1700-1850*, Boston: Massachusetts Historical Society, 2005.

Zabala Uriarte, Aingeru, *Mundo urbano y actividad mercantil, Bilbao 1700-1810*, Bilbao: Bilbao Bizkaia Kutxa, 1994.

Zylberberg, Michel, *Une si douce domination. Les milieux d'affaires français et l'Espane vers 1780-1808*, Vincennes: Comité pour l'histoire économique et financière de la France, 1993.

〈二次文献：日本語〉

秋田茂編『アジアからみたグローバルヒストリー「長期の18世紀」から「東アジアの経済的再興へ」』ミネルヴァ書房、2013年。

秋田茂・桃木至朗編『グローバルヒストリーと戦争』大阪大学出版会、2016年。

秋田茂・桃木至朗編『歴史学のフロンティア——地域から問い直す国民国家史観——』大阪大学出版会、2008年。

アブー゠ルゴド、J. L.（佐藤次高・斯波義信・高山博・三浦徹訳）『ヨーロッパ覇権以前上・下』岩波書店、2001年。

網野善彦『海民と日本社会』新人物往来社、1998 年。

アーミテイジ、デイヴィッド（平田雅博・山田園子・細川道久・岡本慎平訳）『思想のグローバル・ヒストリー　ホッブズから独立宣言まで』法政大学出版局、2015 年。

───（平田雅博・岩井淳・菅原秀一・細川道久訳）『独立宣言の世界史』ミネルヴァ書房、2012 年。

荒川正晴『ユーラシアの交通・交易と唐帝国』名古屋大学出版会、2010 年。

アリエール、ジャック（萩尾生訳）『バスク人』白水社、1992 年。

有富重尋『スペイン社会経済史概説』南雲堂深山社、1969 年。

安野眞幸『港市論：平戸・長崎・横瀬浦』日本エディタースクール出版部、1992 年。

ウォーラーステイン、イマニュエル（川北稔訳）『近代世界システム II　重商主義と「ヨーロッパ世界経済」の凝集 1600-1750』名古屋大学出版会、2013 年。

───『近代世界システム III　「資本主義的世界経済」の再拡大 1730s-1840s』名古屋大学出版会、2013 年。

太田淳『近世東南アジア世界の変容　グローバル経済とジャワ島地域社会』名古屋大学出版会、2014 年。

太田出・川島真・森口（土屋）由香・奈良岡聰智編『領海・漁業・外交──19〜20 世紀の海洋への新視点──』晃洋書房、2023 年。

岡美穂子『商人と宣教師──南蛮貿易の世界──』東京大学出版会、2010 年。

奥野良知「カスタニェー社の販売台帳を通して見る 18 世紀カタルーニャ綿業──捺染綿布、捺染亜麻布、商人ネットワーク（1）──」『愛知県立大学紀要　地域研究・国際学編』、第 44 号、2012 年、73-95 頁。

───「更紗と 17・18 世紀カタルーニャ」『異文化』、第 2 号、2001 年、215-232 頁。

───「18 世紀カタルーニャ綿業における「自由貿易」規則（1778 年）以前の亜麻布捺染についての一考察」『愛知県立大学紀要　地域研究・国際学編』、第 46 号、2014 年、73-99 頁。

越智敏之『魚で始まる世界史──ニシンとタラとヨーロッパ──』平凡社新書、2014 年。

金澤周作編『海のイギリス史──闘争と共生の世界史』昭和堂、2013 年。

笠井俊和『船乗りがつなぐ大西洋世界──英領植民地ボストンの船員と貿易の社会史──』晃洋書房、2017 年。

カーティン、フィリップ D.（田村愛理・山影進・中堂幸政訳）『異文化間交易の世界史』NTT 出版、2002 年。

樺山紘一ほか編『岩波講座 世界歴史 15　商人と市場　ネットワークの中の国家』岩波書店、1999 年。

川北稔『工業化の歴史的前提』岩波書店、1985 年。

───『砂糖の世界史』岩波ジュニア新書、1996 年。

───「環大西洋革命の時代」樺山紘一・川北稔ほか編『岩波講座世界歴史 17　環大西洋革命　18 世紀後半─1830 年代』岩波書店、1997 年、3-68 頁。

川崎健「レジーム・シフト論」『地学雑誌』119-3、2010 年、482-488 頁。

川分圭子『ボディントン家とイギリス近代　ロンドン貿易商 1580-1941』京都大学出版会、2017 年。

菊池雄太「ヨーロッパ商業世界におけるハンブルクの役割（17～18 世紀）」『比較都市史研究』、27 巻 1 号、2008 年、13-29 頁。

岸本美緒「グローバル・ヒストリー論と「カリフォルニア学派」」『思想』、1127、2018 年、80-100 頁。

―――編『歴史の転換期　1571 年　銀の大流通と国家統合』山川出版社、2019 年。

貴堂嘉之「下からのグローバル・ヒストリーに向けて――人の移動、人種・階級、ジェンダーの視座から――」『現代歴史学の成果と課題　第一巻　新自由主義時代の歴史学』績文堂出版、2017 年、64-78 頁。

君塚弘恭「葡萄酒の消費と商業圏の拡大―18 世紀フランス・ブルターニュ地方と大西洋世界――」小沢弘明編『つながりと権力の世界史』彩流社、2014 年。

―――「近世フランス経済と大西洋世界―商人と船乗りの海」金澤周作編『海のイギリス史　闘争と共生の世界史』昭和堂、2013 年、226-241 頁。

木村和男『北太平洋の発見　毛皮交易とアメリカ太平洋岸の分割』山川出版社、2007 年。

―――『毛皮交易が創る世界　ハドソン湾からユーラシアへ』岩波書店、2004 年。

クマー、クリシャン（立石博高・竹下和亮訳）『帝国　その世界史的考察』岩波書店、2024 年。

グールド、イリジャ（森丈夫監訳）『アメリカ帝国の胎動――ヨーロッパ国際秩序とアメリカ独立――』彩流社、2016 年。

ケイメン、ヘンリー（立石博高訳）『スペインの黄金時代』岩波書店、2009 年。

齊藤豪大「近世スウェーデン漁業政策の展開――魚群到来以前の漁業振興政策の展開を中心に――」『経済社会研究』、59-4、2019 年、1-18 頁。

―――「18 世紀後半のスウェーデンにおける捕鯨奨励と補助金政策：グリーンランド会社（1774-1787）の支援に着目して」『西洋史学論集』、第 60 号、2023 年、1-17 頁。

坂本優一郎「海と経済――漁業と海運業から見る海域社会史――」金澤周作編『海のイギリス史――闘争と共生の世界史――』昭和堂、2013 年、79-99 頁。

薩摩真介『〈海賊〉の大英帝国　略奪と交易の四百年史』講談社選書メチエ、2018 年。

―――「「自由な貿易」か征服か――十八世紀初頭におけるイギリスの対スペイン領アメリカ貿易構想と植民計画――」川分圭子・玉木俊明編『商業と異文化の接触　中世後期から近代におけるヨーロッパ国際商業の生成と展開』吉田書店、2017 年、335-367 頁。

佐藤次高・岸本美緒編『地域の世界史 9 市場の地域史』山川出版社、1999 年。

佐藤弘幸「毛織物工業における〈国際的契機〉に関する一考察」『一橋研究』、第 16 号、1969 年、60-66 頁。

三王昌代『海域アジアの異文化接触　18 世紀スールー王国と中国・ヨーロッパ』すずさわ書店、2020 年。

塩谷昌史『ロシア綿業発展の契機——ロシア更紗とアジア商人——』知泉書館、2014 年。

島田竜登編『歴史の転換期　1683 年　近世世界の変容』山川出版社、2018 年。

————『歴史の転換期　1789 年　自由を求める時代』山川出版社、2018 年。

————「歴史学はすでに「国境」をこえつつある——グローバル・ヒストリーと近代史研究のための覚書——」『パブリックヒストリー』、第 8 号、2011 年、1-13 頁。

菅原慶郎『近世海産物の生産と流通——北方世界からのコンブ・俵物貿易——』吉川弘文館、2022 年。

鈴木英明「インド洋西海域と大西洋における奴隷制・交易廃絶の展開」島田竜登編『歴史の転換期 8　1789 年　自由を求める時代』山川出版社、2018 年、228-272 頁。

————編『東アジア地域から眺望する世界史　ネットワークと海域』明石書店、2019 年。

スブラフマニヤム、サンジャイ（三田昌彦・太田信宏訳）『接続された歴史——インドとヨーロッパ——』名古屋大学出版会、2009 年。

高見玄一郎『港の世界史』朝日新聞社、1989 年。

立石博高編著『概説　近代スペイン文化史　18 世紀から現代まで』ミネルヴァ書房、2015 年。

————「18 世紀スペインの移動牧畜業」『人文学報』、第 167 号、1984 年、189-237 頁。

————「「自由貿易」規則（1778 年）とスペイン経済」『地中海論集』、12、1989 年、63-71 頁。

————編『新版世界各国史 16 スペイン・ポルトガル史』山川出版社、2000 年（新版 2022 年）。

————「炎のイベリア半島」志垣嘉夫編『世界の戦争 7　ナポレオンの戦争』、講談社、1984 年、149-189 頁。

田中きく代・阿河雄二郎・金澤周作編『海のリテラシー——北大西洋海域の「海民」の世界史——』創元社、2016 年。

谷澤毅『北欧商業史の研究——世界経済の形成とハンザ商業——』知泉書館、2011 年。

玉木俊明『海洋帝国興隆史　ヨーロッパ・海・近代世界システム』講談社選書メチエ、2014 年。

————『近代ヨーロッパの形成　商人と国家の近代世界システム』創元社、2012 年。

田村光三『ニューイングランド社会経済史研究』勁草書房、1995 年。

角山榮『茶の世界史　改版　緑茶の文化と紅茶の社会』中央公論新社、2017 年（初版 1980 年）。

鶴見良行『ナマコの眼』ちくま学芸文庫、1998（文庫版初版 1993 年）。

中川和彦「ビルバオ条例（1737 年）の素描」『成城法学』、第 67 巻、2001 年、1-18 頁。

中本香「17〜18 世紀中葉におけるスペイン王国の構造と政治的集合概念について」『Estudios Hispánicos』、第 35 号、2010 年、45-68 頁。

————「18 世紀中葉のスペインにおける植民地統治体制改革に対する提言」『Estudios Hispánicos』、第 30 号、2006 年、123-142 頁。

―――「七年戦争を契機とするスペインの「帝国再編」――エスキラーチェの主導する植民地貿易の制度改革を中心に――」『Estudios Hispánicos』、第 33 号、2008 年、107-132 頁。

萩尾生「バスク地方近現代史」関哲行・立石博高・中塚次郎編『世界歴史大系　スペイン史 2――近現代・地域からの視座――』山川出版社、2008 年、340-399 頁。

萩尾生・吉田浩美編『現代バスクを知るための 60 章』明石書店、2023 年。

バード、レイチェル（狩野美智子訳）『ナバラ王国の歴史――山の民バスク民族の国――』彩流社、1995 年。

パーマー、サラ（薩摩真介・金澤周作訳）「〈海を知る〉――海事史の現在――」『西洋史学』、241 号、2011 年、60-69 頁。

服部春彦『フランス近代貿易の生成と展開』ミネルヴァ書房、1992 年。

―――『経済史上のフランス革命・ナポレオン時代』多賀出版、2009 年。

羽田正編『海から見た歴史　東アジア海域に漕ぎ出す 1』東京大学出版会、2013 年。

―――『興亡の世界史　東インド会社とアジアの海』講談社学術文庫、2017 年（初版 2007 年）。

―――責任編集『MINERVA 世界史叢書 1　地域史と世界史』ミネルヴァ書房、2016 年。

濱下武志監修・川村朋貴・小林功・中井精一編『海域世界のネットワークと重層性』桂書房、2008 年。

浜口尚「カナダ、ニューファンドランドおよびラブラドルにおける商業捕鯨の歴史」『園田学園女子大学論文集』、第 43 号、2009 年、103-117 頁。

ハント、リン『グローバル時代の歴史学』岩波書店、2016 年。

日尾野裕一「18 世紀前半ブリテンの北米植民地鉄産業を巡る言説――勧業と抑制――」『史観』、第 173 号、2015 年、71-91 頁。

平山篤子『スペイン帝国と中華帝国の邂逅――十六・十七世紀のマニラ――』法政大学出版局、2012 年。

弘末雅士『世界歴史選書　東南アジアの港市世界　地域社会の形成と世界秩序』岩波書店、2004 年。

ブローデル、フェルナン（浜名優美訳）『普及版　地中海 I　環境の役割』藤原書店、2011 年。

―――『〈普及版〉地中海 II　集団の運命と全体の動き I』藤原書店、2011 年。

―――『〈普及版〉地中海 III　集団の運命と全体の動き II』藤原書店、2011 年。

―――『〈普及版〉地中海 IV　出来事、政治、人間 I』藤原書店、2011 年。

―――『〈普及版〉地中海 V　出来事、政治、人間 II』藤原書店、2011 年。

―――（山本淳一訳）『物質文明・経済・資本主義　II-1　交換のはたらき 1』みすず書房、1986 年。

―――『物質文明・経済・資本主義　II-2　交換のはたらき 2』みすず書房、1986 年。

深沢克己編『近代ヨーロッパの探求 9 国際商業』ミネルヴァ書房、2002 年。

─────『海港と文明　近世フランスの港町』山川出版社、2002 年。

─────『商人と更紗──近世フランス=レヴァント貿易史研究──』東京大学出版会、2007 年。

伏見岳志「十七世紀メキシコの貿易商の経済活動と人的紐帯──ポルトガル系セファルディ
　　ム商人の帳簿分析から──」川分圭子・玉木俊明編『商業と異文化の接触　中世後期か
　　ら近代におけるヨーロッパ国際商業の生成と展開』吉田書店、2017 年、299-333 頁。

藤原敬士『商人たちの広州　一七五〇年代の英清貿易』東京大学出版会、2017 年。

フリン、デニス（秋田茂・西村雄志訳）『グローバル化と銀』山川出版社、2010 年。

古谷大輔・近藤和彦編『礫岩のようなヨーロッパ』山川出版社、2016 年。

ベイリン、バーナード（和田光弘・森丈夫訳）『アトランティック・ヒストリー』名古屋大
　　学出版会、2007 年。

細川道久「島嶼部からみる歴史研究の新地平──ニューファンドランド島（カナダ大西洋
　　岸）を題材に──」『奄美ニューズレター』、第 39 巻、2015 年、1-14 頁。

ホブズボーム、E. J.（安川悦子・水田洋訳）『市民革命と産業革命　二重革命の時代』岩波
　　書店、1968 年。

マグヌソン、ラース（熊谷次郎・大倉正雄訳）『重商主義──近世ヨーロッパと経済的言語
　　の形成──』知泉書館、2009 年。

─────（玉木俊明訳）『重商主義の経済学』知泉書館、2017 年。

水島司『グローバル・ヒストリー入門』山川出版社、2010 年。

宮崎和夫「スペイン・ハプスブルク朝治下のカスティーリャ王国とマグリブ交易」川分圭
　　子・玉木俊明編『商業と異文化の接触　中世後期から近代におけるヨーロッパ国際商業
　　の生成と展開』吉田書店、2017 年、633-659 頁。

宮崎正勝『北からの世界史──柔らかい黄金と北極海航路──』原書房、2013 年。

宮本常一『海に生きる人びと』河出文庫、2015 年。

ミンツ、シドニー（川北稔・和田光弘訳）『甘さと権力──砂糖が語る近代史──』平凡社、
　　1988 年。

桃木至朗編『海域アジア史研究入門』岩波書店、2008 年。

─────『歴史世界としての東南アジア』山川出版社、1996 年。

モラ・デュ・ジョルダン、ミシェル（深沢克己訳）『ヨーロッパと海』平凡社、1996 年。

森田勝昭『鯨と捕鯨の文化史』名古屋大学出版会、1994 年。

森永貴子『ロシアの拡大と毛皮交易　16～19 世紀シベリア・北太平洋の商人世界』彩流社、
　　2008 年。

森安孝夫『シルクロード世界史』講談社選書メチエ、2020 年。

モンテロ、マヌエル（萩尾生訳）『バスク地方の歴史　先史時代から現代まで』明石書店、
　　2018 年。

家島彦一『イスラム世界の成立と国際商業　国際商業ネットワークの変動を中心に』岩波書
　　店、1991 年。

———『海域から見た歴史　インド洋と地中海を結ぶ交流史』名古屋大学出版会、2006年。

八嶋由香利「スペインにおける伝統的社会の変容と人の移動——カタルーニャの交易ネットワークとキューバへの移住——」『史学』、第75号4巻、2007年、442-482頁。

山下渉登『ものと人間の文化史120　捕鯨Ⅰ』法政大学出版局、2004年。

山本正「十八世紀ダブリンの発展—「王国」/「植民地」首都という「空間」」川北稔・藤川隆男編『空間のイギリス史』山川出版社、2005年。

林満紅（上西啓訳）「次第に現れる太平洋——自らの著作における海洋イメージの変遷（1976-2018）——」『社会経済史学』、Vol. 86, No. 1、2020年。

レディカー、マーカス（和田光弘・小島崇・森丈夫・笠井俊和訳）『海賊たちの黄金時代－アトランティック・ヒストリーの世界』ミネルヴァ書房、2014年。

ロスニー、ゴードン・オリバー（細川道久訳）「ニューファンドランドの歴史　上」『鹿児島大学法文学部人文学部紀要』、第81巻、2015年、13-26頁。

———「ニューファンドランドの歴史　下」『鹿児島大学法文学部紀要人文科学論集』、第82巻、2015年、57-67頁。

渡部哲郎『バスクとバスク人』平凡社、2004年。

———『バスク　もう一つのスペイン　現在・過去・未来』彩流社、1984年。

和田光弘『記録と記憶のアメリカ——モノが語る近世——』名古屋大学出版会、2016年。

———『紫煙と帝国——アメリカ南部煙草植民地の社会と経済——』名古屋大学出版会、2000年。

———「帝国の中のニューファンドランド——漁業と植民——」『史林』、第75号1巻、1992年、75-99頁。

〈インターネット史料〉

Instituto Geográfico Nacional: Centro Nacional de información Geográfica, ATLAS Nacional de España. 〈URL=http://atlasnacional.ign.es/wane/Edad_Moderna〉. 2020年11月16日　最終閲覧。

National Archive Founders Online, USA. 〈URL=https://founders.archives.gov/〉. 2020年11月18日　最終閲覧。

山田義裕「17～18世紀のスペインの造船所」（2015年5月30日に行われた日本海事史学会での報告をまとめたペーパー）、2015年。〈URL=http://yamada-maritime.com/31spanishastillero17and18c.pdf〉. 2016年12月21日　最終閲覧。

———「18世紀におけるスペイン最初の乾船渠と、その先行者としての英国とフランス」（2012年12月に行われた日本海事史学会での報告をまとめたペーパー）、2012年。〈URL=http://yamada-maritime.com/homepage/10firstspanishdock.pdf〉. 2016年12月21日　最終閲覧。

———「西インドへの旅客——16世紀における大西洋航海——ホセ・ルイス・マルティ

ーネス著」（2000 年 4 月 1 日に行われた洋学史研究会での報告をまとめたペーパー）、2000 年。〈URL=http://yamada-maritime.com/homepage/8pasaferosdeindias.pdf〉. 2016 年 12 月 24 日　最終閲覧。

索　引

〈ア　行〉

ア・コルーニャ　157
アダムズ，アビゲイル　123
アダムズ，ジョン　41
アラバ　40
アリキバール，マリーア・シモーナ・デ　51
アルカバラ税　45
アレチャガ家　63
アロ，ディエゴ・ロペス・デ　41
アロ，マリーア・ディアス・デ　42
アンティーリャス諸島自由貿易令　10, 30
イバイサバル川　42
ウェスト・カントリー　74
海の十分の一税　45
エセックス郡　77
エメリ，ジョン　115
王立カラカス会社　139
オリバーレス改革　26
オルドゥーニャ　45

〈カ　行〉

海域史　8, 20
カカオ　138
河口内港　42
カダグア川　42
カディス　4
カトリック的啓蒙　35
カボット，ジョージ　86
ガルドキ　51
ガルドキ，ディエゴ・デ　51, 136
ガルドキ，フアン・イグナシオ・デ　51
ガルドキ，ホセ・デ　51
ガルドキ，ホセ・ホアキン・デ　51
ガルドキ父子商会　52
カルリスタ戦争　40

カルロス3世　30
カルロス4世　32
環大西洋革命　12
カンポマネス　35
ギプスコア　40
漁業ギルド　94
漁業史　93
鯨油　101
グランド・バンク　80
グローバルヒストリー　7
ケリー，キリー　45
コーヒー　138
国際商業史　8
国内税関　45
胡椒　139
ゴッセン　45
ゴメス・デ・ラ・トーレ　136
ゴルディア・イ・バジョ　110, 136
コンスラード　6

〈サ　行〉

砂糖　128, 138
サン・セバスティアン　42
サンタンデール　47, 155
サントーラリ　45
ジェイ，ジョン　108
ジェイ条約　142
塩　84
四層構造　7
七年戦争　10, 29
重商主義政策　9
17世紀の危機　96
「自由貿易」規則　10, 31
出港禁止法　140
新組織王令　27
水産資源　94

スペイン王位継承戦争　26
スマトラ　144
スミス，アイザック　91
制限諸法　109
セイラム　77
セトゥーバル　84
セビーリャ　4, 28
船舶簿史料　13

〈タ　行〉

第三回家族協定　107
大西洋史（アトランティック・ヒストリー）
　　3
タバコ　128, 138
タラ　78
中立港　140
通商破壊戦　131
定期船団制　28
鉄　61
デンマーク　162
ドゥピュイ　63
登録船制度　29

〈ナ　行〉

ニューファンドランド　80
ネルビオン川　41

〈ハ　行〉

パサイア　45
バルマセダ　45
パロ・グアヤカン　159
ハンブルク　153
ビスカヤ伯領　40
ビスケー湾　95

ピミエント　139
ビルバオ　5, 41
Founders Online　13, 112
フィリップス図書館　13
フーパー　86
フェリペ5世　26
フェルナンド6世　30
フエロス（地方諸特権）　5
複合君主政　2
フランクリン，ベンジャミン　113
ブルボン改革　1
ベックベルト　63
ベルゲン　110
捕鯨　97

〈マ　行〉

マーブルヘッド　77
マチナーダ　46
マニラ・ガレオン　4
マリタイム・ヒストリー　8
メセタ　73
免除県　27

〈ヤ　行〉

宿屋制　44
羊毛　61

〈ラ　行〉

リー，アーサー　108
リー，ジェレマイア　86
リブロ・デ・アベリーア　12
リンチ　45
ルシタニア・エコリージョン　95
レジーム・シフト論　96

《著者紹介》

高垣里衣（たかがき　りえ）

1992年生まれ。2021年、大阪大学大学院文学研究科博士後期課程修了。博士
（文学）。
大阪大学大学院文学研究科世界史講座助教を経て、現在、新潟大学経済科学部
准教授。専門は、国際商業史、海域史、バスク史。18世紀から19世紀における
バスク商人の活動とグローバルヒストリー。

主要業績

「七年戦争期におけるビルバオ商人の商業ネットワーク——港湾徴税史料から
　　みるガルドキ家の北大西洋貿易——」（『西洋史学』第270号、2020年）
"Bilbao Merchant and Their Trade in the Eighteenth Century: The View of
　　the Private Company and the Privileged Company" (Shigeru Akita, Liu
　　Hong, and Shiro Momoki (eds.) *Changing Dynamics and Mechanisms
　　of Maritime Asia in Comparative Perspectives*, Palgrave Studies in
　　Comparative Global History, Palgrave Macmillan: Singapore, 2021.)
「近世近代転換期におけるスペインの太平洋貿易に関する研究動向」（『アジア
　　太平洋論叢』第24号、2022年）

近世ヨーロッパ港湾都市と商業
——18〜19世紀バスク商人と国際商業の展開——

2025年2月20日　　初版第1刷発行	＊定価はカバーに 　表示してあります

著　者　　高　垣　里　衣 ©

発行者　　萩　原　淳　平

印刷者　　田　中　雅　博

発行所　株式会社　晃　洋　書　房

〒615-0026　京都市右京区西院北矢掛町7番地
電話　075(312)0788番(代)
振替口座　01040-6-32280

装丁　HON DESIGN（北尾　崇）　印刷・製本　創栄図書印刷㈱

ISBN 978-4-7710-3892-9

JCOPY 〈(社)出版者著作権管理機構　委託出版物〉

本書の無断複写は著作権法上での例外を除き禁じられています.
複写される場合は, そのつど事前に, (社)出版者著作権管理機構
（電話 03-5244-5088, FAX 03-5244-5089, e-mail: info@jcopy.or.jp）
の許諾を得てください.